东亚跨国自我认同

当代在华日本人社会的人类学研究

[日] 青山玲二郎 著

复旦大学出版社

前言

东亚跨国自我认同的可能性

　　国界壁垒使人无法自由通行。欧盟建立起一个划时代的体系，在该体系内，5亿人可自由通行，自由择居，不受国界所限。然而，在2016年6月23日的英国全民公投中，有51.9%的选民支持离开欧盟，将欧洲一体化引到了十字路口上。丹麦和匈牙利也出现了脱欧动向，未来将何去何从，迷雾重重。

　　在东亚，国界壁垒更为森严。国界问题不仅导致了20世纪的一系列战争，如中日战争、朝鲜战争、越南战争、中越边境纠纷等，还让今天的各国人民彼此相隔。在欧盟早已实现的跨国自由择居、自由就业，在东亚仍然遥遥无期。何止是择居、就业，就连去别国旅游，也不是想去就能去的。而且，旅游的受限程度也不对等。截至2016年，日本人[1]前往中国大陆[2]旅游、经商不超过15天

---

[1] 此处专指日本人和持有日本护照人员。
[2] 香港特别行政区、澳门特别行政区设有另外的基准。

者,可免签证入境,反之则不行。[1]

但无须悲观,在东亚,伴随经济一体化的发展,旅游、择居、就业的自由度不断提升。首先是政府方面的变化。日本、韩国、新加坡等国家及中国台湾地区,作为东亚的发达区域,正面临着少子高龄化导致劳动力不足这一严重问题。这些地区的政府把引进海外优秀人才纳入政策课题当中。此外,各国(地区)政府还通过向来自海外的旅游团发放特别签证,推进由旅游公司代理签证业务等政策,以望通过游客消费盘活国内经济。

最为重要的是人们的实际行动,他们克服重重困难,跨越国界。对于非高新技术人员定居移居地、携配偶至移居地、携子女或父母至移居地居住,东亚各国制定了严格的限制(Skrentny and Lee,2015)。在这种严格限制中,为了追求更好的生活和新的价值观,移居者在东亚展开了跨越国界的行动。从韩国、缅甸、越南移居中国的人们,从中国、越南、泰国、菲律宾移居韩国的人们,从中国、韩国、菲律宾、巴西移居日本的人们,分别形成了不同的跨国社区。移居者建立起的社区,因民族、性别、年龄、家庭结构、工作、移居地的法律制度、移居的历史缘由而异,现已出现多种多样的研究成果(Haines,Yamashita,2012;Zhang and Duncan,2014;Soysal,2015)。

那么,这种跨国移居是否会在东亚产生跨国个人认同?为了回答这个重大问题,本书关注移居中国的日本人,寻找身份认同的特征及变化情况。关于日本人与跨国个人认同,已有多项研究,这些研究聚焦于日本国内的日本人与外国人的交流,使用多种文化

---

[1] 在签证方面,一般护照持有者与外交护照持有者和公务护照持有者区别对待。同时,参加团体旅游的成员还享有特殊的优待。比如,韩国人如果参加21天以内的团体旅游,就可以免签。此外,韩国人在中国大陆停留72小时以内的话,其以转机为目的的入国也不需要签证。

共存、文化上的市民性等表述(吉富,2008;佐竹,2011;Iwabuchi,2015)。一直以来,日本都被当作接收亚洲移民的国家来研究,相关研究重点观察这些移民在日本国内发生了哪些变化。现在,在中国,上海、香港等国际城市不断发展壮大,在这种情况下,以往的将日本视作移居接收方、将中国视作移居送出方的区域划分不再适用。在思考日本人与跨国个人认同的问题上,需要研究从日本移居亚洲其他国家的人们的情况。

本研究通过调查移居中国的日本人群体,分析移居者眼中的现代日本社会文化的变迁,全面系统地考察他们移居的原因、在中日两国之间所处的境遇,以及自我认同等一系列的问题,了解对日本人而言移居中国有何意义。

近年来,日本国内人口骤减,但移居海外的日本人却逐年增加。其中,移居中国的日本人数量激增,现在已经超过12万人。上海更成为世界上最大的日本人长期移居的城市(日本外务省,2016)。关于现代日本人移居者的研究,在美国、加拿大等发达国家开展得都比较充分(Fujita,2009;Nagoshi,2007;Kato,2009),而在中国的研究都围绕伪满洲国和上海租界(陈,2006;榎本,2009;高纲,2009)等1945年以前的移居者展开,围绕现代日本人移居者的研究还很少。本研究选取中国的上海和香港两个城市,以当地的日本人移居者为对象,实施田野调查,从移居者周围的市场经济环境、国家的出入境管理政策、由媒体营造的全球化城市的视角,探讨人不仅会因为经济动机从发展中国家移居至发达国家,也会出于社会文化动机从发达国家移居到发展中国家这一问题。

在日本,少子化和老龄化已经成为国内广泛讨论的话题,日本国内人口锐减是可预见的。但是,移居海外的日本人总数却逐年递增,2015年已经达到1 317 078人(日本外务省,2016)。有学者

认为,日本人移居海外是因为20世纪60—70年代的经济高速增长和日本企业的国际化引起的派驻人员数量增加造成的(Befu,2000)。因此,在泡沫破裂后这"失去的二十年"间,日本经济长期不景气,移居海外的日本人数量理应减少。但是,进入20世纪90年代以来,日本赴海外移居者数量持续攀升,特别是中国,已经成为仅次于美国的第二大日本人移居者聚居的国家。

为了分析复杂多样的日本人移居者,本研究确定了"日本人为何来中国""移居者形成了怎样的社区""移居者有怎样的自我认同"这三个课题,着重考察移居者的移居动机、移居者社区、移居者自我认同等课题。

关于移居动机这一课题,可以了解到,被称作日本"失去的十年"的"长期不景气"是移居者出国的主要推动力(push factor),而中国每年6%—10%的经济增长所带来的"可观的就业机会"成为主要的拉动力(pull factor)。但是,许多日本人宁愿收入下降也仍然愿意到中国来,这一现象仅从经济环境的角度难以说明。为了分析经济动机以外的复杂的社会文化动机,本研究参考了在美国、加拿大、英国、法国、德国和澳大利亚等发达国家的研究成果(Fujita,2009;Nagoshi,2007;Kato,2009;Sakai,2000;White,2003;Yatabe,2001;Glebe,2003),借用了把日本人移居者称为"精神移民"(佐藤,1993)或"文化移民"(Fujita,2009)的说法。与移居欧美一样,来到上海和香港的日本移居者中也不乏为了脱离传统家庭制度、教育制度、日本企业文化的人。然而,在欧美的日本移居者身上,能够明显看到他们对崇尚个人主义的欧美国家价值观的憧憬和幻想,而在上海和香港的日本移居者身上却难以看到这一点。在移居者口中经常出现的诸如"古老美好的日本"或是"怀旧"等关键词,与老龄化日本的昭和怀旧及日本人对亚洲的乡愁有着密不可分的关系。诸如福泽谕吉的脱亚论、竹内好的亚洲

主义、日本式的东方主义（Tanaka，1993；Robertson，1998）这一系列的理论和学说所论及的内容都潜藏在日本移居者的意识中。这些移居者对现在在日本的生活感到不满，美化过去的生活，对"古老美好的日本"抱有怀旧的情绪。但是，在现实中，已经找不到那个"古老美好的日本"了，他们就借助远离日本、移居中国来寻找自己想象中的故乡和理想的生活。他们所怀念的对象不是日本的过去，也不是中国的过去，而是想象中的自己的过去。

关于第二个课题——社区，日本人社区可以大致分为派驻人员社区和当地录用者社区。派驻人员指从日本企业外派到中国的职员，他们通常在中国生活3—5年，但由于他们回国后还会有继任的人员再被派到这里，所以在各个城市形成了延续存在的日本人居住区。当地录用者是自己主动选择来中国发展的，他们或就职于日企，或从事为日本人移居者服务的餐饮业和房屋中介工作。即使同在一家公司工作，派驻人员和当地录用者之间的待遇差别也往往很大，派驻人员通常跟家人一起居住在城市中心的高级公寓，而当地录用者分散在城市的周边，因此，除工作场合以外，二者交流的机会也很少。从派驻人员与当地录用者之间的这种社会经济差别（Sakai，2000；Ben-Ari and Yong，2000）中还可以看出大多数的派驻人员是男性，而很多当地录用者是女性这一性别差异问题，同时，这种差别与日本本土通行的"正式职员/合同制职员"的差别具有一定的相似性（Mathews and Sone，2003）。日本人社区内部的"派驻人员/当地录用者"的差别跟日本国内的"正式职员/合同制职员""男性/女性"的差别在构造上是共通的，可以说，中国的日本人社区是日本社会的一个缩影。

第三个课题——自我认同。移民自我认同的变化可以分为三类：一是受移居地文化价值观的影响，被移居地价值观同化；二是由于在人种或性别等方面受到歧视，对移居地价值观产生抵触，回

归到自己国家的价值观,形成民族主义;三是虽然受到移居地价值观的影响,但通过媒体与本国保持某种联系,形成跨国身份认同。把这种分类方法套用到本研究中,就是来中国的日本人是中国化了,还是再发现日本的价值,从而更加日本化了,抑或形成跨国身份认同了。在这一点上,只在中国生活3—5年就回国的派驻人员与没有明确回国计划的当地录用者之间,在对日本和中国的看法、文化认同方面都有显著差异。派驻人员更愿意承认日本价值观的优越性,保持日本人的自我认同。相反,当地录用者总是指出日本价值观的问题,更倾向于接受中国及其他国家的价值观。近年,在日企工作的当地录用者转职到外企或当地的中国企业的例子越来越多,特别是在香港取得永久居住权的移居者也在增加,移居者的定居化趋势越来越明显。因战争阴影而隐瞒自己的日本人身份的移居者(Sone,2002)在中国香港这样一座日货遍布、善意接受日本文化的城市里(岩渊,2001),一边发挥自己的语言和身份优势,一边享受存留在香港的西方社会制度,一边尊重中国的传统文化,从多种价值观中进行着选择。在这些取得香港永久居住权的移居者身上,能够看到跨国身份认同形成的过程。所谓的自我认同,在利益优先的现代社会(Mathews,2000),不过是在日本社会习俗对他们产生压力的时候就选择远离日本人身份,而当这一身份对他们在中国上海或香港的工作生活有利的时候就强调自己的日本人身份罢了。

对于生活在物资富足的日本的人们来说,机票、船票等交通工具的价格越来越便宜,通过网络可以瞬时了解全世界的信息。因此,在经济层面上,日本人移居到世界上任何一个国家都变得十分容易。日本已经从经济高速增长时期进入成熟社会,人们可以在复杂的社会环境中进行多样化的选择。人们会不由得把自己在日本的生活跟世界上其他城市的生活相比较。他们开始为了实现自

我而跨越国境去追寻理想的生活。对他们来说，上海、香港不过是众多移居地选项中的一个。在从前，这种跨越国境的移居意味着自己周围环境的天翻地覆，是一生只能有一次的选择。而在 21 世纪，在日本这样物资富足的发达国家，跨越国境、实现自我只不过是消费的一种形式而已。

目录

绪论 ·· 1
  一 研究课题的确立与其意义 ·· 2
  二 先行研究 ··· 15
  三 研究范围与研究方法 ··· 22

第一章 日本移民的简史与背景 ·· 29
  第一节 近代日本移民的开端 ··· 30
  第二节 巴西与美国的日本人社会 ······································· 35
  第三节 向亚洲各国移居的日本人 ······································· 49
  第四节 亚洲化与全球化 ··· 53

第二章 在华日本人社会——上海篇 ······································ 59
  第一节 上海的日本人社会 ··· 60
  第二节 移居上海的日本人分类 ·· 68
  第三节 派驻人员 ·· 74
  第四节 当地录用者 ··· 84

第三章 在华日本人社会——香港篇 ······································ 91
  第一节 香港的日本人社会 ··· 92

第二节　派驻人员和当地录用者、男性和女性 …… 101
  第三节　在港日本人的多样化 …… 108

第四章　在华日本人社会——综合篇 …… 117
  第一节　在华日本人社会 …… 118
  第二节　性别导致的社会地位差异 …… 135
  第三节　媒介环境与移居的变化 …… 140

第五章　日本社会的失落与怀旧 …… 145
  第一节　日本社会的失落与昭和怀旧 …… 146
  第二节　脱亚论与亚洲主义 …… 148
  第三节　日本的东方主义 …… 151

第六章　在华日本人的自我认同 …… 159
  第一节　日本人的自我认同 …… 160
  第二节　"日本人"的形成与日本人论 …… 174
  第三节　在华日本人的自我认同 …… 182

第七章　结论——日本人的跨国自我认同 …… 195

参考文献 …… 204

附录　访问调查 …… 233

后记 …… 294

绪　论

一 研究课题的确立与其意义

（一）课题的确立

本课题的研究将较全面而系统地考察在华日本人社会的基本状况及其存在的问题。通过分析在中国的日本人个体，来把握他们自我认同的变化。这将有助于全面了解在华日本人社会，为中日两国的交流联系提供丰富而确凿的第一手资料，为全球化时代下的移民研究提供较新的视域以及研究理论和方法。

研究课题之一是"日本人为何要来到中国"。移民理论中最具有代表性的理论是推拉理论（push-pull factors）。比如，墨西哥人不断涌向美国的原因是"薪酬水平低""工作机会少""治安状况差"等等；而美国吸引人的原因是"薪酬水平高""工作机会多""治安状况好"等等。现在的日本，经济增长率非常低，长期处于不景气状态，被称为"失去的十年""失去的二十年"[1]。而中国每年都保持接近10％的经济增长，被认为是工作机会很多的国家。但是push-pull factors理论更适合用来解释人口从发展中国家移民到发达国家的情况，并不能完全解释日本人来到中国的情况。特别是，许多日本人在中国的收入比在日本低，但仍然愿意来到中国。

第二个课题是"在中国的日本人形成了怎样的社区"。大体上

---

[1] 进入20世纪90年代，日本经济进入零增长停滞期。1991年泡沫破裂，金融机构不良贷款导致信贷危机。经济学者和社会学者把经济停滞的这十年称为"失去的十年"。直到现在，日本国内生产总值GDP增长率仍旧很低，因此也有"失去的二十年"的说法。

可以分为派驻人员社区和永住者社区。派驻人员社区是由从日本派至中国的外派人员及其家属组成的，他们在中国生活3—5年后回国，一般在日本领事馆或日本人学校附近形成日本人居住区。而永住者社区的人员多是根据自身意愿来中国工作或留学，毕业之后直接在中国就业或创业。他们多分布在日本人居住区周边，有人在日资企业工作，也有人经营面向派驻人员的餐厅、书店、洗衣店等服务业。他们中有些人有归国的打算，也有许多人希望一直在中国生活。总体来说，派驻人员社区中高收入者居多，永住者社区中则多为中等收入者。但是，2000年以后，日资企业为削减经费而减少了派驻人员的数量，他们的待遇也逐渐降低。同时，就职于欧美企业的高收入永住者也逐步增加。因此，派驻人员社区与永住者社区之间的差距正在逐步缩小。

第三个课题是"在中国的日本人拥有怎样的自我认同"。移民自我认同的变化可以分为三类：一是深受移居地文化价值观的影响而被其同化，移居美国的欧洲人就是很好的例子；二是对移居地价值观产生抵触，因受到人种或性别歧视而回归本国的价值观，形成民族主义；三是虽然受到移居地价值观的影响，但通过媒体与本国保持联系，得以构筑跨国身份认同。在中国的日本人是被中国化，还是重新发现日本的价值而变得更加日本化，或者形成跨国身份认同，这正是笔者想讨论的问题。

日本的国家结构和日本人的自我认同正在发生巨大的变化。日本是一个少子老龄化社会，已经从人口增长型社会转变为人口负增长型社会。这种现象导致2000年以后日本社会结构发生了急剧的变化。无论是媒体报道，还是在社会科学学会上，人口负增长的话题都十分引人关注。据日本总务省的统计，自2005年日本死亡人口数量超过出生人口数量以后，日本人口总量一直持

续减少[1](日本厚生劳动省,2012)(图0-1)。

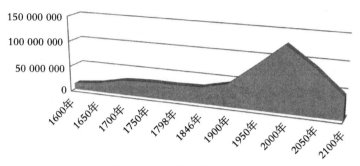

图0-1 日本的人口动态

说明:该图是参考了Koyama(1978)、日本国总务省"国势调查"(2010)、国立社会保障与人口问题研究所"日本的未来推算人口"(2012)的数据绘制而成的。

1872年(明治五年),日本人口仅有3 480万人,经过明治、大正、昭和时代[2]的急速上升,1912年达到5 000万人,1967年突破1亿人,2002年超过1.26亿人。然而,一个世纪之后,从20世纪80年代开始日本人口增长率开始降低,2005年死亡人数开始超过出生人数。在未来,人口总数仍将持续减少,即迎来人口负增长型社会。少子老龄化问题一直是社会学者研究的课题。关于少子化的问题,1967年日本的合计特殊出生率[3]达到峰值2.23,从那以后持续下降,因此可以说,日本的少子化是从20世纪60年代开始

---

[1] 据日本总务省统计,2006年人口数量出现微量增长,除此以外,2005—2011年死亡人口数量一直大于出生人口数量。死亡人口数量减去出生人口数量的数值叫作自然减少数量,2005年的自然减少数量为21 266人,2011年因东日本大地震的影响,这一数字上升至125 708人。

[2] 受第二次世界大战影响,1945年前后人口增长一度出现停滞。

[3] 出生率指每1 000人对应的活产数。合计特殊出生率是在人口统计上的指标,指每一名女性一生中生育子女的平均数。根据这一指标比较和评价不同时代、不同群体间的由出生婴儿数量所带来的人口的自然增减。

的(图0-2)。伴随经济水平的提高,增加新生儿数量的意识会随之下降。这种情况在世界各地都是普遍存在的,少子化是发达国家共通的问题。[1] 社会学者指出,自1972年《男女雇用机会均等法》制定以来,女性的高学历化和社会地位的提高,引发了晚婚化或非婚化。就日本而言,二战以前的"男主外、女主内"的旧社会制度逐渐改变,从事社会工作的女性面临着工作、家庭二者兼顾,并且要养育子女的境况。

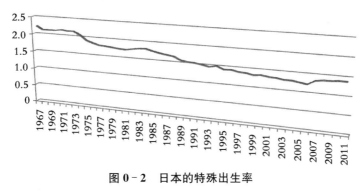

图0-2 日本的特殊出生率

说明:该图依据日本厚生劳动省的人口动态统计(2011)绘制而成。

另外,对婚外生子的避忌和契约劳动的增加也是重要因素之一。[2] 日本是一个传统价值观很强的国家,对婚外生子有强烈的拒斥感。日本民法中也规定,婚内生子为"嫡出子",婚外生子为"非嫡出子",非嫡出子不享有继承财产的权益。在日本,婚外生子的比例不到出生儿总数的2%,而这一比例在法国和瑞典超过

---

[1] 发达国家中德国、意大利的出生率较低,北欧各国和美国较高,出生率受经济发展程度、社会制度、文化等多方面的复合影响。
[2] 基于2013年12月5日日本开始修改的民法条例,婚外子女和婚内子女拥有了同等的继承权。

50%。因此,有研究认为社会对婚外生子的宽容程度对出生率有一定影响。另一方面,伴随市场经济的发展,合同制雇佣逐渐增加。尽管法律上承认合同制员工休产假的权利,但由于存在被解约的风险,他们实际上是很难获得这一福利的。据统计,合同制员工享受产假的比率低于正式职员。而且,即便不被解约,产假后回到原岗位的可能性也很低,他们不得不放弃生育前所累积的经验和人脉。这些都是合同制员工对生育问题踌躇不前的原因。此外还有玩具、辅导班等育儿费用高企,妇产科、儿科医疗资源不足,幼儿园配套短缺等原因。

有经济学者指出,生产年龄人口[1]和劳动力人口[2]减少也对少子化造成影响。随着技术的进步,每一个人的生产力有所上升,但日本整体的国内生产总值却在下降,这说明日本的劳动力人口数量正在减少。而政治学者担忧,日本经济状况低迷会影响外交关系和日本在国际舞台上的发言权。日本经济占全世界经济的份额在1991年时超过10%[3],而2012年已降至5%(图0-3)。

日本老龄化率[4]自1935年达到4.7%后,至今仍持续攀升。一般而言,65岁以上人口占总人口比例超过7%称为老龄化社会,超过14%称为老龄社会,超过21%则称为超老龄化社会。日本1975年起进入老龄化社会,1995年迈入老龄社会,2007年成为世界上为数不多的超老龄化社会。随着经济发展,人类社会从多产多死型(原始型)社会转变为多产少死型(过渡型)社会,再进一步

---

[1] 生产年龄人口指构成劳动者中核的15—65岁的人口。
[2] 劳动力人口指超过15岁的就业者和失业者的总和,但超过15岁却不具备劳动意志或能力的学生、家庭主妇等属于非劳动人口。
[3] 用购买力平价理论(purchasing power parity)计算得到的世界经济中日本经济所占的份额。
[4] 老龄化率指65岁以上老年人口占总人口的比例。日本老龄化率2005年超过20%,2010年超过23%。

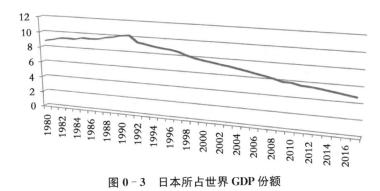

图 0-3 日本所占世界 GDP 份额

说明：该图根据 International Monetary Fund(2012)的资料绘制。

发展为少产少死型(成熟型)社会。处于发展中的多产多死型社会，由于卫生状况改善、医疗技术进步、初生儿死亡率下降、平均寿命延长等原因，人口数量出现爆发性增长，逐渐形成多产少死型的人口结构。一方面，当经济更进一步发展，由于脑力劳动需求的增加，人们没有必要通过生育的方式获得劳动力。另一方面，照顾老年人的责任并非由其子女所承担，而是由社会、国家所建构的保障制度来负担，养儿防老的生育观念也逐步改变。因此，多产少死型社会逐渐转变为少产少死型社会。日本在 1947—1949 年间迎来第一次生育高峰，这一代人在 2012 年年满 65 岁，进一步加重了日本老龄化的趋势。年轻人为满足老年人的社会福利倾尽全力，抑制了自身的生育需求，致使少子化进一步加剧，长此以往也将使老龄化问题雪上加霜。政治学者称这种结构为"老年民主主义"，并指出其危害。所谓老年民主主义是指，由于老年人在社会中所占比重较大，政治家必须制定出有利于他们的政策，让这些老年人比实际付出劳动的年轻人和中年人享有更优越的退休和退休金政策。

就上述少子老龄化问题，社会学者、经济学者、政治学者都进行

了长期的探讨。少子老龄化是人口结构的变化。日本总人口数量在20世纪有了明显的增长。江户后期、明治时代的近代化和二战后经济复兴时期,日本人口都有所增长。因此,人口减少是经历了数百年的跨世纪的巨变,欧美等发达国家和亚洲邻国中也不乏其例。如果说构成国家的是国民,那么国民减少就意味着国家实力减少,或者至少预示着国家形态的变化。以往的以人口必定增长为前提制定的政治制度、社会制度、教育制度和文化层面的思维模式,在经历了20世纪的变化后将迎来怎样的面貌,又将发展为如何模样,这也许是研究日本问题的社会学者和人文学者应该共同思考的问题(图0-4)。

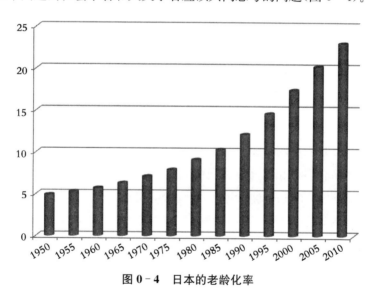

图0-4 日本的老龄化率

说明:该图根据日本总务省统计局(2012)的资料绘制而成。

经济学者认为应该警惕日本GDP低迷的状况,提出了吸收外国移民的政策。政治学者考虑与亚洲邻国协同发展,构建亚洲共同体。社会学者提出延长退休年龄,将参政权从20岁下调至18岁。21世纪的日本,正面临这般跨世纪的变化,如何应对从人口增

长型社会过渡到人口负增长型社会的变化尚有待探索。但是,如果将视野转向日本国外,就会发现日本人口数量正在增长。

(二) 本课题的研究意义

居住在亚洲各国的日本人口数量正呈现急速增长的趋势。1996年移居到亚洲其他国家的日本人总数仅为153 386人,2011年达到331 796人,增长了一倍多,高于北美等其他地区的增长率。1992年海外日本人中有41%居住[1]在北美地区,仅15%居住在亚洲地区。但2011年北美比率降低到38%,亚洲地区比率上升至28%。特别在中国,1996年有57 523名日本人,2011年达到163 327人,增长到接近3倍。在华日本人多集中居住在大城市,其中上海56 481人,香港22 184人,台北12 406人,北京1 355人,苏州7 326人,广州6 183人,大连6 175人,深圳4 730人,东莞2 881人,天津2 631人。参照1996年上海日本人总数仅为5 161人的情况来看,到2011年的15年间,在沪日本人数量增长了近10倍(图0-5)。

那么,为什么在亚洲地区,特别是中国地区的日本人数量出现如此快速的增长呢? 主要由于以下两个因素:一是亚洲经济发展,即pull因素;另一个是日本经济停滞,即push因素。首先分析该地区经济快速发展的状况。中国经济在近30年间,平均每年都保持10%左右的增长率,如今中国[2]已经跃居成为世界最大的贸易输出国和世界第二大贸易输入国。中日贸易总额在1992—2011年间增长了10倍以上。[3]随着改革开放政策的推进,中国成立了深圳等经济特区、经济技术开发区,开发了上海浦东新区等。尽管

---

[1] 1992年北美地区有280 529人、亚洲地区有101 229人,2011年北美地区454 835人、亚洲地区有331 796人,两地区差距逐步缩小。
[2] 根据国际货币基金组织IMF统计(2011)。
[3] 根据日本财务省统计(2011)。

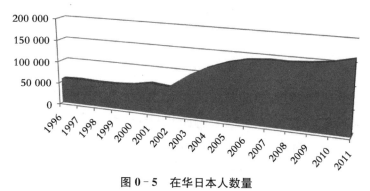

图 0-5 在华日本人数量

说明:该图根据日本外务省在留国人调查统计(1996—2012)的资料绘制而成。

1997年亚洲金融危机期间,中国经济曾出现短暂停滞,但2001年加入WTO以后又重现发展势头。中国拥有巨大的人口总量,劳动力比欧美和日本低廉,成为"世界工厂"。这正是日本人被吸引(pull)到中国的主要原因。2000年以后,中国经济持续发展,国民购买力飞速提升,不仅作为"世界工厂",中国作为"世界市场"的魅力也逐渐显现。包括日本企业在内的许多企业,瞄准购买力旺盛的中国中产阶级,开发产品,打入中国市场。这是当今最大的pull因素。

其次,日本经济发展停滞是挤出(push)的原因。20世纪90年代,由于日元上涨,日本产品的国际竞争力骤减。加之日本国内租金昂贵难以维系生产,很多日本企业将生产线搬到中国。另外,日本消费者越来越偏好物美价廉的商品也是原因之一。过往,日本企业采取高投入、高品质的经营方针,但当日本消费者逐渐被国外进口的价格低廉的商品所吸引时,高成本的产品便不再受到青睐。除此之外,前面也提到,日本正迈入人口负增长型社会,日本消费市场本身也有停滞不前甚至萎缩的趋势。一方面,少子老龄化的人口结构、年功序列式的薪酬制度,使得有育儿和购房需求的年轻

一代不但人数不多,收入也不高。而另一方面,人数众多且收入颇丰的老年人却并没有消费需求,一味储蓄,使国内市场陷入不景气的恶性循环。这样的恶性循环是把日本企业和日本人挤出(push)到海外的重要原因。

到此为止,我们分析了最近30年间的经济状况,但日本人移居中国的理由并不仅限于经济原因。本研究中采访的日本人列举了日本社会存在的种种问题。中年人指出,在日本公司加班是工作的常态,为了提高生产效率,同事之间往往要相互监督;大学生和其他年轻人指出,他们从小接受的都是一问一答式的应试教育,毕业时公司招聘的标准单一,完全不考虑年轻人的个性;老年人认为,退休以后的生活不够充实,人际关系淡漠。女性认为,育儿和工作难以两全;男性觉得工作压力太大。他们的不满,有些是由于个人的性格问题,而有些则起因于日本的社会制度和教育制度。本研究通过深入考察他们"为何要移居中国""希望在中国得到怎样的生活""他们在中国构筑了怎样的自我认同"这三个问题,来分析在中国的日本人社会。

(三)移民的自我认同

国际移民形成了怎样的社区和怎样的自我认同,是20世纪以来社会科学领域最重要的研究课题。当今世界,每年大约有2亿人跨越国境,移居到其他地区。[1] 一般来讲,跨越国境的移民叫作国际移民,但是不同机构对国际移民的定义有所不同。联合国(United Nations)把移民定义为"在出生地或享受公民权的国家以

---

[1] 参考联合国 *Human Development Report 2009*。这份报告概括了联合国开发计划署对全世界移民状况的整体调查结果。报告发现,虽然以往人们对移民持有负面的看法,但是统计数据证明,大多数移民通过移居行为在教育、健康、经济等所有方面都实现了正面的效应。另外,报告还指出移民对祖国和移居地国家在经济上都做出了贡献,因此呼吁人们改变对移居者的负面印象。

外的地区生活12个月以上的人"。国际移民组织（International Organization for Migration）把移民定义为"移居到日常生活地区以外的国家,并至少在那里生活12个月以上的人"。但是,关于移民的定义国际间尚未有普遍共识。一般而言,国际移民包括外劳、外国留学生、入籍的外国人、非法逗留者、经济难民、政治难民、难民庇护申请者等等。根据定义不同,有时还包括停留不满12个月的农业和建筑业工人。日本外务省和法务省对移民也没有明确的定义,但一般指在日本长期定居的外国人,不包括留学生和短期劳工。在日本,从政治角度讨论有关移民的问题时,一般把移民设定为"没有明确回国预期的长期外劳和已经跟日本人结婚的永久居住者"。本研究中,为了限定研究和分析的对象,选择了在中国生活了3年以上的日本人作为调研对象。但是,在上海和香港的受访者中,有很多人难以归类到旧有的移民框架中。例如,在中国生活一年,然后回日本生活一年,再到中国生活一年,这样的在中日两国间交替往返的人;在中国和日本都有家,一年中有一半时间住在中国,一半时间住在日本的人;等等。这是全球化时代特有的现象,即跨越国境的人、物、资产、信息流动越来越频繁。因此,在研究世界范围内的移民时,为了便于分析全球化时代的移民,也开始提倡改进旧有的分析移民的概念,使用新的概念,其中,尼娜·戈里珂·席勒（Nina Glick Schiller）提出跨国移民（transmigrants）的概念,强调新型移民与旧移民的差异。[1] 一般认为,旧移民永远离开自己的祖国,忘记本国的文化,为了掌握移居地的语言和文化往往要付出很多艰辛。但是现在的移民可以通过网络共享自己本国和移居地两个国家的生活,可以说他们的生活是超越了国境的。所以,现在的移民生活在横跨自己祖国和移居地国家两地的一个

---

[1] 参考 Schiller(1992)。

社会场域(social field)里(Schiller,2009)。

在跨国移民受到广泛关注的同时,跨国身份认同(transnational identity)这一概念也开始在文化人类学和社会学领域被普遍应用。所谓跨国身份认同,就是在20世纪80年代以后随着人、物、资产和信息在国际间流动的加速,移民通过同时深入地介入自己祖国的社会和移居地社会两者中而产生的一种自我认同。[1] 同时,一般认为跨国身份认同处于民族身份认同(national identity)的对位上。民族身份认同意味着个人对国家的归属感。近代国家成立以来,地球上的每一个人都属于某一个国家,并且应该效忠于自己所属的国家,这样的思维方式长期以来一直支配着我们。几乎所有人都认为,自己属于自己所出生的国家,并且应该为其竭尽忠诚。所以,英国人有英国人的自我认同,日本人有日本人的自我认同。但是随着全球化时代的到来,无论在经济上还是社会结构上,国界的重要性都日渐脆弱,很多移民生活在多个国家中,跟多个社会保持着紧密的联系。因此,他们构建了怎样的自我认同就成为社会学和人类文化学研究的主要课题。

20世纪80年代以前的美国的移民研究主要围绕人种与民族冲突、对移民的种族歧视、移民第二代和第三代的同化问题;[2] 主要探讨移民在移居地国家遭遇了怎样的文化冲突,或者是否被移居地文化所同化。与此同时,移民维持自身文化被看作阻碍其融入移居地文化的重要的负面因素。关于移民的自我认同,一般认为要么是维持自身文化,要么是被移居地文化同化。但是梅西(Massey)对从墨西哥移居到美国的移民研究证明,20世纪80年代

---

[1] 跨国身份认同在人类学、社会学和心理学等学科中的定义都有所不同。跨国主义(transnationalism)一词在20世纪初由伦道夫·伯恩(Randolph Bourne)首次提出,为思考跨文化问题提供了新的方法(Bourne,1916)。

[2] 关于美国的移民研究动向的内容,参考村井忠政(2007)。

以后的移民与那些离开祖国就不再返回的旧移民有很大不同。[1]他把移民分为三种类型。第一种叫作短期移民（temporary migration），他们以赚取金钱为目的，一般在一年以内就会回国；多为30—40岁的已婚男性，他们非法进入美国，完全不会被美国社会同化。第二种叫作回游移民（recurrent migration），他们在墨西哥和美国之间定期往返。有些移民只在每年农作物的收获期来美国，有些移民在美国的工厂打短工。这些移民多为单身青年，他们为了提高在墨西哥的生活水平来到美国。第三种叫作定居移民（settled migration），他们是决定永远在美国生活下去的合法移民，但是他们又与墨西哥的社区保持着紧密的联系。该研究显示，墨西哥移民不但为亲友、同乡提供信息，还帮他们介绍工作、找房子。在墨西哥和美国之间存在一个由墨西哥人组成的跨越国境的互助组织，这个组织把墨西哥社区和美国社区融合在一起。人们并不是单向性地从墨西哥移动到美国，而是在两国之间双向往返性地流动。他们的自我认同并不一定属于墨西哥或美国其中的一个，而是形成了超越两个社会同时存在的自我认同。

　　关于上述新移民研究和跨国身份认同的研究才刚刚开始，还存在各种各样的争论。第一，跨国身份认同是否是出现在20世纪80年代以后的新现象。20世纪初从欧洲移民到美国的移居者们也用各种各样的方式与自己的祖国保持联系。19世纪后半叶到20世纪初的中国移民中间，已经形成了为同乡提供信息、介绍工作的互助组织，并与自己的祖国保持长期的联系。这些旧移民与现在的移民有共同之处，所以旧有的概念仍然是有效的，没必要把20世纪80年代以后的移民当作新出现的跨国移民来分析。第二，有些学派认为跨国移民的形成是建立在资本主义社会经济体系之上

---

[1] 参考 Massey（1987）。

的,有些学派认为是建立在电脑和交通工具等技术革新的基础之上的。前者把跨国身份认同放到资本主义在全世界的分工体系中去看待,认为重点在于考察资本主义与国民国家之间的关系;后者认为之所以会出现跨国身份认同是由于以网络为代表的信息技术和以飞机为代表的运输技术的发展。特别是20世纪90年代以后,技术革命日新月异,人们可以以低廉的价格交换信息和在国际间移动,这一切使人们的自我认同发生了巨大的变化。

在这些争论的基础上,一些学者认为跨国身份认同是带有地域性(locality)的(Guarizo and Smith,1998)。跨国身份认同不是想象中的在国家与国家之间的抽象的第三空间形成的,而是在特定的地域、由特定的人群构建而成的。国际移民每年超过2亿,他们所处的地域、环境和文化都截然不同,且十分多样。他们之间并不存在所谓的跨国身份认同。由于每个特定的地区都有特定的社会关系,所以移民的自我认同也各不相同。现在,有关移民自我认同的研究中最重要的是,详细记录生活在不同地区的移民与自己本国的社会和移居地社会结成了怎样的关系。

基于以上先行研究的成果,本研究并非探讨移居中国的日本人是被中国的文化同化还是保持日本文化这样简单的二选一式的论题,而是详细记录他们生活在怎样的社会关系之中,考察其自我认同发生了怎样的变化。

二 先行研究

(一)精神移民

日本人移居中国的第一个理由就是,随着全球化发展,日本经

济愈发颓废,而中国经济日渐高涨。除此以外,如果想更深入地考察日本人移居的动机,首先要参考有关日本移民的先行研究。在中国,关于日本移民的研究有很多,但关注现代日本移居者的研究是很有限的。1945年以前关于伪满洲国的移民调查,以及上海租界的移民史研究,在质和量上都取得了丰硕的成果。[1] 但是波茨坦宣言之后,居住在中国战区的日本居民、俘虏合计2 138 353人,在中国政府和美军的协助下几乎被全数遣送回日本(陈,2006)。[2] 因此,1945年以前的日本移民和近年的日本人移居者之间并没有直接联系,性质也很不同。现在居住在中国的日本人大部分是1990年以后的移居者,但以他们为对象开展的人类学研究还很少。[3] 而另一方面,对生活在美国、加拿大、英国、法国、德国、澳大利亚等发达国家的日本移民,有很集中的研究成果(Machimura,2003;Fujita,2009;Nagoshi,2007;Kato,2009;Sakai,2000;White,2003;Yatabe,2001;Glebe,2003;Sato,1993)。关于现代日本移民的研究,存在偏重欧美而对亚洲地区重视不足的状况,主要有三个原因:一是20世纪70年代以后,日本移民大多集中在以美国为中心的上述地区,日本人移居到中国等亚洲国家是从90年代才开始的;二是在上述欧美国家,二战后都残留着战前日本移民形成的日本人社区,很多研究主要围绕新移民和旧移民之间的协作和冲突展开;三是就职于欧美各大高校的日本人已经达到一定的数量,他们以自己身边接触到的人为研究对象撰写论文。上述研究根据北美、欧洲、大洋洲的地域差异,使用的资料和研究手

---

[1] 1990年成立的日本上海史研究会,对上海的日本人租界和日本人社区的历史进行了详细的研究。
[2] 统计数据来自中国陆军总司令部编(1945)《中国战区中国陆军总司令部受降报告书》。
[3] 在香港有一些人类学视角的研究,如Matthews(2001)和Sone(2002)。详见后文。

法都有所不同,但都采用了实地调研、参与性观察和采访调查等人类学研究方法,并且在移民动机方面提出了超越经济理由的新的理论,因此在探究在华日本移民移居动机方面,有很大的启示作用。

在近年的日本移民研究中,Harumi Befu 的研究是最具代表性的(Befu 2001)。他的研究把日本人社区分为四类。第一类是日本企业派驻人员及其家人形成的社区。日本企业为了拓展国际业务在海外设立分支机构,从日本被派往海外的派驻人员与其配偶、子女形成了这类社区。在这个社区中,由于派驻人员逗留几年后[1]便会返回日本,因此社区成员每几年就会全部更新一次。但是由于又会有新的派驻人员被输送进来,社区得以延续存在。第二类是永住者社区。包括因与外国人结婚而移居的日本人,想要离开规章制度繁多的日本在海外寻找商机的日本人,派驻人员子女在当地上学后留在当地生活,等等。第三类是旅行者社区。尽管旅行者在当地停留数周后返回本国,社区的成员时常更新,但社区得以延续存在。例如夏威夷的怀基基海滩(Waikiki Beach),酒店、礼品店和旅行社都是以日本游客为目标客户的。为了做生意时能与日本人顺畅地沟通,店主还雇用日本移居者作为职员接待客人或从事宣传的工作。第四类是旧移民社区。是指由二战以前或 20 世纪 50—60 年代的移民形成的社区,最有代表性的是日系美国人和日系巴西人社区。

尽管 Befu 的研究仅对全世界的日本人社区进行了笼统的分析,但对中国上海和香港这样的以派驻人员社区为中心的日本人社区,仍然具有参考意义。在中国,永住者社区的状况较为复杂。在中国香港连续居住满 7 年即可申请永久居住权,因此很多日本

---

[1] 采访调查得到的平均驻在年限为 3—5 年。

移居者寄希望于在香港取得永住权。然而在中国大陆，取得永住权则困难得多，因此抱有这样目的的移居者很少。另外，由于从中国到日本坐飞机只需要3个小时，有些人每周往返于中国和日本之间，因此，什么是永久居住，似乎很难给出准确的定义。上述第三种——旅行者社区存在于中国各大城市中。特别是在上海、香港这样的大城市，针对日本游客的酒店、土特产店、旅行社数量规模很大，这方面的从业人员也很多。但是，与在欧美国家这些行业多雇用日本店员不同，在中国多雇用当地人。其原因主要是中日之间薪资的差异，以及在中国能招聘到很多会说日语的优秀员工等等。香港2010年加入打工度假（Working Holiday）签证协定，基于这一协定，到香港的日本年轻人可以以比较低廉的薪酬在香港工作，逐渐地，在许多以日本人为招揽对象的旅行社和土特产店都能看到日本店员的身影。第四种——旧移民社区。如前所述，几乎全部的日本移民在第二次世界大战后都被遣返回日本，在中国境内这样的社区几乎已经不存在。但在所采访的年长的日本移居者中，有人表示，在1960年左右来香港之前，曾得到过第二次世界大战前就生活在中国的日本店主[1]的帮助。可见，虽然旧移民和新移民之间的联系微乎其微，但还是存在的。

除上述概括性研究以外，在对某一特定地区的详细研究中，佐藤真知子将移居澳大利亚的日本人命名为"精神移民"[2]（佐藤，1993），可谓这一研究领域的先驱。1980年以后移居澳大利亚的日本人从年老者到年轻人，从上流阶层到中产阶级、普通劳动者，从整家迁移到单身迁移者，十分多样。佐藤将澳大利亚日本移居者

---

[1] 第二次世界大战结束以后，这位日本店主从中国东北移居到香港做生意，1960年时在经营杂货店。

[2] 佐藤真知子在《新海外定居时代——澳大利亚的日本人》中提出"精神移民"这一说法，英文版 *Farewell to Nippon* 中译为"lifestyle migrants"。

分为三个群体：一是退休后为寻求良好的居住环境赴澳的中、老年人；二是为脱离男女不平等的日本社会而赴澳的女性群体；三是日本料理师、按摩技师、美容师等职业群体。

1970年以前的日本人移居者大多是出身较贫困的人口，他们大都为了经济目的而移民澳大利亚，被称作"经济移民"。与此相对，佐藤划分的三个群体都是在1980年日本经济发达以后去澳大利亚，主要是为了追求"提高生活品质"的"精神移民"，他们的移民动机不能完全用经济原因来解释。这些移居澳大利亚的日本人，是为了追求澳大利亚美丽的自然风光、闲暇时的体育活动、人与人的紧密联系和悠闲的时光等这些在日本所缺乏的生活方式。他们在日本时，认为"金钱"很重要，为了获得更多的工资而长时间地工作，却并不感到厌烦；而来到澳大利亚以后，才终于发现了适合自己的生活方式。

"经济移民"与"精神移民"的最大差异是，"经济移民"大多数是以放弃日本、在澳大利亚度过余生为前提的，而"精神移民"并未决定在澳大利亚度过一生，他们与日本还保持着持续的联系。研究在中国的日本移居者时，"经济移民"和"精神移民"这两个概念也同样适用。在上海的采访调查中，很多移居者说到在上海的工资比在日本低。如果仅从经济上考虑移民动机的话，很显然难以解释他们为什么要来上海。然而，"精神移民"这个概念包含的意义很广，他们究竟追求什么样的精神价值，必须要进行仔细的研究。

佐藤的研究是以凭个人意志而离开日本的人为对象的，而Junko Sakai的研究是以被公司派遣的派驻人员为对象的[1]（Junko Sakai，2000）。根据他的研究，外派伦敦的公司管理层日本

---

[1] 有研究指出，派驻人员一般在伦敦生活3—5年。

人,在谈起工作、生活时特别强调日本文化认同。对于他们来说,日本文化认同与英国文化认同是完全不同的。在伦敦的生活威胁到他们自身的自我认同感,使得他们反而更强烈地感受到日本文化认同。他们强调自己毕业于良好的大学、从事权威性的工作,以工作时间长、对公司忠诚度高和能够听取下级意见为傲。[1]而另一方面,也有部分女性职员和职位较低的职员,并未意识到日本文化认同与英国文化认同的碰撞,徘徊在两种价值观之间。他们的价值观显现出不稳定性,却有超出日本文化/英国文化二元对立、试图创造出第三种文化的倾向。显然,欧美文化/日本文化这样的二元对立无法说明在华日本人的自我认同问题。因此,欧美文化/日本文化/中国文化三项对立在日本人自我认同形成过程中是如何相互作用的,就成为本研究中需要详细分析的课题。

(二)文化移民与寻找自我型移民

近期的藤田结子的研究以伦敦和纽约的日本艺人为对象(藤田,2008)。在伦敦和纽约,生活着很多学习戏剧的年轻人、想要成为 Hip-Hop 舞者的女性、梦想成为画家的男性,他们怀着对艺术的热爱移居到这里。藤田把他们称为"文化移民",详细研究了他们的"民族身份认同"是如何变化的。他们在日本生活的时候,通过电视、报纸、网络等媒体接触伦敦和纽约的信息,在头脑中形成作为艺术中心的"想象中的欧美"。对于生活在像日本这样与欧美同等经济条件国家的年轻人来说,"想象中的欧美"绝对不是被当作比日本更富裕的对象而憧憬的。他们向往的不是"想象中的欧美",而是"生活在想象中的欧美的自己"。对他们来说,纽约不过是

---

[1] 有研究指出,许多派驻人员经常光顾当地的高尔夫俱乐部,送小孩子去英国学校,试图与当地的英国文化建立关系,但却难以融入英国文化。

个与东京相似的普通地方,但却可以提供在东京难以得到的成功的机会。然而,在纽约或伦敦生活一段时间以后,他们逐渐感到日本人作为亚裔外国人在人种上的弱势地位。加之语言问题,他们意识到自己无论怎样努力也不可能成为美国人或英国人,这时,强调"日本人特质"的民族身份意识开始觉醒。想当画家的人开始主张日本式的艺术美感,女性开始把"日本女性特质"作为武器。藤田的研究对象大多是怀抱着音乐或戏剧梦想的年轻人,而在中国,这样的日本移民还很少。主要是由于,日本媒体对中国的报道多集中在经济方面,与纽约、伦敦相比,介绍上海和香港艺术文化的内容少之又少。但值得注意的是,在此次采访中,有一名日本女性是为了学习摄影来到香港的,还有一名男性希望到上海成为成功的调酒师。可以说,为了追求艺术梦想而来到中国的日本年轻人正在逐步增加。

上述以自我认同为中心的研究中还有加藤惠津子针对温哥华的年轻人做的调查(加藤,2009)。加藤对利用打工度假机会到加拿大温哥华居住的年轻日本人做了访问。打工度假是一种为18—30岁的年轻人提供为期1年时间在国外边打工边度假机会的制度。[1] 日本政府继1981年与澳大利亚缔约后,分别在1985年与新西兰、1986年与加拿大缔结协议。[2] 加藤把这种年轻的移居者称作"寻找自我型移民"。他们来到加拿大并没有明确的目的,只是为了"寻找自己想做的事情"而离开日本的。去到国外后,也出现年轻人因为生活在外国这样一个"梦境"般的环境里,而陷入男女关系纠纷或吸食毒品麻醉自己的情况。对日本的年轻人来说,工作等同于参与社会的活动,是生活中必不可少的重要组成部分。因此,尽量缩小自己与工作之间的界限、找到理想的工作,就意味

---

[1] 根据缔约国的不同,有些国家规定年龄为18—25岁。
[2] 1999年以后缔结协议的包括韩国、法国、德国、英国、爱尔兰、丹麦等国家和地区。

着找到理想的自己。所以，他们通过度假打工的方式，或在日本不断寻找自己理想的工作，借此来发现理想中的自己。中国香港在2010年与日本签订打工度假签证协定，每年定期地会有250名日本年轻人移居到香港。虽然人数并不算多，但这些年轻人可以在香港增强自身英语和广东话方面的语言能力，还可以在以日本人为对象的旅行社和超市工作。

从以上的先行研究可以看出，1980年以后移居北美、欧洲、大洋洲的日本人，并不是为了追求经济价值，而是为了精神价值。20世纪90年代以来，日本经济在经历了80年代的高速增长以后，走过了"失去的十年""失去的二十年"，社会经济结构发生巨变。在这样的过程中，许多日本人开始寻找真正适合自己的生活方式和文化，开始思考自己到底是什么，并决意离开日本到北美和大洋洲居住。那么，20世纪80年代以后移居中国的日本人也跟移居欧美的日本人一样，是因为在日本无法发挥自身潜力、感到不满才移居中国的吗？这些日本人移居者的头脑中也有一个自己想象出来并为之憧憬的"中国"形象吗？或者，他们是幻想着"自己生活在中国的样子"而来到这里的？日本人通过移居中国是否真的能够达到实现自我的目的？本书将使用人类学研究方法，在与移居者数年共同生活交往的基础上研究以上课题。

三 研究范围与研究方法
——参与观察与访问调查

为了研究生活在中国的日本人，笔者自2007年起在收集整理统计数据和历史文献的同时，与日本移居者一同生活，对他们的行为和生活态度进行了参与观察。另外，作为田野调查的一环，不仅

进行了问卷调查,还定期实施了采访调查。这些日本人多在20世纪90年代以后移居中国,并且每年仍有超过数千人不断移居到中国,这可以说是现代社会的一个新现象。因此,围绕"他们为何来到中国""在中国的生活怎样""他们形成了怎样的自我认同"等问题,还没有多少详细的学术研究成果,文献资料也比较匮乏。另外,简单的一问一答的问卷调查无法分析移居者每个人的心境随时间产生的变化,以及有关社会、经济等复杂的背景。例如,当询问"你为什么来中国"时,对方回答"是日本的公司派我来的"或者"因为想学习汉语",往往只能收集到这样一些即时性的答案。[1]

日本移居者来中国的理由是多种多样的,并且随时间推移不断变化。有些人大学时代开始学习汉语,进入公司工作后被派遣到中国;也有人在幼年时随父母来中国生活,升入大学后利用交换留学生制度来到中国。有人在澳大利亚留学期间跟中国人结婚,随后来中国生活;还有人因为丈夫升任为中国地区分公司的总经理、女儿到中国上大学而最终决定到中国生活。问这些人"为什么来中国?"他们会说"因为喜欢中国""因为跟中国人结婚了",但是仅仅依据问卷调查的结果很难通过社会经济的经纬来分析他们是"如何喜欢上中国"的、是"怎么跟中国人结婚"的。但是利用文化人类学参与观察的研究方法,可以通过长时间的观察来了解日本人移居者是怎样与中国建立联系的、在中国的生活状况怎样、他们的自我认同发生了怎样的变化。例如,提到来中国的原因,受访者

---

[1] 类似"为什么来中国"这种一次性决断的问题还比较简单,但对类似"为什么选择在中国生活""为什么不回日本"这种询问长期生活状态的问题,回答的内容往往变得很复杂。移居者刚来中国时、来中国1年以后、在中国生活10年以后的答案可能完全不同。为了考察研究对象的想法随时间推移所发生的变化,不能仅靠一两次的交流,而需要与调查对象一起生活几个月甚至几年,在此期间进行多次访问和调查。

第一次只说"是因为喜欢中国",但在其后的数次访问中,会逐渐透露:小学时看张国荣的电影感到很有魅力,高中时在学习的汉诗中了解到一些有关中国的情况。受访者之所以在后来会提供这么多的信息,是由于笔者在调研中与他们多次见面,逐步建立起了互相信任的关系。此外,在采访中有些问题无法得到明确的答案,但在与移居者一起生活的过程中可以窥见一斑。笔者创造了一次与受访者一起看电影的机会,然后,借助"电影"这个关键词,他开始向我谈起对中国的印象。在日本,许多日本人通过媒体、学校的课程,有意识无意识地接触着中国。近来,到中国旅行越来越便宜,跟旅行团3万日元就可以去香港,2万日元就可以去上海游玩几天。在全球化的今天,日本文化、中国文化、欧美文化错综复杂地交织在一起,移居者往往很难用三言两语概括自己印象中的中国。他们的移居动机也同样复杂,并且在时刻变化着。为了分析这些复合、变化的对象,笔者采取了与被调查者共同生活、重复多次采访的人类学研究方法,这对了解他们的行为方式和思考方式是十分有效的。此外,移居者中有上至80岁高龄的老人,也有随父母而来的幼儿,不仅年龄层次多样,社会地位、家庭组成也十分复杂。他们的年龄、性别、出生地、家庭结构、学历、思想背景等等都是研究中不可或缺的资料。想要了解到这些触及个人隐私的资料,就需要调查者与移居者之间建立良好的信任关系。而且,他们在采访中所讲的话不能仅仅从字面上去理解,而要进行多层次、多角度的分析。比如,有一位日本留学生在大学的教室里接受采访时说:"来上海是为了学习汉语",而在跟朋友聊天时,他说,其实"是因为交了中国女朋友,为了跟女友一起生活才来上海的"。这就是所谓的"场面话"和"真心话"的差别,可以利用典型的日本人论来解读。即,在教室这样的公开场合说的"来上海是为了学习汉语"是场面话,私下与朋友聊天所说的"为了跟女友一起生活"才是真心话。

但是,在后来的多次交谈中笔者才知道,这位留学生小时候就喜欢《三国演义》《西游记》,现在的女友也是在大学的"三国演义研修班"认识的,他小时候还跟父母到中国旅行过。因此可以说,对受访者话语的理解,不是简单地得出哪些重要、哪些不重要的结论,而是通过与移居者长时间、数次的会面和交往,逐渐领会他们话语背后的意图和脉络。而想要理解受访者在什么场合下、对什么人会说什么样的话这一系列话语背后的社会文化背景,就必须先取得他们的信任。

但另一方面,调查者与受访者的接近也会产生很大的问题。调查者希望能够站在客观的角度观察被调查者的思考和行为方式,但一旦与被调查者开始接触,就必然对他们的思考和行为方式产生一定的影响。这就是所谓的"观察者效应"[1]。笔者本身是日本人,从2002年起在香港等多个中国城市生活过。调查者跟被调查者一样,都属于日本移居者,这一点也容易造成问题。调查者通过观察自己、反省自己,可以获得许多与研究有关的认识。但同时,也容易夸大这些认识及自身的想法,或是把自身经验得到的认识强加到对被调查者的观察当中。其结果,可能只关注那些与自己预设的结论相吻合的行为,而忽视了那些预设结论以外的行为。这在社会学里被称作"观察者偏差",指在解读被调查者的行为和语言的时候,受到调查者先入观念的影响。[2] 这次研究,就是身为日本人的调查者在研究同为日本人的被调查者,因此研究者要十分注意自己的研究是否受"观察者偏差"的影响过大。此外,受访

---

[1] 观察者效应(observer effect)指观察行为本身对观察对象产生的影响。在物理学上指利用测量仪器进行观察对观察对象产生的变化。
[2] 观察者偏差(observer bias)指观察者单方面的视角对观察结果会带来影响。心理学中称为"主试效应",指由于主试和被试都是人类而导致的主试无意识的期待对实验结果的影响作用。

者是抱着善意向调查者提供他们的出生地、思想背景等个人资料的,调查者如何使用这些资料是涉及伦理的重大问题。双方在采访开始前就约定,受访者的个人信息只用作学术研究。学术研究不应该威胁到受访者的生活,或给他们带来困扰。以上谈及的研究方法论问题,是所有以人类为研究对象的社会学科必须注重的研究伦理,也是近年来文化人类学研究中非常重视的内容。本研究是在秉承文化人类学伦理规则的前提下开展并完成的。

本研究的调查地选定为上海和香港,是由于这两个城市是中国地区居住日本人最多的城市,上海有 56 481 人,香港有 22 184 人。单独就上海而言,在以下两个方面与北京、苏州、广州、大连和深圳等其他中国大陆城市有着相同之处:20 世纪 90 年代以后日本人移居者数量激增;移居者以男性派驻人员为主。可以说上海是具有代表性的城市。而香港在 20 世纪 70 年代后半期开始涌入大批日本人移居者;男女比例相当,或者说女性更多;移居者中有近 10% 希望取得永久居住资格。这三个方面与中国台北、新加坡、首尔有共通之处,可以作为全球化城市的代表进行研究。调查方法主要采取向移居者发放、回收调查问卷,访问和参与观察,在前测调查中捕捉移居者的普遍情况。在参与观察方面,参加了日本人组织的同乡会、大学同窗会、体育同好会、志愿者活动和企业活动等,观察了访问对象以外的协助调查者的日常活动。访问调查从 2009 年 2 月开始,持续到 2012 年 3 月,以居住在上海的 52 名日本人为对象展开。笔者自 2008 年起访问过在沪的 110 多名日本人,这次的调查对象选取了其中在上海生活过 3 年以上的日本人(青山,2012)。居住在上海的日本人多为派驻人员,他们在上海工作 3—5 年再去下一个地方,或是回国。想要了解移居者自我认同的变化和变化的过程,最好选择长时间居住在某地的受访者,但由于无法将占移居者大多数的派驻人员排除在调查之外,所以选择了

生活时间超过3年的移居者进行调查。笔者对每一个人都进行了3个小时左右的一对一访问,然后利用邮件和电话追踪采访。有些受访者由于受到时间的限制,进行了重复多次的访问调查。调查场所主要是受访者的单位和学校附近的咖啡厅或餐厅。有时也会被招待去受访者的家里,一起访问其家人。调查对象中男性有29人,女性有23人。年龄介于60—70岁之间的有5人,50—60岁有7人,40—50岁有12人,30—40岁有15人,20—30岁有13人。52人中有33人从事全职工作:25人在上海的日本企业工作或是私营业主,6人在跨国公司工作(会计师事务所和贸易公司),2人在中国企业工作。有9人在上海的大学学习。访问内容主要围绕移居动机、与日本人社区的关系、对上海的印象、作为日本人的自我认同等等。香港的访问调查从2010年3月开始持续到2012年3月,以居住在香港的44名日本人为对象展开。为了与上海的调查形成对比,尽可能采取了同样的调查方法和方式。笔者对每一个人都进行了3个小时左右的一对一访问,然后利用邮件和电话进行了数次至数十次的联络。与有些受访者进行了多次面谈。在香港也进行了数次的集体访问,最多一次访问了6个人。调查场所主要是受访者的单位附件的咖啡厅和餐厅。有时也会被招待去受访者的家里,一起访问其家人。调查对象中男性有20人,女性有24人。年龄介于70—80之间的有2人,60—70岁有7人,50—60岁有6人,40—50岁有11人,30—40岁有11人,20—30岁有7人。44人中有21人在香港的日本企业工作或是私营业主,15人在跨国公司或香港企业工作,2人是香港中文大学的留学生。访问内容主要围绕移居动机、与日本人社区的关系、对香港的印象、作为日本人的自我认同等等。

第一章　日本移民的简史与背景

第一节　近代日本移民的开端

日本外务省调查显示，截至 2011 年，海外日本人[1]人口总数为 1 182 557 人（日本外务省，2012）。尽管与日本人口总数 1.26 亿人[2]相比不足 1%，但迄今数十年间这一数字持续增长。相较日本国内人口减少的状况，为何海外日本人的数量逐年攀升呢？（图 1-1）

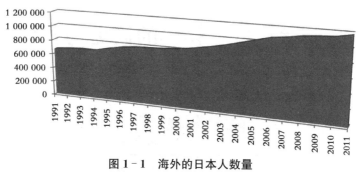

图 1-1　海外的日本人数量

说明：该图根据日本外务省海外在留国人调查统计（2012）的资料绘制而成。

回顾近代以来日本人海外移居的历史，可以分为四个时期：明治元年（1868 年）至美国排日移民法颁布（1924 年）为第一期；排日移民法颁布到二战结束（1945 年）为第二期；二战结束到外劳移民终止（20 世纪 70 年代）为第三期；20 世纪 70 年代至今为第四期。第一期移民主要以海外务工为目的。

---

[1]　这一数字是拥有日本国籍的人口总数，不包含是日本人子女却不拥有日本国籍者，以及取得外国国籍而自动丧失日本国籍的人。因此，有很多日裔人口并未被计算在内。
[2]　根据 2010 年的国势调查，日本总人口是 126 381 728 人。

进入江户时代,幕府实行锁国政策,禁止日本人移民海外。到了明治时期明治维新,日本人就开始大量向海外移居。日本的第一批海外移居者是因江户幕府与英国商人签订的契约而移居夏威夷的,有 153 人,移居时间为 1868 年,恰值明治元年,因此被称为"元年者"。夏威夷的甘蔗田和制糖工厂需要大量劳动力,就有从亚洲和欧洲等地的移民来到这里,其中日本人最多,到 1924 年为止大约有 22 万人。另外,日本人也开始向南美洲、中美洲地区移民。巴西在 1888 年废除奴隶制后劳动力严重短缺,1908 年开始需要能够从事咖啡栽培的劳动力。其后,日本移民也开始进入秘鲁和阿根廷。去往北美大陆的移民是从 1884 年开始的,20 世纪初起日本人集中居住在洛杉矶,日本街被称作"小东京"(Little Tokyo)。这是由于 1882 年美国通过了基于"黄祸论"的排华法案[1],禁止中国人移民入境,从而使美国对廉价的日本人劳动力产生了需求。其后,很多日本人为追求优越的生活条件移民美国,1908 年日美缔结绅士协定,主张除观光客、学生、美国居民亲属以外,禁止日本人入境。此后,很多日本人利用"美国居民亲属"这一条,用照片相亲的方式与美国人订婚,嫁到美国去,这些新娘被称作"照片新娘"。美国在 1924 年颁布移民法(*Johnson-Reed Act*),规定移民数量受出身国限制。一时间,亚洲人在美国被禁止入籍。该法案还同时规定,不能在美国入籍的人种不能移民美国,因此等同于全面禁止日本人移民美国。

第二期是日本向亚洲各地扩张权利的时期。明治政府在政治制度和社会制度上快速实现了近代化的同时,采取了效仿欧美列

---

[1] 指 1882 年美国联邦法案 *The Chinese Exclusion Act*。根据这一方案,不仅禁止新的中国移民,也禁止曾在美国居住过的中国人入境。其结果,被割断与中国联系的华裔移民在美国形成唐人街,被孤立起来。法案持续至 1943 年。2012 年美国国会就排华法案带有种族歧视这一事实向中国正式道歉。

强殖民主义、被称作"富国强兵"的帝国主义扩张政策。1894年,日本首先对朝鲜发动战争,随后对清作战告捷。1895年日清缔结《马关条约》,清廷将台湾岛割让给日本。1904年日本在日俄战争中取得胜利,1905年签订日俄《朴茨茅斯条约》,取得了在中国东北部和朝鲜半岛的独占权,1910年正式吞并"大韩帝国"。此外,第一次世界大战中,日本作为战胜国从德国接手中国山东半岛,并取得南海诸岛的控制权。日本军队在亚太地区扩张的同时,日本人也移民至上述地区。特别是1932年日本在中国东北成立伪满洲国,作为日本的国策,许多家庭和年轻的农民移民至中国东北。1940年移民数量超过了200万人。[1]另外,在上海也居住着超过10万名日本移民。这部分内容会在其他章节详述。综上所述,第二期是不断增加的日本国内人口向亚太地区分散的时期。同时,对1908年起移民巴西的日本人,政府采取了交通补贴的方式来进一步推进移民政策。在美国、加拿大、澳大利亚等国限制日本移民的情况下,20世纪30年代巴西成为接收日本移民最多的国家,这种情况一直持续到1941年日美关系恶化,太平洋航路关闭。

第三期表现为二战后日本移民回流和南美移民再开放。一方面,上述以军事侵略方式移民至亚太地区的日本人严重威胁着当地人的生活,二战后,根据联合国决议,日本派往被侵略地区的移民全部撤回国内。合计约300万日本人从南海诸岛、中国、朝鲜半岛回到日本。这一时期,海外日本人主要以留在北美和南美地区的日裔人口为主,在亚太地区的日本人数锐减。[2]另一方面,1947—1949年日本迎来生育高峰,1950年人口数量爆炸性增长,

---

[1] 根据伪满洲国《康德七年临时国势调查速报》,伪满洲国人口4 323万人,日本人212万人。其中包含了当时受日本统治的朝鲜人和中国台湾人。
[2] 有少部分人在南海诸岛取得了美国籍,或是在东南亚地区取得了当地国籍,也有部分人仍居住在中国。

国内耕地不足，作为国策，日本人又开始向南美移居。但由于当时日本政府准备不足，以及南美各国政体不稳，很多移民被迫忍受痛苦的生活。这一政策被称为"弃民政策"，日本政府也曾因此而遭受诟病。20 世纪 50 年代，由于朝鲜战争的军需刺激，日本经济再次进入增长期。经历了 1954—1961 年的第一次高速增长和 1965—1973 年的第二次高速增长时期以后，日本跻身发达国家行列。20 世纪 60 年代起，希望移居海外的日本人数量开始减少。70 年代至今，以经济为目的的"外劳"移民数量骤然下降。

第四期，随着日本企业的国际化进程，日本人开始向北美、欧洲地区移动。1973 年开始日元实行浮动汇率制，此后日元对美元汇率持续走强。20 世纪 80 年代起日本的汽车和家电产业发展迅速，出口到北美和欧洲。日本企业趁势在纽约、洛杉矶、伦敦、巴黎等主要城市设立分公司。当时的日本企业多采取"日本式经营"[1]管理模式，与直接录用当地员工相比，更多采取将日本职员派驻海外的方式。这些被派驻海外的职员叫作"派驻人员"，多为只身到海外赴任的男性。随着洛杉矶等大城市日本食品商店增加，对日本人来讲生活越来越便利，日本人学校等教育配套设施逐渐完善，男性派驻人员携妻子儿女一同赴任的情况越来越多。此外，20 世纪 80 年代末 90 年代初在日本掀起留学热潮，许多日本人为追求大城市的生活移居到纽约和伦敦等地。1971 年时 1 美元兑换 360 日元，到了 1995 年 4 月 1 美元仅兑换 80 日元，日本人出走海外的热情正是在这样的背景下逐渐高涨起来的。还有一个因素就是，通过日本政府的外交努力，日本人赴欧洲、北美各国观光实行免签证

---

[1] 也叫日本型经营。有三大特征：终身雇佣制，年功序列，企业内工会。职员从学校毕业直到退休一直在同一家公司工作，其间工资逐步缓慢上涨。工会不是按行业组织的行业工会，而是每个公司成立自己的工会，因此职员很难跳槽，经营者和劳动者被紧密地捆绑在一起。详见 Abegglen(1958)。

政策。20世纪70年代至2000年左右,在日本经济发展和日本企业国际化的背景下,日本人主要向北美和欧洲地区移居。

进入20世纪90年代,日本经济进入零增长停滞期。1991年泡沫破裂,金融机构不良贷款导致信贷危机。经济学者和社会学者把经济停滞的这10年称为"失去的十年"。直到现在,日本国内生产总值GDP增长率[1]仍旧很低,因此也有"失去的二十年"的说法(图1-2)。与20世纪70年代开始伴随经济快速发展和日本企业国际化而快速增长的海外移民相对照,许多人也许会认为20世纪90年代以来经济不景气的这20年,日本海外移民的数量也会随之下降。然而,据统计[2],日本海外移民的人数一直持续增长。原因主要有两个:一是这些海外移民并非为了经济目的,而是为了追求更高品质的生活而移居海外的;二是之前移居北美和欧洲地区的日本人转而移居到经济高速发展的亚洲地区。

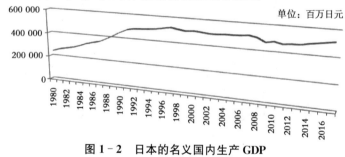

图1-2 日本的名义国内生产GDP

说明:该图根据International Monetary Fund(2012)的资料绘制而成。

---

[1] 国内生产总值GDP分为考虑物价指数的实质GDP和不考虑物价指数的名义GDP,日本虽然实质GDP在上升,但名义GDP从1991年到2012年几乎没有变化。

[2] 泡沫破灭(1991年)时,海外日本人数量为663 049人,但20年以后,即2011年增加到1 182 557人。

第一章　日本移民的简史与背景

第二节　巴西与美国的日本人社会

在这一节中，为了研究近代史上日本人是如何移居海外并形成日本人社区，选取了最具代表性的移居地——巴西，分析那里的日本人社会。现在，巴西是世界上日裔人口最多的国家。[1] 所谓日裔人口，就是移居到日本以外的其他国家，并在国外取得永久居住权或国籍的日本人。移居到巴西的日本人的后裔、日本人移居者与当地的外国人生下的混血儿也包含在内。[2] 本人是移居者的称为日裔一代，移居者子女称为日裔二代，自幼移居的称为准二代。日本人集体移民到巴西始于1908年。[3] 19世纪的巴西，靠美国贩卖来的奴隶维持大规模的咖啡园种植，但是受到来自国外的种种非议，巴西政府于1888年废止了奴隶制度，这就使得农场需要新的劳动力。巴西政府开始从意大利和西班牙等欧洲国家招揽移民，但由于劳动强度过大、报酬过低，农场主与欧洲移民之间产生了激烈的冲突。在这样的背景下，巴西政府于1894年开始接受从中国和日本来的移民。但由于当时日本和巴西两国并未签订友好条约，所以日本人集体移民的浪潮尚未开始。[4]

随着近代化进程的发展，日本人口急剧增加，没有钱也没有知识的穷苦农民，越来越多地开始选择去夏威夷和美国打工。这些

---

[1] 日裔不仅包括从日本来的移居者，还包含移居者的子孙。虽然无法获得准确的统计数据，但据估计在巴西的日裔人口超过150万人。
[2] 本书中"日本人"的定义是持有日本国籍者，所以不包括丧失日本国籍的日本人后裔。
[3] 本节内容参考了日本国立国会图书馆（2009）、梶田（2005）和亚太资料中心（2008）的研究成果。
[4]《日本巴西友好通商航海条约》是在1895年缔结的。

外出务工移民在矿山或农场从事高强度作业,有的病死,有的继续被资本家剥削。时任日本外务大臣的榎本武扬就不赞成让穷苦农民外出打工,而是提倡政府应该有计划地在外国购买土地,再让日本人移居到当地,即殖民论。他在外务省设立了移民科,对移居地展开调查。但是外务省担心,一是日本移民在当地可能会被迫从事奴隶般的劳作,二是这些没有文化也没有钱的日本移民可能会跟当地人起冲突,所以并未积极推进移民政策。在外务省的努力下,1896年日本政府制定了移民保护法,为了保护国民不受劣质移民中介的压榨,决定所有移民必须先取得外务省的许可才能移居海外。根据移民保护法,移民中介需要向日本政府交纳一定的保证金,这就严格限制了集体移民的行为。倡导殖民论的榎本武扬于1893年辞去外务大臣一职,成立了"殖民协会"[1],旨在推进日本人赴墨西哥移居计划。身为"殖民协会"一员的根元正在1894年赴巴西考察,完成了关于日本人移居者的颇具影响力的报告。其后,也有几家移民公司计划将日本人集体移民到巴西,但都因为巴西当地公司毁约或无法取得日本外务省许可而搁浅。

事态自1905年开始好转。到巴西赴任的杉村公使在拜见巴西总统时,就日本人集体移民的可能性问题展开了讨论。杉村公使访问了圣保罗州,并认为这里有可能成为日本人的移居目的地。他的报告被刊登在外务省的海外通商杂志上,后又被《大阪每日新闻》转载,在日本国内的潜在移民中成为热烈讨论的话题。巴西作为移居目的地的形象在日本国内被熟知,促使日本的移民中介公司"皇国殖民公司"和巴西圣保罗州政府签订协议,规定由"皇国殖

---

[1] 殖民协会是研究日本人移居地或殖民地的团体。由榎本武扬于1893年创立,在政府的资助下选定了亚洲、南太平洋、南美大陆等日本人移民候选地区。还与学术团体东京地学协会合作,向各地输送研究团队,汇总移居地地质环境、劳动条件等调查资料,制定移居计划。殖民协会被认为是带有亚洲主义倾向的研究团体。

民公司"负责组织输送3 000名日本人家庭移民,由圣保罗州政府承担他们的旅费。圣保罗州政府并不欢迎单身的打工移民,而是希望接收家庭移民,因为他们将来更有希望在巴西定居。因此,希望移民的单身男女就同素未谋面的人组合在一起,作为夫妻一同提出申请,这种情况被称为"临时组成家庭"。当然也有部分男女到达巴西之后,在共同经历了艰辛的农场生活后真正组建成家庭。

最初的移民大都计划在巴西的咖啡园工作几年,赚够钱就回日本。但是由于这些移民难以适应咖啡生产流程,收入又十分低,最终发现在巴西的生活跟在日本时的困苦程度相差无几。此外,由于巴西的气候和居住环境跟日本差异很大,有很多人罹患疟疾身亡。再加上巴西农场主依旧采取奴隶制时代的政策对待工人,导致有很多人罢工,或干脆回到日本。也有人逃离咖啡园,自己购买新的农田进行耕种。他们主要种植大米、玉米和土豆,并贩卖给圣保罗当地的居民。日本人移民集资一起购买土地,这就形成了日本人集体土地(殖民地)。随着技术的改善和品种改良,他们开始生产红茶、胡椒、地瓜和棉线,生活也越来越富裕。随后,逐渐形成农业工会,进而形成了互帮互助的日本人协会。慢慢地,开始出现为在巴西出生的日裔二代提供日语教育的机构,例如1915年在圣保罗市内成立的"大正小学"。

1914年因为圣保罗州政府曾一度中断资助日本移民的旅费,集体移民也曾中止。但是一战爆发后,欧洲移民不再到巴西来,1917年巴西又开始接受日本移民。而日本国内,在寺内内阁的推动下,移民成为日本的国策,并且完成了对《东洋拓殖株式会社法》的修改。这一法案有效改善了小型移民公司之间恶性竞争给移民带来的困扰。在日本政府的引导下,移民业务被"海外兴业株式会社"一家公司整合,许多移民公司被收购或吞并。海外兴业株式会社不仅是一家移民中介公司,也是一家负责管理日本人集体土地(殖民地)的殖民公司。日本内务省曾在1921年以移民保护及奖

励为名为该公司颁发了10万日元的补贴款。

进入20世纪20年代,美国和澳大利亚排斥日本移民的声浪越来越高,巴西成为世界上最大的日本移民接收国。1927年《海外移居工会法案》颁布,移居者可以向政府借款在海外购买土地,冲绳、鹿儿岛等地成立了单独的海外工会,为移居者提供帮助。1929年"巴西拓殖工会"成立,开始协助新一批日本人移民到巴西。工会内部设有棉花、制线、银行、贸易和采矿等部门,致力于培养能够适应相关产业的日本移民。除此以外,三菱集团也开始经营农场,这意味着日本企业开始向巴西进军。

尽管移居者之间互相帮助能够解决很多在生活上的问题,但是他们的子女即日裔二代的教育问题却日益浮出水面。自1910年在日本人集体土地开始出现第一所日语学校,截至1926年,巴西全境已经有61所日语学校。但是,仍然有很多孩子要去给工作繁忙的父母帮忙,几乎没有接受教育的时间,教学质量也难以保证。1927年,在驻圣保罗日本总领事馆的呼吁下,"驻巴西日本人教育协会"成立,1929年"圣保罗日本人学校父兄会"成立。这些机构负责批量采购学校日常用品,配置学校设备,选定教材,召集演讲会,改善教师待遇,统一各学校的教育方针,从各个方面对日语学校提供协助。日本政府也设立了同胞子弟教育补贴项目,为在巴西的日本人小学校舍建设和教师薪酬提供补贴。圣保罗日本人学校父兄会在圣保罗市内安排了寄宿宿舍,让日本人子女能够集中在一起专心学习。为了达到巴西教育和日本教育两方面的平衡,日本儿童上午去巴西的公立学校学习,下午到日语学校上课,日常生活使用日语。为了满足日本移民对时事信息的渴求,日语杂志和《圣保罗新闻》《日本巴西每日新闻》等报纸也纷纷登场。与此同时,神道教、佛教和新兴宗教也开始传教活动。

20世纪30年代以后,在巴西抵制日本移民的运动愈演愈烈。

1929年经济危机以后,巴西本国的失业人口激增,民族主义情绪蔓延。巴西报纸上经常出现日本侵略中国东北成立伪满洲国的报道,巴西人也开始怀疑日本移民对巴西是否也有侵略的企图。在这样的大背景下,巴西总统热图利奥·瓦加斯开始推行移民同化政策。在公立学校里,除巴西官方语言葡萄牙语以外,禁止使用其他语言。1934年巴西通过了分人种的移民限制法案。根据这一法案,每个人种的新进移民数量要控制在其定居人口数量的2%以下。当时在巴西定居的日本人口有142 457人,所以日本向巴西新移入的人口数量应该控制在2 849人以下。但是法案对未满14岁的儿童并没有限制,所以该法案颁布后日本每年大约有5 000人移民到巴西。1936年,巴西政府以日本儿童葡萄牙语能力不足为由,禁止对10岁以下的日本儿童实施日语教育。1938年这一年龄增长到14岁,教师也仅限于出生在巴西的巴西人。许多日语学校因此关闭。日语杂志、报纸也被禁止发行,不懂葡萄牙语的日裔一代能够接收到的信息变得十分有限。在排日运动高涨的声浪中,许多日本人移居者开始希望回到日本,1939年回国人数开始大于新进移民人数。在巴西国内民族主义勃发的同时,出生在巴西的日裔二代们也开始出现思想上的分歧。一般来说,在农村的日本人集体土地上成长起来的日裔二代们虽然也深深热爱巴西这片土地,但他们日语水平较高,对日本同样怀有深厚的感情。而在圣保罗市内等城市成长起来的日裔二代们,跟巴西社会的接触比较多,虽然他们对父母的故乡——日本也怀有感情,但他们大多操着一口流利的葡萄牙语,在他们的意识里自己是巴西人。因此,拥有双重国籍的日裔二代中,有人回到日本加入日军,也有人在巴西从军,奔赴意大利战场。[1]

---

[1] 1942年,巴西加入联合国军阵营,向意大利和德国宣战。

二战开始后,巴西国民的排日情绪更加高涨。1942年巴西政府宣布断绝与轴心国国家的一切邦交,日本驻巴西外交机构被迫关闭。日本移民的权益交由瑞典公使馆代为保障。后来,轴心国国民的自由受到严格限制,禁止高唱日本国歌、发布日文文件,在公开场合禁止使用日语,以及禁止非法集会。许多日本移民因违反规定而遭到逮捕。巴西政府还颁布了"轴心国财产冻结令",日本移民的银行存款和债权被强行没收。日本政府外交使团也决定离开巴西,日本移民成了被日本政府抛弃的"弃民"。在这种严峻的环境中,日本人之间开始发生争斗。美国以前从日本进口绢,但与日本开战以后转从巴西进口。因此,在巴西从事桑蚕养殖的日本移民一下子富裕起来,遭到其他身处困境的同胞的妒忌。有人到处宣扬这些农户的绢丝是给美军做降落伞用的,于是他们的蚕房或蚕场开始遭人焚烧和袭击。

直到二战结束,因为日语报纸被禁止发行,日本移民只能通过葡萄牙语报纸和日本电台的短波了解时事信息。很多人觉得这些新闻报道都是联合国军方面在故弄玄虚,并不可信。就连1945年日本宣布投降的消息,也有很多人并不相信,相反,以为日本可能已经取得了战争的胜利。这些日本人被称为战胜派,或"战胜组"。他们坚信日本军舰会到巴西来拯救他们,甚至做好了回国的准备。所以,其实已经一文不值的旧版日元被高价炒卖,很多人上当受骗成为牺牲者。另一部分相信日本已经无条件投降的人被称为认识派。战胜派强烈批判认识派的这种想法,把他们称为"战败派"。在巴西的日资企业的高层意识到两派的分裂可能带来混乱,导致新一轮的排日运动浪潮,所以开始宣传日本已经无条件投降这一事实。认识派派发日本的报纸,在巴西发行日语报纸进行宣传,与战胜派开展谈判,试图说服他们。但是1946年战胜派还是发动了多次针对认识派的恐怖袭击,多位认识派日裔遭杀害。1946年7

月战胜派与巴西市民展开论战,进而发展成暴乱和死伤事件。巴西政府不仅惩治了牵涉其中的日本移民,还对战胜派全体人员实施了严厉的惩罚。同时,巴西国民对日本人的负面情绪进一步恶化,甚至提请审议是否应该在新宪法中加入禁止日本人移民的条款。[1] 1951年日本和巴西恢复邦交,但战胜派和认识派的对立仍未停止,战胜派甚至发行日文报纸鼓吹日本在二战中获胜。直到1958年,借移民50周年庆典之际,战胜派和认识派才开始和解,其后战胜派逐渐消亡。

一部分日本人移民在知道日本无条件投降后,了解到自己祖国的贫穷状况,决定放弃回国的念头定居巴西。他们十分注重小孩子的教育,督促自己的下一代要努力学习。日裔子弟的大学升学率达到二战前的10倍,超过了巴西国民的平均水平。这些孩子在成年后也大多出人头地,活跃在医药、建筑、农业和法学等各个领域。在政治领域,1954年日裔二代田村幸重当选巴西联邦下议院议员。随着这些日裔二代的成长,他们与日裔一代之间的意识形态也发生了巨大差异。日裔二代中普遍存在的"二代问题"是,应该保持日本人价值观还是应该被巴西社会同化。许多希望融入巴西社会文化的日裔二代认为,日式价值观和巴西价值观之间存在巨大的冲突,他们并不接受以身为日本人为荣的日裔一代的价值观。二战以前,日本移民生活在农村的日本人集体土地,逐渐变成深受日本文化浸染的巴西人。但是二战后,他们大多生活在圣保罗等大城市,想要同时保持日本和巴西两种价值观就变得十分困难。在说日语的日裔一代和自幼就说葡萄牙语的日裔二代之间,使用"殖民地语言"进行交流。所谓殖民地语言,是一种只有在巴西的日裔社会中使用的语言,日语和葡萄牙语的语法和词汇混

---

[1] 最终由于议长的反对,禁止日本移民的条款并未被列入宪法。

合在一起。直到现在,这种语言仍然不断地吸收新的日语词汇和葡萄牙语词汇,并在巴西的日裔社会中被广泛使用。

战后,有超过600万战时移民从世界各地被遣返回日本,使得日本国内到处都是无业游民。于是,把日本人移民到巴西去的提案再次被提上日程。1952年,与巴西总统热图利奥·瓦加斯私交甚密的日本人松原安太郎开始同巴西政府交涉,1953年终于得到巴西政府的首肯。这一次,新移民的旅费由日本政府负担。日本外务省还专门成立了"日本海外协会联合会"和"日本海外移居公司",帮助向外输送移民和向日本移民分配土地。这样一来,1959年一年就有超过7 000名新移民远赴巴西。尽管如此,由于日裔二代不断从农村向城市移居,巴西的日本人集体土地仍然出现劳动力不足的状况。此外,战前旧移民和战后新移民之间的冲突也很频繁。许多新移民在旧移民经营的农场工作,但因待遇差而感到不满。而在旧移民看来,他们自己以前也是这样过来的,这些新移民技术不熟练,没理由给他们更高的待遇。另外,有相当一部分新移民是在日本建设省后援"产业开发青年队"或日本、巴西合资企业接受过专业训练的技术移民。接收这些技术移民的地方大多环境较好,跟那些高强度作业的旧移民和从事农业生产的新移民相比,过上好日子的可能性也更大。20世纪60年代,日本人社会迎来鼎盛时期,日裔二代在巴西社会崭露头角。1969年日裔二代安田良治就任工商大臣,1974年植木茂彬出任矿山劳动大臣,1989年续木正刚出任保险卫生大臣,2007年齐藤准一被任命为巴西空军最高总司令。在巴西的最高学府圣保罗大学有很多日裔教师,日裔学生超过10%。可以说,在现代巴西社会,日裔人口广泛活跃在医疗、法律、工程建筑、艺术等各个领域。

现在,在巴西的日裔人口超过150万人,但这并不意味着这里保留了二战以前的日式价值观。1978年是日本人移民巴西的第

70个年头,但却面临着日裔社会的结束和日式集体主义意识的日渐淡薄。随着日本经济高速发展,去巴西的移民数量骤减,1973年开始政府禁止国民乘船移民到巴西。现在,虽然丰田那样的大企业还会派遣派驻人员到巴西任职,但他们大都不会在这里定居。在巴西出生的日裔二代和日裔三代多被同化,把葡萄牙语当作自己的母语。在20世纪50年代,日裔移民跟其他人种结婚还很罕见,但到了80年代这种情况已经过半。日裔人口的血统越来越复杂,在巴西的所谓日裔到底属于哪个人种已经越来越难以定义了。虽然在圣保罗市中心的日本街还有日裔巴西人经营的日本食品商店、餐厅和酒店,以及放映日本影片的电影院,也能买到日文报纸,但是现在的日裔二代和日裔三代大多已经不会用日语进行交流了。日本街里的很多店铺也都改由韩裔巴西人或华裔巴西人来经营。所以,现在那里已经不应该称为"日本街",而应该改称"东洋街"了。另一方面,日裔人口带来的日本文化与巴西社会逐渐融合在一起。不仅以酱油和寿司为代表的日本饮食文化受到欢迎,柔道、空手道、剑道等日本体育项目也十分流行。日裔三代后裔的生活跟巴西当地人几乎没有任何差别,他们的日本人自我认同已经十分淡薄。2000年以后,当他们接触到日本动漫的时候才重新意识到自己是日裔后代这个事实。2008年,日本人移民巴西的历史进入第100年,日裔六代诞生。社会各界开始探讨,在巴西文化和日本文化高度融合的今天,日本后裔应该像意大利后裔和德国后裔一样,在保持自己独特文化的同时,为巴西社会做出积极贡献。于是,成立日裔大学的计划被提上讨论日程。

  生活在巴西的日本移民最初居住在日本人集体土地,抱有明确的日式价值观,但在二战过程中,他们跟日本的关系越来越远,逐渐开始巴西化。时至今日,所谓日裔仅仅意味着"我的祖先是从日本来的",他们的生活方式和价值观都已经彻底巴西化了。他们

很少意识到自己是生活在巴西的日本人。那么,在美国这个近代史上最早的日本移民目的地国家,也是现今世界上拥有最多日本永久居住者[1]的国家,又形成了怎样的日本人社区呢?

日本人集体移民至夏威夷和美国始于1868年(明治元年)。[2]在日本,明治维新以后,由于税法和土地所有权方面的改革,普通农民的生活更加困苦。于是,一些渴望脱贫致富的男性开始漂洋过海到夏威夷和美国寻求发展。他们梦想能够在夏威夷的甘蔗田和美国本土通过自己的劳动累积财富,有朝一日衣锦还乡。日本政府也为此积极奔走,与各国签订协议,为移民保驾护航。1871年《日本夏威夷友好条约》签订,1872年日本驻纽约总领事馆成立,日本人开始移民的条件已经基本具备。1888年,日本政府正式允许日本人移居海外,掀起日本人移民夏威夷和美国的热潮。1898年夏威夷成为美国属地,已经移民夏威夷的日本人开始可以移居到美国本土。1882年,美国通过排华法案,原本使用中国劳动力的种植业和采矿业出现大量工作机会。19世纪90年代,日本人开始集体移民到美国加利福尼亚州,1900年一年就有超过1万日本人移居到美国本土。他们不仅在美国人经营的农场工作,还开始自己开垦土地,成为自耕农。

但是,这一时期日本移民在美国还无法取得公民权,许多移民不仅要从事高强度的工作,还会受到种族歧视。同时,面对激增的日本移民,美国国民的负面情绪也日益高涨。特别是在日本取得日俄战争胜利后,原本针对中国人的"黄祸论"开始转移到日本人身上。"黄祸论"的支持者认为美国西海岸是白人的土地,这些忍

---

[1] 日本人永久居住者指保留日本国籍、同时取得海外永久居住权的人。
[2] 关于美国日本移民的内容参考了United States-Japan Foundation(2007)、Denshō: The Japanese American Legacy Project(2010)、Japanese American National Musium(2000)等资料。

受着恶劣环境也要在这里开荒的亚洲人迟早会侵占整个美国,他们利用报纸宣传自己的这种言论。日本女性的生育率被过分抬高,白人跟亚洲人结婚被说成是玷污白种人血统的行为。在这样的背景下,1907年美国颁布总统令,禁止日裔向夏威夷、加拿大,以及从墨西哥向美国本土移居。1908年日美政府之间签订绅士协定,全面禁止日本人移民到美国。但是,协定中规定,已经定居美国的日裔家属可以移民。所以,有很多已经定居美国的日本男性回到日本国内相亲、结婚,并把新娘带到美国。这其中,也有人为了节省旅费使用照片相亲的方式寻找伴侣。这些用照片相亲的方式嫁到美国去的新娘被称作"照片新娘"。她们以为从此就可以远离贫穷的生活,但是到美国才发现,丈夫比照片上老很多,或是美国的生活比在日本更苦,所以有很多人拒绝结婚,又跑回日本。当然也有很多照片新娘选择接受现实,跟丈夫一起在美国生活下去。1920年日本政府不再给照片新娘颁发护照,到那时为止,累计有超过2万名日本女性通过这样的方式移民美国。

1913年加利福尼亚州颁布了《外国人土地法》,从法律上禁止没有取得公民权的外国人购买或租借耕地。当时,只有白人和非洲人后裔才有资格取得公民权,而亚洲人无法取得公民权。因此,这一法案的内容带有明显的种族歧视色彩。日裔人口只能从亲日派美国人那里租借土地,或者用在美国出生、拥有美国公民权的日裔二代的名字来购买土地。但是,1923年法案内容修订为未成年日裔人口禁止持有土地,这个退路也被堵死了。1924年,排日移民法通过,日本人移民美国的进程彻底终止。由于日裔在美国受到人种歧视,所以他们只集中在一部分地区生活,逐渐形成日本人社区。特别是在日裔较多的美国西海岸,出现了日本街。那里不仅有为美国白人服务的酒店、餐厅和便利店,还出现了面向日裔人口的日本餐厅、杂货铺和澡堂子。来自同一地方的人组成同乡会,一

起集资创业,一起庆祝节日。也有人开垦荒地,成功经营大规模的农产和牧场。总之,在排日运动高涨的20世纪30年代,日本人社会在经济上呈现日渐稳定的趋势。

但是,日本移民在经济上的成功招致美国工人阶层的不满。再加上日本对中国发动侵略战争、日美政治关系紧张,美国国内的反日情绪日渐高涨。1941年日美开战之际,美国联邦调查局搜集了一批有可能威胁美国安全的人员的资料,把他们列入黑名单。德国裔移民和意大利裔移民中,只有少数文化团体的领导者被视作特殊人员接受调查,但日裔移民全部被怀疑有可能是间谍,并被要求协助调查。特别是出生在日本后又移居美国的日裔一代,在美日宣战的那一刻就被当作嫌疑人遭到逮捕。而日裔二代出生在美国且拥有美国公民权,所以本不存在被逮捕入狱的可能性,但1942年美国总统罗斯福颁发总统令,超过7万日裔二代同日裔一代一样被强制收押。日裔二代们曾组成"日裔美国市民同盟",以应对美国的种族歧视政策和解决种族之间发生的冲突。因此,这种全员收押日裔人口的总统令在精神上给他们造成了不小的打击。但是他们却采取了效忠美国的姿态,甚至呼吁日裔一代们应该服从美军。收容所里的美军对这些以英语为母语的日裔二代也格外重视,主要以引导教育为主。而对日裔一代,则认为他们跟日本的联系太紧密了,所以应该加强监管。收容所里虽然物质生活水平较低,但允许体育活动和娱乐活动。1943年美国联邦政府为了检验日裔人口对美国国家的忠诚度,下令开展"忠诚登记"。这份登记表中包括了诸如"你愿意加入美军吗?""你愿意放弃效忠天皇吗?"等问题。这些问题给被收押的日裔们在精神上造成极大的冲击。作为无法在美国取得公民权的日裔一代,如果他们放弃效忠天皇,就意味着自己陷入无国籍的窘境;而日裔二代则因为自己对美国的忠心遭到怀疑而感到不满。但是,对上述两个问题,如果

都回答"不",则会被视为危险分子被关押到监管更加严密的看守所。因此,这份忠诚登记表断送了很多日裔之间的感情,也给很多家庭造成了难以弥补的裂痕。在这样的情况下,有 33 000 名日裔二代以美军身份踏上二战战场。他们多被送往法国前线与德军交战。这些日裔士兵为了显示对美国的忠诚,作战异常勇敢,死伤无数。所以,日裔部队也成为美军中荣获勋章最多的一支队伍。

二战后,收容所被关闭,这些日裔人口返回美国西海岸。但是他们的店铺和财产已经被洗劫一空,日本街也被破坏殆尽。没有土地也没有资本的他们,陷入了前路无往的绝境。特别是日裔一代们,英语不好又年老体衰,没有能力再去从事最底层的体力劳动,生活十分困苦。而且,美国西海岸地区本来就存在对日本以及日裔人口的根深蒂固的歧视,这也给他们租房和找工作带来巨大的困难。就连那些从战场上得胜归来的日裔也受到同样的歧视。所以,很多日裔人口离西海岸而去,辗转来到美国中西部或东部。但这些地方原本日裔人口较少,所以他们同样备受歧视。于是,在日本人社会中,美国价值观越来越强,日裔一代和二代之间都尽量克制自己,不把自我认同宣之于口。而到了日裔三代,他们已经完全接受了自己是美国人这样的自我认同,把美国当作自己的国家,几乎很少会意识到自己是日本人。这些日裔二代和日裔三代大多受过良好的教育,活跃在医疗、艺术、商业、体育和演艺等各个领域。1954 年,日裔二代井上健在夏威夷当选为首位日裔下议院议员,在政治舞台上崭露头角。

在旧移民逐渐失去日本人自我认同的同时,又源源不断地有新的移民从日本来到美国。1946 年美国制定了"GI 婚约者法案",允许与美国军人订婚的日本女性移民到美国。1952 年移民法被重新修订,在日本出生的日裔一代也可以在美国享有公民权。1956 年加利福尼亚州率先废除了外国人土地法,日裔人口可以拥有或

经营农场和牧场。1967年美国颁布新的移民法案,废除了其中针对亚洲人的歧视条款。随着这些法案的颁布,移民美国的门户大开,有很多日本新移民开始涌入美国。这些新移民不会说英语,也没有特殊的技能,所以只能借助旧移民提供的就业机会,靠体力劳动维持生计。他们来美国无非是为了逃离战后贫穷的日本,希望在美国寻找机会罢了。

进入20世纪70年代,日本经济开始高速发展,许多日资跨国企业的员工以派驻人员的身份到美国工作,赴美留学生人数也逐年增长。由于长期以来日本旧移民一直在艰难的环境中勤奋努力地工作,80年代以后美国人逐渐开始对日本人抱有一定程度的信任,这就为后来新移民在美国从事商业活动打下了良好的基础。以前日本街的店铺和服务场所都重新开业,新旧日本移民在那里和谐相处。但是与韩国街和唐人街相比,美国的日本街规模并不是很大,同乡会和大学同窗会等组织也相对不那么完善。那些高学历的成功人士并不是借助某些组织的力量出人头地的,更多地是靠自己在学术或艺术方面的个人努力。有研究认为,这是由于二战期间日裔人口被强制收容、日本人社会已经消失殆尽。根据美国2000年度的国势调查,在美国,双亲是日本人的日裔人口有796 700人,单方是日本人的有352 232人。在现在的日裔人口当中,虽然也有人表示应该重视日本传统,但也有人对在美日本人的历史、日裔人口在收容所的历史等等毫无兴趣。2000年以后,日裔六代、七代诞生,在美日本人社会越来越复杂多样。一方面,从日本来的新进移民中女性远远多于男性。这些女性多是嫁到美国来的,特别是在冲绳美军基地,有很多日本女性嫁给美国军人。而且,现在的日本,女性学习外语是件很时髦的事情,很多女性为了学习英语来到美国,中途辞职出国留学的情况也不在少数。这些人大多在日裔经营的餐厅或公司兼职打工。

通过以上分析可以看出,在巴西和美国的日本人社会是在排日运动和二战这样的民族主义时代背景下形成的。在 20 世纪,个人的自我认同与其国籍是密不可分的。正如强制收容所的美军忠诚登记表一样,日本移民被迫要在美国和日本之间做出国家身份认同的选择。并且,这种选择直接关系到个人的生死安危。

在今天的巴西和美国,二战前的旧移民和二战后的新移民尽管在各方面都表现出巨大的差异,但是他们互帮互助,共生共荣。而在包括中国在内的亚洲各国,二战后几乎所有的日本人都被遣返回国。所以说,在今天的亚洲各国所形成的日本人社会受旧移民的影响很小,完全呈现出一派新的景象。

第三节　向亚洲各国移居的日本人

通过绪论的考察可以了解到,很多日本人是怀抱着对欧美的憧憬移居到北美、欧洲、大洋洲的。这些憧憬是多种多样的,有时是不受周边环境束缚的个人主义价值观,有时是与自然和谐相处的优越的生活环境。19 世纪中叶日本明治维新以来的这种对欧美的向往是受到日本国家发展的影响的。日本紧随欧美发达国家,并通过以报纸为代表的媒介宣扬"日本人论"的思想,从而构筑了日本国民的自我认同。其结果,日本人自我认同因"欧美/日本"这样的二元对立而得以成立。因对日本的社会制度、政治制度、教育制度不满而选择移居欧美的日本人大有人在,他们认为"日本"这一选项不适合自己,所以选择了另一选项——"欧美"。

现在,日本人不但移居欧美,也大量移居到亚洲其他国家(日本外务省,2012)。2011 年海外日本人的 28%、相当于 331 796 人

移居亚洲各国。[1] 特别是在中国,生活着 163 327 名日本人,仅次于美国。此外,泰国有 49 983 人,韩国有 30 382 人,新加坡有 26 032 人,并且这一数字还在不断增长。在 21 世纪的今天,日本人开始向以中国为代表的亚洲各国移居,亚洲各国作为日本人海外移居地的地位越来越重要。那么,他们选择移居亚洲各国的原因是什么呢?一方面,在地理位置上,上述亚洲国家距离日本较近并且物价水平较日本偏低。当然,最大的理由不外乎经济原因。特别是中国沿海地区经济飞速发展,每年有很多日企进驻这些地区,自然就有很多派驻人员生活在这里。随后,以派驻人员为服务对象的餐厅、洗衣店、房屋中介公司的数量上升,日籍从业人员的需求数量也随之上升。例如,寿司店雇佣日本师傅,日本医院雇佣日本内科医生,等等。另一方面,尽管亚洲各国出入境管理政策相对较严格,但日本人还是有多种方式可以取得居住权。想要在大城市取得就业签证或学生签证,只要交纳一定的手续费,代理公司就可以包办文件翻译、提交申请、说明移居理由等一系列繁复的手续。因此,日本人可以很轻易地取得在中国居住半年或 1 年的许可。但是,如果把日本人移居亚洲简单理解为出于经济原因,似乎太过草率。笔者所调查的日本人,在中国的收入大多低于在日本时的收入。与日本相比,亚洲其他国家的收入水平无疑还很低。所以,移居者的移居行为难以用经济原因简单说明。另外,从生活的方便程度和舒适性来考虑,他们也没有必要离开服务业高度发

---

[1] 根据外务省统计,在国外享有永久居住权的日本人称为"永住者",不享有永久居住权,但取得 3 个月以上居住权利的日本人称为"长期逗留者"。在北美有很多日本人永久居住者,在亚洲地区还比较少。这是由于在加拿大和美国这样的移民国家,外国人比较容易取得永住资格。长期逗留者的总数是 782 650 人,其中亚洲境内的日本人有 309 046 人,占 39.49%,比北美地区的 263 579 人(33.68%)要多。如果仅就没有永住权的长期逗留者来讲,亚洲地区比北美地区人数多。可见,近年来,作为日本人移居地,亚洲地区的地位日益重要。

展、机械技术高度发达的日本。交通工具、福利制度等等社会保障方面,日本的完善程度也高于亚洲其他国家。所以,不能仅从经济原因分析日本人移居亚洲各国的原因。正如移居欧美的日本移民被称为"精神移民"一样,他们移居亚洲恐怕也有经济以外的考量。移居欧美的日本人认识到自己"抱有坚持自我主张的个人主义思想",对在日本无法实现"本真的自我"而感到不满(Nagoshi,2007),因此选择移居"欧美"。那么这个原因也适用于移居亚洲的日本人吗?比如,对他们来说,"中国"是一个能够主张个人主义的地方吗?在他们心中,"中国"也和"欧美"一样,是发挥"本真的自我"的理想场所吗?

为了回答这个问题,首先有必要重新审视现代日本文化的状况。1867年明治维新开始以来,日本文化受欧美文化的影响最大。明治维新以后,日本引入欧洲文化和社会制度,1945年战败被美国占领,接受了以好莱坞电影为代表的美国文化,说日本处于欧美文化的操控下一点也不为过。但是进入21世纪,日本周边的环境发生了巨大的变化。日本总贸易额中,亚洲地区的份额年年上涨。根据日本财务省的统计(财务省,2008),2008年日本进出口总额的45%来源于亚洲,亚洲份额与北美和西欧逐渐拉开差距。其中,中国占24.5%。2007年以来,中国取代美国成为日本最大的贸易伙伴(JETRO,2012)。在经济领域,亚洲对日本的重要性远远超越欧美。与此同时,亚洲文化正向长期支配日本的欧美文化发起挑战。许多事实都可以印证这样的文化状况。20世纪80年代后半期至90年代,香港电影流行,影星成龙、张国荣在日本俘获大批粉丝。2003年4月起NHK播放的韩国电视剧《冬季恋歌》,虽然播放时间是午夜11点,但收视率仍然超过20%。后来,这部电视剧的小说、DVD、录影带大卖,"冬のソナタ"(冬季恋歌)这个词语还登上了2004年日本年度流行语排行榜。这类的韩国电视剧与日

剧不同，集数较多，故事较长，场景变化较少，故事情节发展缓慢。有分析认为，韩剧受欢迎的原因可能是中老年妇女在韩剧身上看到了以前日剧的风格，令他们感到怀念。当时，韩剧、韩国电影和韩国音乐的流行被统称为"韩流"，有人预测用不了多久这股风潮就会烟消云散。但是发展到2011年，除传媒产业以外，料理、点心、饮料、化妆品等各种韩国制品席卷日本。毋庸置疑，在21世纪头十年，日本超市和百货商店充斥着各种中国制造的食品和衣物。20世纪90年代在中国确立了生产体制的优衣库，就是凭借老幼咸宜的衣饰品和薄利多销的经营理念稳稳占据着日本市场。

其次，从日本国内的人口组成来看，生活在日本的外国人中有大量是亚洲人。据法务省统计，2008年日本入境外国人口有9 146 108人（日本法务省，2009）。其中有6 771 094人来自亚洲，占总人数的74%。按国家排列，中国人占总数的34.5%，居首位。韩国人位列第二，占28.7%。两国合计超过总数的60%。位居第三的美国仅占8.7%。他们大部分是来日本观光的游客，且其中大部分是亚洲人。而2011年的统计显示，日本入境外国人口总量有9 443 696人，中国人345万名，韩国人268万名，美国人仅76万名（日本法务省，2011）。再看90天以上的长期逗留者的统计。2008年长期逗留外国人有2 217 426人，其中655 377人来自中国，589 239人来自韩国、朝鲜，三国合计占总数的56.2%。特别是以"留学"（主要指大学在读生）和"就学"（指在日本语言学校的学生）为目的的人中，留学生中的78.9%、就学生中的93.3%来自亚洲。根据2011年的统计结果，受日本东北大地震影响，长期逗留者总数下降至207万人，但其中仍有165万人来自亚洲各地。中国67万人，韩国54万人，接着是巴西和菲律宾各约21万人，欧美国家中最多的是美国，也仅有5万人而已（日本法务省，2011）。再进一步

看在日本取得永久居住权的外国人数量。永住者分特别永住者[1]和一般永住者，截至2011年，特别永住者数量为38万人，99%是韩国人和朝鲜人。一般永住者有60万人，其中40万是亚洲人。按国家分，中国有18万人，巴西12万人，菲律宾10万人，韩国6万人。欧美国家中最多的是美国，有1.3万人。这些统计数据可以说明，不仅仅是经济领域，在人口组成上，亚洲也显示出比欧美更重要的地位。正如上文所分析的，即便是在日本国内，"亚洲"的影响也在迅速扩大。上述日本国内文化环境的变化对日本人移居亚洲各国有怎样的影响？以下通过详细分析日本人的自我认同来考察日本人移居亚洲的动机。

第四节 亚洲化与全球化

以上从经济和人口组成两个方面论述了亚洲地位的上升，可以想见，21世纪日本人的自我认同很有可能也是建立在"身处亚洲的日本人"这一基础之上的。根据价值观的不同，"日本人"的定义有很多区隔。狭义上，拥有日本国籍的就是日本人；广义上，以日

---

[1] 日本在1991年11月1日开始规定，"基于与日本签订的和平条约，已经脱离日本国籍的人可以享受特殊的出入境管理政策"。依据这一特别法令，1945年以前就一直居住在日本的朝鲜人和中国台湾人取得特别永住者身份。二战战败以前由日本统治的朝鲜被联合国接管，并划分为韩国和朝鲜。同样，被日本占领的台湾回归中国。战败后，这些曾被日本统治的朝鲜人和中国台湾人的国籍问题难以解决，他们便丧失了日本国籍。日本政府给居住在日本国内的这部分人特别永住者的资格，将其与其他在日取得永住权的外国人相区分。也有人认为应该给这些人自主选择国籍的权利，或是给予他们双重国籍。对"特别永住"这一做法，至今仍有各种各样的讨论。

语为母语的人就是日本人，有日本血统的人也是日本人。[1] 在今天，跨国结婚的人、他们的子女或是归化日本的外国人都越来越多，"日本人"的定义也在逐步发生变化。当然，日本人的自我认同也会随之产生动摇。一直追随欧美、处在欧美文化统治之下的日本，在21世纪的今天，会接受亚洲文化的影响并开始亚洲化吗？日本从古代到近世一直受中国巨大的影响，这样的时代又将重新上演吗？特别是当今中国的影响力不止辐射日本，甚至已经扩大至全世界。根据伊曼努尔·沃勒斯坦（Immanuel Wallerstein）的世界体系理论，世界经济体系是依据劳动分工而确立的，呈现"中央—半边缘—边缘"结构（Wallerstein，2004）。"中央"资本集中、技术高度发达，除此以外的"半边缘"和"边缘"地区生产技术较落后，是提供廉价劳动力的原材料产地。这一理论的"中央"自18世纪以来是以英法为代表的"西方各国"，日本或中国是"半边缘"地区，其他亚洲国家被定位为"边缘"地区。如今，中国影响力越来越大，即将威胁到占据"中央"200年的"欧美"的地位，中国能否作为新的"中央"登上世界劳动分工的顶点呢？人们是否会从处于"半边缘"位置的日本开始向"中央"的中国移动呢？但是如前所述，从日本移居北美和欧洲的人仍然很多的现实看，在日本国内欧美的影响并未减弱。好莱坞电影依旧人气十足，法国餐厅、意大利餐厅仍然很多。日本人喜爱的音乐也多为Rock&Roll和Jazz这样的起源于欧美的音乐样式。再者，网络技术的大众化在世界范围内掀起信息化和数字化浪潮，文化的传播也变得更为复杂。因为信息可以通过网络瞬时间传播到全世界，已经很难将某一信息限定在某一特定区域了。E-mail和Blog虽然起源美国，但迅速遍布全

---

[1] 二战前就生活在日本或者在日本出生却没有日本国籍的特别永住者有38万人，就是日本人定义模糊的最好例证。

世界，被认为是当今日本文化的一部分。这些技术都很难定义为某一特定区域的文化。特别是 Google 等检索服务器和 Facebook 等交际网站已经成为在全世界范围内人与人交流的重要纽带，而并非只代表美国文化。这种遍布全世界的文化影响被称为"全球文化"。社会学者和人类学者认为，21 世纪的人们并非只局限在美国文化或日本文化这样的地域文化之内，而是共同体验着全球文化的魅力。在这样的全球文化中，日本人的自我认同会发生怎样的变迁呢？

以上通过分析日本人的国际地位论证了日本人自我认同形成的时候是以"欧美"为比较对象的，而在 21 世纪"亚洲"成为新的比较对象。但是，想要考察当今日本人自我认同的变化，还存在一个不可忽视的因素，即全球化。在物品、金钱、人口全球移动的今天，日本人的自我认同也受到来自全世界的信息和思想的影响。日本接受大批从巴西归来的日系移民[1]，日资企业为寻求资源而进军中东和非洲地区。无论是人口的流动还是资本的流动，"日本""欧美""亚洲"这样单纯的界限越来越模糊，全球化时代已经到来。由信息化和数字化引发的全球化开始于 20 世纪后半叶，而出版技术的全球化更是可以追溯到 19 世纪初期。国家和民族主义这样的概念最初就是在全球化的环境中诞生的。本尼迪克特·安德森（Bebedict Anderson）用"想象的共同体"将民族主义和全球化的关系追溯到 19 世纪之初（Anderson，1983）。他认为民族主义不是在法国等西欧国家发端的，而是产生于南美欧洲殖民地的被支配者阶层，受到他们的影响，"民族主义"一词才在西欧各国开始蔓延。在南北美洲，欧洲人与当地人生下的混血儿多成为当地的官吏，但

---

[1] 1990 年以后，由于《日本入境管理法案》的修改，日裔二代、三代及其配偶可以获得在日本就业的在留资格许可证。

仍受到来自欧洲的殖民者的统治。他们起初并没有团结一致对抗欧洲殖民者，但在19世纪20年代出版物不再仅仅服务于一小部分支配阶层，它的阅读人群扩展到众多的知识分子，这些人通过阅读与民族有关的小说和神话书籍，而拥有了相同的历史。这些人或属于不同人种，或有着不同的历史，但他们通过共有的古代神话形成了彼此是同一人种的想象，最终成为对抗欧洲人的"想象的共同体"。这就是民族主义的构成。在日本，19世纪由于出版印刷业的发展，"日本人论"[1]迅速蔓延。在19世纪初期，尽管日本处在德川幕府统治之下，但却并非作为一个国家整体而存在。萨摩藩、长洲藩等强大的地方政权林立，各地语言与东京话也十分不同。德川幕府与天皇的关系相当微妙，日本还称不上是一个中央集权的国家。但是，自19世纪中期开始与欧美列强接触以后，有关日本人论的书籍出版，以天皇建国神话为基础的"日本人"诞生了。日本人就是自古以来生活在现在的日本这块土地上的人们，是拥有相同历史的人种，所谓"日本国"自古有之的想法，其实大部分是19世纪被想象出来的。但是，出版技术的发展导致民族主义扩张的理论只能解释19世纪的信息环境，不能说明用数字技术和网络为传播媒介的21世纪的信息环境。数字技术突破了传播的空间界线，网络打破了传播的时间界线。如果说19世纪初期印刷技术发展形成了民族主义，那么21世纪的数字技术和网络技术的发展形成了怎样的新思想呢？

阿尔琼·阿帕多拉（Arjun Appadurai）考察了美国的印度移民

---

[1] 江户时代中期日本国学蓬勃发展，日本作为国家的概念诞生。国学站在日本自己的文化和思想的角度，围绕《万叶集》和《古事纪》等古籍进行研究，贺茂真渊和本居宣长是国学鼻祖。本居宣长的弟子平田笃胤提倡新神道教，即"复古神道"。这一思想与江户后期"尊皇攘夷"的思想一脉相承，对主张日本优越性、排外的国粹主义和皇国史观也产生了影响。但是至19世纪为止，仅有一部分学者研究国学。

的状况,他们处在美国与印度两种文化之中,阿帕多拉从人种、媒介、技术、金融、思想五个方面分析他们如何建立跨国身份认同(Appadurai,1996)。[1] 印度人、中国人作为劳动力移民到美国、欧洲、非洲、东南亚等世界各地。在19世纪,移民是重大的决断,一旦离开母国就意味着可能永远无法回头。另外,移民对移民地的了解甚少,可选择的移民地有限,移民等同于赌博。但现在,飞机、轮船等交通工具发达,价格便宜,通过媒体和网络可以瞬时接收全世界的信息。伴随资本主义发展,资本可以瞬间转移,市场已经扩展到全世界。移民者可以通过媒体信息选择便宜的交通工具,在全世界范围内选择自己的移民地。并且,在移民地同样可以接收到母国的媒体和信息,不用回国也可以保持与母国的联系。今天的移民不是依靠出版技术而形成"想象的共同体",而是基于数字技术和网络构建成"想象的世界"。所谓"想象的世界"是人与人之间建立的超越了地域和语言的想象的世界。活在这个世界里的人们所建立的不是以地域和语言为中心的民族主义,而是超越了地域和语言的跨国身份。

因此,生活在日本的日本人几乎没有可能建立这样的跨国身份。的确,日本国内也经历着全球化,日本国内的韩国人、中国人越来越多,国内的人种越来越多样,使用网络的日本人也在增加,亚洲电影和韩国音乐流行,各国的先进技术不断涌入,海外直接金融投资增加。但是,在日本,以日本和日语为依存的既存媒体(以电视和报纸为代表)仍然是信息传播的主要手段,日本人几乎没有必要超出这个"想象的共同体"之外。电视可以说是国民性的媒

---

[1] Appadurai创造了"人种的风景"(ethnoscape)、"媒介的风景"(mediascape)、"技术的风景"(techonoscape)、"金融的风景"(financescape)、"思想的风景"(ideoscape)五个词语,把全球化过程中流动的现象当作风景来捕捉。

介,日本人通过它来比较"想象的日本共同体"和"想象的欧美共同体"。在电视这一媒介空间下,我们"是日本人"这件事是大家共有的体验,是毋庸置疑的事实。在日韩国人或其他外国人会被当作少数派、特例讨论,但作为多数派的日本人的自我认同却并没有准确的定义,也不被当作一个问题。每个人都觉得我们日本人自古就生活在日本这片土地上,属于同一个民族,大家都对此深信不疑。但是,在华日本人的处境就完全不同。他们接收网络信息,经常被逼迫在"想象的日本共同体""想象的欧美共同体"和"想象的中国共同体"三者之间的夹缝中,必须从中找到自己的自我认同。日本这个"想象的共同体",对日本人来说是拥有共同语言、共同思想的愉快的共同体,而对中国人来说可能是不同语言、不同价值观的牢笼。[1] 中国这个"想象的共同体"对生活在中国的日本人产生了怎样的影响?日本移居者在中国是吸收了建立在中国语言和地域基础上的"想象的中国共同体",还是回归到基于日语和日本地域的"想象的日本共同体",抑或超越地域和语言的界限建立了跨国身份认同?为了解答这个疑问,下文将详细地分析在华日本移居者的社会。

---

[1] 参照 Appadurai(1996)。

第二章 在华日本人社会——上海篇

第一节　上海的日本人社会

本章首先分析上海与日本人的历史渊源，然后提出现代日本人移居者的调查资料。上海与日本人的关系可以追溯到 4 世纪《后汉书》中的记载和宋华亭县的记录（陈，2010）。另有 14 世纪"倭寇"来袭，15—16 世纪袭击规模扩大，上海不得不建立起抵御倭乱的防御工事等资料（陈，2010）。17 世纪德川幕府实行锁国政策，严格禁止日本人出航海外，一般的中国人很少见到被称作"倭人"的日本人。但是考虑到日本列岛与上海的距离之近，可以想见，日本的渔夫还是有机会随着洋流漂流到上海。其中，较为著名的是 1832 年漂流到上海的音吉。音吉和他的船员在从日本的尾张到江户（今东京）的航海途中遭遇风暴，在漂流了 14 个月以后在美国太平洋沿岸登陆。[1] 他们被当地原住民救起后又被贩卖到英国的船只上。英国人出于与日本建立通商关系的目的，帮助音吉等人经伦敦到达澳门。[2] 随后，他们借助基督教传教士的力量登上返回日本的英国船舰。但是，当时的德川幕府实行异国船只驱逐令，对未经许可靠近日本本土的外国船只一律实施攻击，所以音吉等乘坐的船只遭到了日本的炮击。音吉通过这一事件了解到自身的危险处境，决意返回澳门。他于 1842 年作为英军的一员在上海参与了鸦片战争，其后在上海和英国女性结为伴侣开始做生意，还从事

---

[1] 音吉乘坐的大型商船"宝顺丸"是运输大米的船只，所以即便是长时间漂流也确保有充足的粮食。但是由于没有蔬菜，许多人感染了败血病，在美国太平洋沿岸登陆时，14 名乘组员中只存活了包括音吉在内的 3 人。
[2] 音吉等在澳门协助基督教传教士制作了基督教福音书的日译本。

第二章 在华日本人社会——上海篇

日英翻译[1]的工作。虽然像音吉这样的例子是极为少见的,但可以猜想到,即使在日本闭关锁国时期,也仍旧有日本人漂流到上海。

近代,日本人正式到上海是 1854 年德川幕府与美国签订《日美亲善条约》打开国门之后。上海在 1843 年因英国与清政府缔结的《南京条约》而开埠,成为拥有英租界、法租界、美租界的国际性近代都市。结束了锁国政策的德川幕府试图与清政府建立贸易关系,曾派遣使节出访上海。德川幕府雇用了荷兰人,从英国购买了西式帆船"千岁丸",计划与外国开始独立贸易。"千岁丸"从长崎出发,于 1862 年 6 月到达上海。1871 年日清缔结《中日修好条规》建立外交关系,1872 年日本在上海设立领事馆。[2] 当时在上海的日本人总数有 100 人左右,三分之二是女性,主要为西方人提供性服务(上海居留民团,1942)。[3] 男性多是贩卖杂货和陶器的商人,经济实力较弱。后来,随着领事馆的设立和 1877 年三井洋行上海支行的开设,日本官员和公司职员开始慢慢增加(高纲,2010)。[4] 1887 年,在沪日本人总数达到 250 人,1890 年达 644 人,甲午战争

---

[1] 后来,音吉作为英国海军的翻译两度到访日本,特别是作为英语和日语翻译为 1854 年《日英和亲条约》的缔结作出了贡献。晚年,音吉因太平天国运动而离开战乱的中国,移居到新加坡。

[2] 《中日修好条规》不承认日本人在中国的治外法权,与清政府与英国等欧美列强签订的包含了最惠国待遇的条约不同,是日清两国间的平等条约。但这一条约后被修订。日本在上海的领事馆于 1891 年升格为总领事馆。

[3] 19 世纪后半叶到海外的日本妓女被称为"からゆきさん(唐行きさん)"。"唐"并非特指中国,而是泛指外国。她们主要在中国、菲律宾、婆罗洲、泰国、印度尼西亚等亚洲地区从事殖民活动的欧美军队服务。她们多为出身农村、渔村等贫困地区的女孩,被父母卖身后又被送到国外的日本妓院。这些日本妓院一直持续到 1920 年废娼法令出台。

[4] 关于二战以前上海的日本人居留民,《在上海的日本人》(高纲,2009)作了总括性的研究。这一节中的记述多为参考此书作出的总结。

以前达到1 000人。当时的日本人很贫穷，多是只身前往上海谋求生计。那时还没有形成所谓的日本人社会，他们在生活上多依靠西方人和中国人。1894年甲午战争爆发后，很多日本人回国了。战后日本与清政府签订了《马关条约》[1]，日本企业开始在上海建立分社，个人开始到上海开展事业，日本人数量再度增加。1899年达到1 088人，日俄战争爆发后的1904年超过了3 000人。日俄战争后，日本经济持续不景气，日本企业相继进军上海，1907年形成了"上海居留民团"。第一次世界大战爆发后，趁英国人和法国人回到欧洲参军之际，日本人进军上海，成立了大量以纺织业为中心的日资工厂。随后，上海作为中日贸易的中心地，不断有贸易公司和银行涌入，1919年"上海日本商会"成立，日本人总数从1914年的刚过万人增至1919年的17 720人。从此，日本人居留民的社会呈现两极分化的趋势，政府官员、大公司职员和银行职员居住在市区中心的旧英租界，中小企业职员、经营杂货店、裁缝店、食品店的个体商人等居住在虹口附近。居住在旧英租界的优越阶层被称作"会社派"，经济实力强，是日本人社会的核心；而居住在虹口附近的人被称为"土著派"，是日本人社会中经济实力较弱的边缘人群。这种两极分化与现在的上海日本人社会中存在的企业"派驻人员"和因个人意志来沪的"当地录用者"之间的关系十分相似。1927年，日本人数量达到25 827人，占上海外国人总数54 388人的近一半，在人数上日本人较其他国家占有压倒性的优势。当时租界内的英国人有1万多名，美国人有3 000多名，法国人只有1 500名左右。每年持续增加的虹口地区的日本人在居住区入口筑起大门，限制通行，跟当地的中国人及其他外国人几乎没有交流。他们建

---

[1] 通过这一条约，日本不仅取得了领事裁判权和租界设定权等，还获得了欧美等国也没有的长江航行权和工厂建设权，确保了资本输出的权利（高纲，2010）。

造日式住宅,在房间内铺设榻榻米,屈膝而坐,进入室内要脱掉鞋子。[1]他们多食用从日本进口的食品,经常出入日本餐厅和日式酒馆。当地的中国人称日本人居住区为"东洋街",对日本人居留民闭塞的生活状态不以为然。起初,只身前往上海的人居多,随着居住区各方面条件逐步完善,携家人前往的人和定居的人越来越多,日本人居留民在1943年达到100 923人。当时,在上海的日本人处在复杂的国际政治局势之中。上海租界的控制权一直由欧美人掌握,日本人在政治上处于边缘状态。但是,居住在上海的日本人通过甲午战争之后的不平等条约已经取得了对中国的治外法权,在这一点上享受与英国等其他欧美列强国民同样的待遇。因此,在上海的日本人受到日本驻上海总领事的监督和保护,领事馆有自己的警察。另外,日本政府以保护在沪日本人为由,在上海常驻日本海军特别陆战队。受到日本本土帝国主义和军国主义的影响,在上海的日本人也组织了居民自治团体和一系列政府组织。"上海日本人居留民团"受到日本总领事的监督,居留民团的行政委员主要是大企业的股东和银行的分行长这样的"会社派"。居留民团为解决子女的教育问题开办了日本人学校,1908年设立日本普通小学,其后成立的日本人学校超过10所。1940年颁布"国民学校令",这些学校都改为类似"上海第一日本国民学校"这样的名字。由中小企业职员和个体商贩构成的"土著派"组织各自区域的日本人形成了"各路联合会"。他们强烈主张维护租界的权益。1915年对华"二十一条"签订以后,中国人排日运动日益高涨。"土著派"曾组织退役军人结成自卫队与其对抗。他们支持日本政府,拒绝中方提出的收回租界要求和请愿交涉要求。可见,在最初的日本人社会中不仅不存在"会社派"和"土著派"之间的对立,在日

---

[1] 根据高纲博文(2010)中 Ernest O. Hauser 的记录。

本侵略中国的军国主义进程中,日本人以各种各样的组织方式被团结在一起,成为政府和民众一体化的法西斯主义的源头。1932年"一•二八"事变爆发,以"土著派"为中心的日本人居留民反应过激,主张与中国开战的强硬派占了大多数。他们反复要求为根除针对日本海军陆战队的排日运动,应当诉诸武力解决问题,这成为中日开战的导火索。同时,被称作"日本浪人"的日本居民自卫队趁"一•二八"事变混乱之际,对中国人盗、拐、杀、伤,犯下各种罪行。1937 年以后的侵华战争时期,在日本人社会中存在两种声音:意图由日本军队接管上海租界的"强硬派"和从占领地经营角度出发主张维持上海国际都市状态的"国际派"。强硬派的背后是日本人居留民的"土著派",而"国际派"背后是精英阶层的"会社派"(高纲,2010)。在这样复杂的事态和经济背景下,20 世纪 40 年代开始上海在形式上仍作为国际租界存在着。1941 年日本军队攻陷上海后曾一度控制上海,直到 1943 年汪精卫政权建立,上海租界的行政机关工部局的工作开始由英美职员担任,试图维持国际租界的现状。1945 年日本无条件投降后,上海的日本人居留民被划归国民党政府管辖。他们被称作"日侨",被送到虹口地区的日侨集中区。这里聚集了大约 5 万名原来居住在上海的日本人和来自上海周边地区的约 3 万名日本人,直至 1946 年遣返工作全部完成,他们过着贫穷却自由的集体生活。[1]

此后,日本人再度来沪是 1972 年以后的事。20 世纪 60 年代中日之间也保持着些许的贸易关系,但日本人远渡上海已非易事。即使是 1972 年周恩来与田中角荣发表联合声明以后,居住在上海

---

[1] 有些日本人居留民跟中国人结婚,也有许多人希望能留在中国。有一部分掌握技术的人被特许留在了中国。而对于跟中国人或其他外国人结婚的日本人,男性不允许留在中国,女性可自愿留下。

的日本人也仅限于政府工作人员、媒体工作者和留学生等少部分人。20世纪80年代后半期开始,日本企业看到了中国的改革开放政策所带来的开放市场的大好经济时机,开始逐步进军中国市场。由于当时的上海市区已经开始了都市化开发的进程,20世纪80年代从事酒店业、商用楼宇建设的日本企业多开始进入上海。90年代以后随着改革开放的逐步深入,日本企业开始进入上海及周边地区的低人工劳动力制造业。为了管理工厂和实施技术指导,许多日本人被派往上海工作。那时日本人主要居住在机场附近的虹桥地区,那里开始出现专为日本人开设的餐厅、洗衣店,逐步形成日本人居住区。2000年以后零售业和服务业企业大举进入上海市场,上海市日本企业总数在2010年达到了7 994家。与此同时,为日本游客服务的旅行社也急剧增加。2010年从日本到上海的来访人数有152万人,占赴沪外国来访者总数的22.9%,日本成为到访上海人数最多的国家。随着日本企业的增加,日本人数量也急剧增加,在虹桥以外逐渐形成另一个日本人居住区——浦东地区,上海成为全世界日本人长期居留者最多的城市。尽管日本人社会在数量上急速扩大,但在目前阶段组织化程度尚较低,仅在商业、教育和生活必需方面具备一定的组织性。1982年上海日本人商工俱乐部出现,1985年日本贸易振兴机构JETRO在上海设立办事处,但这些组织只在公司职员之间信息传递方面发挥必要的作用(上海日本人商工俱乐部,2013;日本贸易振兴机构,2013)。

日本人社会中最大的组织要数日本人学校,但日本人学校也仅仅是为了满足移居者子女的受教育需求而不断扩大规模而已。1975年"上海补习学校"开办,总领事馆提供一个房间作为孩子上课的教室。这所补习学校在1987年正式更名为"上海日本人学校",有70名教师,其中4人来自日本,学生人数有706名(小岛,2001)。其指导方针包括"使学生了解中国的语言和习俗,培养学

日本驻上海领事馆

位于日本常驻人员聚居的虹桥路和古北路附近,不仅办理签证申请业务,还在援助日本企业、传播日本文化活动中发挥着重要作用。

生将来为中日友好搭建桥梁的意识",凸显学生在中国受教育的意义。上海日本人学校的规模随着日本人数量的增加逐步扩大,现在有虹桥和浦东两个校区。虹桥校区在籍的小学生人数有1 568人;浦东校区小学生794人、初中生702人,合计1 496人。2011年上海开办了第一所海外日本人高中(对象为15—18岁的学生)。至此,针对移居者子女的教育问题,小学、初中、高中都已齐备。综上所述,政府和移居者自治团体没有组织全体日本人社会的动向。商工俱乐部、贸易振兴机构办事处、日本人学校,都是为了满足移居日本人在商业、教育等方面的必需而催生出的产物。此外,日本人社会中较活跃的是同窗会、同乡会和同好会等等,这些都是同一学校毕业、同一地方出身或同样兴趣的移居者之间自发组织的聚会。关于同窗会,将在本章的后半部分作详细论述。

第二章 在华日本人社会——上海篇

上海日本人学校虹桥校区

占地 2 万平方米，校舍资金来源于日本政府的辅助金和上海日企的捐助。学校拥有校舍、体育馆、200 米跑道、停车场等，教育设施齐全。

日本人学校专用校车

不仅用于接送学龄儿童入学，还用来接送家长或司机。在日本人学校的学生居住的公寓里，家长安排校车。上下学时间，校门附近就会聚集从大型巴士到小型面包车等 50 辆以上的车辆。家长教师协会（PTA）的入学安全委员会和学校互相配合，共同管理巴士在校内的路线调整。

67

第二节　移居上海的日本人分类

据日本外务省统计,现有 56 481 名日本人居住在上海(日本外务省,2012)(图 2-1)。[1] 上海是世界上最大的日本人长期居住的海外城市。[2]

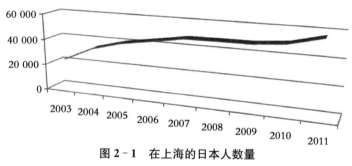

图 2-1　在上海的日本人数量

说明:此图根据日本外务省海外在留国人数量统计数据绘制而成。

相比过去,生活在上海的日本人的职业、年龄都呈现出多样化的趋势。20 世纪 80 年代,这里的大部分日本人移居者是被日本企业派遣来的员工,而现在,尽管派驻人员在数量上仍然最多,但也有其他各种身份和年龄的人开始在上海居住。有很多日本学生到上海学习 1—2 年汉语;也有单身女性到这里寻找就业机会。有些

---

[1] 日本外务省(2012)。这一数字是日本外务省向驻上海日本领事馆递交在留申请的日本人总数。
[2] 根据日本外务省统计(2012),长期逗留者指在海外逗留超过 3 个月的日本人,但不包括已经取得海外永久居住权的永住者。如果包括永住者在内,世界上日本人最多的城市是美国的洛杉矶,那里有 43 507 名长期逗留者和 27 122 名永住者,合计 70 629 人。

人在日本退休以后到这里担任公司的顾问或到大学任教;派驻人员的妻子和子女也很高兴到上海生活。如前所述,这些人之所以来到中国是因为对自己在日本国内的生活感到不满,因为日本经济发展停滞,在国内难以实现理想的生活方式。这些派驻人员似乎在上海的高速发展中看到了日本泡沫经济的幻影。他们的妻子不用忍受因日本经济不景气而必须节俭度日的现状,在家庭主妇的生活中感受着乐趣;学生从就业困难的国内环境中逃脱出来,选择在中国的大学继续学习汉语;单身男女远离亲属催婚的困扰,在上海享受着属于自己的时光;退休人员有机会重回工作岗位,感受到被需要的充实感。所有这些人,如果生活在日本,就会被要求必须按部就班地就业、结婚、生子、退休,而通过移居上海,他们可以人为地阻止自己进入下一个生活阶段,让生活保持现状。

由于生活在上海的日本人移居者的社会背景十分复杂,很难对他们进行准确的分类。最实际的分类方法就是按照他们的身份分为派驻人员、当地录用者、个体业主、学生这四类。这四种类型也是移居者本人在说到自己时经常使用的说法,并且可以代表他们的收入和生活环境的差异。

派驻人员及其家属在日本人移居者中占大多数。根据日本贸易振兴机构的调查,进驻上海的日本企业有 7 994 家,每个企业都向其在上海的分公司派遣了大量的日本员工(JETRO,2012)。另外,派驻人员多集中居住在虹桥和浦东两地的高级公寓里,可以说十分引人注意。派驻人员几乎大都是男性,有单身赴任的,也有携妻儿一起的。他们的妻子大多不工作,孩子就读日本人学校或国际学校。日本人学校有虹桥校区和浦东校区两所,截至 2009 年 7 月,两校累计接收学生 2 263 名(JETRO,2012)。派驻人员及其家属一般在上海生活 3—5 年。有人结束在上海的任期后被派往北京、香港等其他中国城市,也有人到美国或韩国等其他国家

任职。

上海国际贸易中心大厅入口

日企集中在上海国际贸易中心、上海环球金融中心、远东国际广场等大厦内,有些楼层的租户全部为日企,甚至有些大厦的租户全部为日企。

当地录用者是指自己到上海找工作的日本人。他们多就职于在沪的日资企业,但收入比派驻人员低很多。有人只在中国工作短短1年就回国了,也有人已经在中国生活了10多年。这些人多半是因为对中国有兴趣才移居这里的,其中不乏中文流利的日本女性。

个体业主是指在上海自己做生意的日本人。他们中的很多人是以前被派到上海工作,后来就辞职留在这里的。他们的生意上至为日资企业提供顾问服务,下至经营日本餐厅,涉及的领域十分广泛。由于上海经济发展的势头十分显著,许多生意人都到这里来寻找机会。

最后一类是学生。研修中国历史、文学以获取学位的学生很少，大部分人是来这里学习汉语的。他们住在大学宿舍或跟同学合租学校附近的公寓。留学时间通常为1年，但很多人会延长至2年。修读学位的人学习半年到1年的汉语课程后，就开始攻读四年制的学位课程。上海的大学专门为外国学生开设了学位课程，因此每年有大量的日本学生来到这里。

上述分类需要注意的一点是，移居者未必只属于某一个团体。例如，派驻人员中，有些人为了到分公司工作做准备，提前到大学里学习汉语。当地录用者中，有人一边在日资企业上班，一边经营自己的餐厅。有些移居者从属于几个团体，而那些跟上海人结婚而来到这里的日本人却又不属于任何一个团体。另外，移居上海的日本人非常多样。由于年龄、性别、教育背景、出生地、社会身份的不同，他们对上海的认识、对日本的认识都很不一样。将移居者分为以上四种类型，纯粹是为了方便对他们进行深入的考察。以下从"派驻人员/当地录用者"这一二元对立开始分析，着重考察他们的性别和年龄差异，借此来了解上海日本人移居者这个庞杂的团体。

以上是根据社会身份与历史背景为基础对日本人移居者所做的调查。调查方法主要采取向移居者发放、回收调查问卷，访问和参与观察，在前测的调查中捕捉移居者的普遍情况。在参与观察方面，笔者参加了日本人组织的同乡会、大学同窗会、体育同好会、志愿者活动和企业活动等，观察了访问对象以外的协助调查者的日常活动。访问调查从2009年2月开始到2012年3月结束，以居住在上海的52名日本人为对象展开。笔者自2008年起访问过在沪的110多名日本人，这次的调查对象选取了其中在上海生活过3年以上的日本人（青山，2012）。居住在上海的日本人多为派驻人员，他们在上海工作3—5年再去下一个地方，或是回国。想要了

解移居者自我认同的变化和过程,最好选择长时间居住在某地的受访者,但由于无法将占移居者大多数的派驻人员排除在调查之外,所以选择了生活时间超过3年的移居者进行调查。对每一个人都进行了3个小时左右的一对一访问,然后利用邮件和电话追踪问题。有些受访者由于受到时间的限制,进行了重复多次的访问调查。调查场所主要是受访者的单位或学校附件的咖啡厅和餐厅。有时也会被招待去受访者的家里,一起访问其家人。调查对象中男性29人,女性23人。年龄介于60—70岁之间的有5人,50—60岁7人,40—50岁有12人,30—40岁有15人,20—30岁有13人。52人中有33人从事全职工作:25人在上海的日本企业工作或是私营业主,6人在跨国公司工作(会计师事务所和贸易公司),2人在中国企业工作。有9人在上海的大学学习(表2-1)。其他为派驻人员的家属或从事兼职工作的人员。访问内容主要围绕移居动机、与日本人社区的关系、对上海的印象、作为日本人的自我认同等等。下一节就上述调查所得资料进行分析。

表2-1 上海日本人受访者一览表

	性别	年龄	社会身份	逗留时间	婚姻状况	子女	所从事行业	职位
1	男性	60—70	派驻人员	7年	已婚	有	制造业	管理层
2	男性	60—70	当地录用者	4年	已婚	有	经贸业	职员
3	男性	60—70	个体业主	6年	已婚	有	服务业	经营者
4	男性	60—70	学生	4年	已婚	有		
5	男性	50—60	派驻人员	3年	已婚	有	制造业	经营者
6	男性	50—60	派驻人员	3年	已婚	有	制造业	管理层
7	男性	50—60	派驻人员	4年	未婚	无	经贸业	管理层
8	男性	50—60	派驻人员	3年	已婚	有	经贸业	管理层
9	男性	50—60	当地录用者	4年	已婚	有	经贸业	职员

(续表)

	性别	年龄	社会身份	逗留时间	婚姻状况	子女	所从事行业	职位
10	男性	50—60	个体业主	12年	已婚	有	服务业	经营者
11	男性	40—50	派驻人员	3年	未婚	有	制造业	经营者
12	男性	40—50	派驻人员	4年	已婚	有	制造业	管理层
13	男性	40—50	派驻人员	3年	已婚	有	经贸业	管理层
14	男性	40—50	派驻人员	5年	已婚	有	服务业	管理层
15	男性	40—50	派驻人员	6年	已婚	无	服务业	职员
16	男性	40—50	当地录用者	7年	未婚	无	经贸业	职员
17	男性	40—50	学生	3年	已婚	无		
18	男性	30—40	派驻人员	3年	已婚	有	制造业	管理层
19	男性	30—40	派驻人员	3年	已婚	有	制造业	管理层
20	男性	30—40	派驻人员	5年	未婚	无	经贸业	管理层
21	男性	30—40	派驻人员	4年	未婚	有	金融业	职员
22	男性	30—40	当地录用者	3年	已婚	无	制造业	职员
23	男性	30—40	当地录用者	7年	未婚	无	教育业	职员
24	男性	30—40	个体业主	5年	已婚	有	服务业	经营者
25	男性	20—30	派驻人员	4年	已婚	无	服务业	职员
26	男性	20—30	当地录用者	3年	未婚	无	服务业	职员
27	男性	20—30	当地录用者	4年	已婚	无	服务业	职员
28	男性	20—30	学生	3年	未婚	无		
29	男性	20—30	学生	3年	未婚	无		
30	女性	60—70	派驻人员	6年	已婚	有		派驻人员妻子
31	女性	50—60	派驻人员	4年	已婚	有		派驻人员妻子
32	女性	40—50	派驻人员	3年	已婚	无		派驻人员妻子
33	女性	40—50	派驻人员	3年	已婚	有		派驻人员妻子

(续表)

	性别	年龄	社会身份	逗留时间	婚姻状况	子女	所从事行业	职位
34	女性	40—50	派驻人员	3年	未婚	有	新闻媒体	职员
35	女性	40—50	当地录用者	5年	未婚	无	经贸业	职员
36	女性	40—50	当地录用者	4年	已婚	有	服务业	职员
37	女性	30—40	派驻人员	7年	已婚	有	政府部门	
38	女性	30—40	派驻人员	4年	已婚	有		派驻人员妻子
39	女性	30—40	派驻人员	3年	已婚	有		派驻人员妻子
40	女性	30—40	当地录用者	3年	未婚	有	经贸业	职员
41	女性	30—40	当地录用者	8年	未婚	无	经贸业	职员
42	女性	30—40	当地录用者	11年	未婚	无	服务业	职员
43	女性	30—40	个体业主	6年	已婚	有	服务业	经营者
44	女性	30—40	学生	3年	已婚	无		
45	女性	20—30	当地录用者	4年	已婚	有	服务业	职员
46	女性	20—30	当地录用者	3年	未婚	无	服务业	职员
47	女性	20—30	当地录用者	5年	未婚	有	金融业	职员
48	女性	20—30	当地录用者	3年	未婚	有	教育业	职员
49	女性	20—30	学生	4年	未婚	无		
50	女性	20—30	学生	3年	未婚	无		
51	女性	20—30	学生	3年	未婚	无		
52	女性	20—30	学生	3年	未婚	无		

第三节　派驻人员

近十年来,日本社会收入差距拉大的问题引起了报纸和论坛

的广泛关注。经济高速发展期到随后的稳定增长期,日本社会被称作"一亿中流",社会上的大部分人相信自己属于中产阶级,极少有人认为自己属于上流阶级或下流阶级。20 世纪 80 年代后半期的泡沫经济时期,股价、地价不断上涨,"有产者"(持てる者)和"无产者"(持たざる者)的资产差距一度扩大,但随后的泡沫破裂所带来的资产紧缩,使这种差距又缩小了。这一时期,尽管实际上大家的收入差距存在较大差异,但由于人们的生活水平普遍提升,收入上的差距也就很少被提及。但 1998 年,中产阶级瓦解成为热议的话题,收入差距问题也随之浮出水面。2006 年,"差距"这一词语更入围"新造语·流行语大奖"。此外,"有产者"和"无产者"的差距不仅仅体现在他们个人的收入和资产状况上,还波及他们父母的收入和资产状况、社会地位、教育水平以及对教育的认识等方面。拥有稳定工作和高收入的正式职员被称为"胜方"(勝ち組),而合同制员工和以兼职为生的自由职业者[1]被称作"败方"(負け組)。社会学者山田昌弘用"希望差距社会"这个词语来说明,进入好的大学、就职好的公司、取得好的收入,这样的人生规划已经不再发挥作用了(山田,2007)。结果,在良好的教育环境下长大的"胜方"继续怀抱着努力总会有回报的希望,但没有良好教育机会的"败方"却时常感受到努力也未必有回报,逐渐丧失希望。发达国家的经济已经从大量生产、大量消费工业产品的旧经济转变为重视信息与服务的新经济。企业从雇用大量员工、培养熟练技术人员的模式,发展为甄选少量员工、从事创造性工作的模式。由于这些变化,日本企业不再需要那么多终身雇用的正式员工,而是更多地录

---

[1] 自由职业者的定义十分模糊,既不是被终身雇用的正式职员,也不是没有工作的无业游民。日本国会的《国民生活白皮书》中的定义是,除学生和家庭主妇以外,年龄介于 15—34 岁之间,以小时工、兼职或派遣员工的形式工作的人,或是目前没有工作但具备劳动意志的人。

用合同制员工,以方便公司根据经营状况裁减员工数量。因此,在"就业冰河期"毕业的学生就很难作为正式职员进入公司,而只能成为合同制员工。合同制员工与正式职员相比,即便职务相当,薪酬的差别也非常大。合同制员工不但工作状况不稳定,生活状况也不稳定,经常要忍受世俗的白眼。可以说,"正式员工/合同制员工"的二元对立就是差距社会的典型代表。

在上海的日本人移居者中,也存在类似的二元对立,即"派驻人员/当地录用者"。从日本外派来上海的派驻人员,受到终身雇佣制度的保护,收入颇丰。而只身来到上海就业的当地录用者,合同期限多为1—2年,且收入较低。这种情况不仅出现在上海,中国香港、新加坡等其他城市也存在类似情况(Wong,1999;Mathews and Sone,2003;Ben-Ari and Yong,2000)。有趣的是,二战前,在上海就存在"会社派/土著派"这样的二元对立(Yamamura,1997;Takatsuna,2009)。会社派主要是被日本企业和政府外派的工作人员,成为日本人社会的核心。而土著派是自己到上海工作或寻找创业机会的人,被认为处于日本人社会的边缘位置。派驻人员愿意来上海,是因为着迷于经济高速发展的上海市场的魅力,以及公司给予的高级住宅等丰厚的福利。20世纪80—90年代,上海的外国人住宅和商业设施还不完备,很多派驻人员更希望被派到伦敦或纽约等欧美大城市。但2000年以后,在上海,外国人生活区急速扩张,住宅设备、商业设施、教育机构的水平显著提升。笔者所访问到的派驻人员,都希望到上海来工作。一位日资贸易公司的派驻人员这样说:

> 我觉得上海是了解新兴国家经济发展状况的最好的地方,所以一直向公司申请来上海工作。我刚入贸易公司的时候,日本的经济还没有这么差,我很努力地工作,想着有一天

能出人头地,当上部长甚至董事……但现在,太难了!客户的要求一年比一年严苛,经费却逐年缩减,实在是难办。不过,上海应该还有发展的空间。新的项目和新的经营理念都引入这里的工作中,这边的工作人员年轻、有干劲儿,一起工作很开心……在这儿工作,好像我自己也更有干劲儿似的。每个星期还能去打打高尔夫。

(男,30多岁,派驻人员)

一位从事制造业的派驻人员这样说:

这里果然很方便。吃的很便宜,又好吃。到处都有居酒屋,随便打个车就去了。不光是虹桥附近,到处都有商店。住在这儿,还真是不觉得腻……回日本可就没这么舒服了,在外边吃饭太花钱,连打车也不能这么随意。

(男,40多岁,派驻人员)

上海的居酒屋

日本人居住区附近有很多日本餐厅,从高级的料亭到比较廉价的餐馆。以前日本餐厅的顾客多为日本移住人员,现在日本餐厅在中国很受欢迎,餐厅数量也在不断增加。

位于浦东新区的拉面店

中午时分有很多在金融街工作的中国公司职员前来就餐。

上海的日本餐厅

高级料亭里由日本厨师主刀,有时还会有日本服务员,从点菜到结账都可以用日语。

这些派驻人员都强调了在上海生活的便利性。20世纪80年代的上海，与当时日本的大城市相比，卫生条件和服务业水平都还比较低。日本人聚居区很小、很有限，国际学校和日本人学校的规模都很小，很难带小孩子一起来这里生活。那时的外派人员多希望去欧美发达国家，即使是亚洲，也更希望去新加坡、中国香港或首尔这样的城市。但是20世纪90年代以后，随着日本人派驻人员数量的激增，在上海，日本人聚居区域越来越大，逐渐在虹桥地区和浦东新区形成了两个大的日本人聚居区。虹桥地区有日本领事馆，临近虹桥机场，受到经常回日本出差的商务人士的青睐。浦东新区是新开发的区域，临近新机场，有日本人学校和几栋专供日本派驻人员居住的住宅。在这两个地区，以日本人为对象的餐厅等商业活动无论在质上还是量上都逐步提升。现在，说起日本菜，不但有寿司店、居酒屋、牛丼屋、烤肉店、拉面店、乌冬店、荞麦面店等传统的日本料理店，还有提供日式服务和菜品的意粉店、披萨店、法国餐厅、汉堡店等等，甚至还有吃博多拉面和神户牛肉的专门店，可以品尝日本各地的美食，菜式品种丰富多样。这些餐厅多长期聘请日本师傅驻店，上至一餐超过千元的高级日本料理，下至20元一碗的拉面连锁店，价格跨度很大。除餐厅外，还有为日本人服务的超市、房地产公司、家具店、干洗店、书店、24小时便利店、文具店等等。另外，虹桥、浦东两地都有日本人学校，现在不仅有小学，还有中学和高中。日本人学校附件还有专门为日本孩子开设的私立的保育院和幼儿园。因此，任何年龄的孩子在上海都可以得到教育机会。此外，还有针对日本高考或中考的辅导班和家教中介。有一位派驻人员的两个孩子分别是11岁和17岁，他这样说：

> 我的孩子就快要高考了，所以带他来的时候还在想到底会怎么样。我听说，孩子以后希望又会汉语，又会英语。我太

太也听说,在上海的生活经历可能对孩子考大学更有好处。如果顺利的话,以归国子女[1]的身份参加日本大学的入学考试,可能会享受到一些特殊政策。在上海的日本人学校里,同学的家长都是大公司的职员,学生构成也比较国际化,可以交到很多朋友,生活很充实。只是跟交到的朋友还没相处多久可能就要回国了,看着叫人觉得挺可怜的。在这里的学生,转学是经常的事……妻子觉得,我们家在日本大阪的郊区居住,那里也没有什么辅导班,在上海感觉生活更充实一些。

(男,40多岁,派驻人员)

从日本人学校不断扩大规模就可以看出,2000年以后携妻儿一起来上海工作的派驻人员呈现激增态势。其原因包括,教育设施越来越齐备,城市的卫生条件和治安状况越来越好,等等。此外,正如以上派驻人员所言,中国经济不断发展,让孩子学习中文、掌握一些有关中国的知识,对将来的事业和人生来讲都是一笔巨大的财富。派驻人员回日本也可以继续在同一间公司继续工作,处在终身雇佣制度的保护之下。他们的工资水平是当地录用者的数倍,而且房屋租金、交通费、医疗费用、保险费用、子女教育费用、保姆费用等都由公司支付。大公司在上海的总经理还可以享受专车接送的待遇。此外,国际学校每个月的学费通常超过1万元。因此,这些特别补贴费用的总和往往可能已经超过了他们的工资收入。由于房屋租金由公司负担,所以这些派驻人员通常都居住在日本人聚居的高级公寓。因为这些公寓的附近有日本餐厅、超

---

[1] 归国子女指有在海外长期生活经验的日本人子女。很多大学都有针对归国子女的专门的保送入学政策。这是为了平衡国内外教育的差距而设立的入学制度。因此,对在海外生活的时间、回国时间、海外就读学校的类型、逗留海外的原因等都有明确而详细的认定条件。

市、补习班等等,而且一般都是由公司直接跟公寓交涉安排的。许多派驻人员是接替前任的工作来到上海的,前任和后任之间,不但工作内容是相承接的,有时连住宅也是。即便不住在同一个公寓,也多半被安排住在临近的区域。这样一来,从20世纪80年代开始,虹桥地区的日本人社区逐渐扩大,慢慢成为中国最大的日本人社区。上海有几栋专供日本人居住的高级楼盘,这里的租金一个月超过3万元;房屋中介会说日语,可以代理水电煤气等一切事宜;这些楼盘管理处的工作人员也会说日语,可以提供良好

上海的日系幼儿园

常驻人员居住地区附近有很多日系幼儿园,在这里不仅可以接受到和日本一样的教育,还有英语班和汉语班等国际课程。

的咨询服务;24小时安保,受到派驻人员妻子的好评。携亲属来上海的稍有些年纪的人尤其喜欢住在这里。有一位40多岁的派驻人员的妻子这样说:

> 带孩子去南京路的时候,总是担心交通安全和空气污染……出去一圈孩子的手就脏兮兮的,回到家必须得好好洗手。但是在小区里就感觉很放心。小区里不能进车,有保安看门,可以放心地让孩子在小区里玩儿。还有,在日本[1],新闻里总是报道犯罪的事儿,说得很恐怖,根本不放心让孩子在外边

---

[1] 她说在日本也希望能住在有24小时保安的小区里,但经济条件根本不许可。

玩儿。

(女性,40多岁,家庭主妇)

以日本人为对象的诊所

在上海有一些以日本常驻人员为主要对象的医院,前台、护士、医生都是日本人,还雇有日语流利的专职员工。

但是,年轻的派驻人员不一定会选择日本人集中的公寓,他们更喜欢有很多美国人和欧洲人居住的国际公寓。因为住在日本人集中的公寓里,就要根据相互供职的公司规模、在公司的职位,注意与邻居间的上下级关系。日本人之间组织活动或聚会时,往往会根据这种上下级关系,被要求履行一定的职责。年轻的派驻人员经常会被要求策划和组织送别会或迎新会这样的活动。特别是派驻人员的太太们之间一般都有比较亲密的交往,有时可能每周

都要参加学习会、讲习班等活动。20多岁和30多岁的年轻派驻人员,一般并不希望把工作中的上下级关系带到私人生活中来。特别是年轻派驻人员的太太,一般会尽量避免自己被强制参加聚会,或者被置于上下级关系的最底层。因此,他们更希望住在国际公寓,更自由、平等地与欧美人交往。有一位派驻人员从日本人集中的高级住宅搬到国际公寓,他这样说:

体育用品店和健身房的广告

是我自己决定要住在这里的。离公司近,孩子上学也方便,很不错。我年纪比较轻,公司提供的住房补贴有限,我不想住在超出住宅补贴[1]额度的地方。这里有很多外国人,有美国人、意大利人,我太太很容易交到朋友。原来的地方,日本人之间的聚会很多,真叫人透不过气。当然,前辈对我很好,也很容易获得例如"新一任是谁"这样的信息……搬来这里以后,自己自由的时间多了很多,有时把孩子交给保姆,还可以跟太太两个人到周围散散步,很快乐。

常驻人员居住区里不仅有日本餐厅,还有以日本人为对象的洗衣房、超市、文具店、健身房、书店等,全部可以使用日语。

(男性,20多岁,派驻人员)

---

[1] 他就职于某日资电气公司,住房补贴每月18 000元。公司的住房补贴会随着派驻年限逐年递减。

第四节　当地录用者

当地录用者不仅无法享受住房补贴、交通补贴等福利,而且经常只能得到1年或几年的短期合同。有先行研究已经指出了派驻人员和当地录用者之间的差别和冲突(Mathews and Sone,2003)。派驻人员和当地录用者的二元对立并不仅仅是文化人类学的分类用语,也是采访中受访者自己频频使用的分类。[1] 受访者说到自己的时候会说"我是当地录用,所以必须得自己上保险",他会使用"当地录用"这样的词语来解释自己的处境。受访者也很清楚派驻人员和当地录用者的待遇差距,例如派驻人员会说"我们公司薪水很低,跟当地录用者差不多"。当地录用者会说"派驻人员才请得起那样的保姆"。一位当地录用的女性这样说:

> 以前在上海外国语大学学习汉语的时候吓了一跳,原来有这么多日本人在上海工作。那些人(派驻人员)跟我们的生活完全不一样,他们不去一般的餐厅,总是喜欢去很贵的居酒屋。他们还说我很奇怪,因为我说话很直接。但在我看来,他们才奇怪呢!

(女性,30多岁,当地录用者)

当地录用者里有各种各样的人。最多的是在日本上网找到工作,然后来上海的。也有像上面这位女士一样,来中国留学,然后留在当地就业的。也有人刚开始作为派驻人员来到中国,后来干

---

[1] 派驻人员和当地录用者的关系问题,已经有关于伦敦和新加坡日企的研究(Ben-Ari,2000;Ben-Ariand Yong,2000;Sakai,2000)。

脆辞职重新找工作留在中国的。这些人大多没有回国的预期,基本可以划入永久居住在上海的范畴。在上海的日企分公司里,像总经理这样的领导层基本都被派驻人员占据,当地录用的日本人或中国人极少有机会进入领导层。当地录用者多从事文件翻译、管理中国员工等辅助分公司运营的工作。我采访的当地录用者中,有人已经在上海工作了 10 年,对上海的市场以及中国员工的工作方式十分了解。相对地,日本来的派驻人员最长在上海生活 5 年,对上海市场和中国员工并不了解,很多人还不会汉语。有一位派驻人员说:

> 在上海自己找工作,真是难以想象的事。当地录用的人有各种各样的经历,真是很了不起。汉语也说得比我们(派驻人员)好,跟当地职员(中国职员)的交流也很顺畅。
>
> (男性,50 多岁,派驻人员)

当地录用者的工作从简单的翻译到市场调研、产品营销等,涉猎的范围很广。但是,经营决策、人事录用等重要岗位很少雇用当地录用者,因此他们升迁的可能性很低。很多当地录用者都对日企经营决策的迟钝感到不满。其中一位这样说:

> 我的上司(派驻人员)对上海一无所知。上海人对新产品的反应十分敏感,用老一套做法根本行不通。但他总是等日本总公司出决策以后再行动,经常是出了市场调查报告半年,还是没有任何动静。虽然他自己也老是说,这样下去公司是难以在竞争中胜出的……不过,我只是个当地录用者,我又不用负什么责任,没办法。再说,我也没拿那么多工资,着急也没用。我很注意不把工作上的烦恼带到私人生活中。
>
> (女性,30 多岁,当地录用者)

她的一位朋友是日资保险公司当地录用职员,说:

> 我觉得没必要过分努力工作,这一点很重要。在日企里,就算业绩大幅提升,也得不到什么好处。我4年以前很拼命地工作,业绩是最好的一个,还带着其他同事一起做新的企划案。当时的经理人很好,给我很大的空间。那个企划也很成功,帮助公司赚了很多钱。但突然那个经理被调到泰国曼谷,新来的经理完全不听我的意见。我被从那个企划项目中撤换下来,项目交给了当时跟新经理一起来的一个派驻人员。那是我精心策划的方案,却被命令要协助那个派驻人员的工作。但那个人什么都不懂,连工作该委派给谁都不知道,什么都是我手把手教他的。但是慢慢地,跟采购商开会、跟客户开会就不叫我了,只是把处理采购表、发票等谁都能干的活儿派给我做。在策划那个项目的时候,我周末都主动去公司加班,想想自己真是傻!晚上睡觉想到好点子还打开电脑赶快记下来。但结果呢,就算营业额上升,我的工资也没怎么涨……唉,没办法,我很喜欢上海,在这里还有很多朋友,所以不想放弃在这里的工作。慢慢地,就告诉自己没必要那么努力地工作。

(女性,40多岁,当地录用者)

有研究指出,派驻人员和当地录用者之间的差别不仅表现在职场地位上的差异,也表现在社会身份中(Mathews and Sone, 2003)。在上海的调查中,也可以明显看出二者生活上的差异。派驻人员经常加班,往往要花比较长的时间待在公司里,周末要参加各种应酬,或是跟同事吃饭、打高尔夫。而当地录用者把工作和生活分得很开,工作以外的时间一般跟自己的朋友度过,或是埋头在自己的兴趣爱好里。他们很少花私人时间跟派驻人员交往,更喜欢找志同道合的中国朋友或同是当地录用者的日本人一起吃饭、

郊游。也有人有很多欧美朋友,经常光顾上海新天地的酒吧,或是去学做法国菜。许多当地录用者都明确指出自己与派驻人员在社会身份上的差异,包括薪酬待遇不同、居住区域不同,并表示跟派驻人员很难交流。由于二者收入水平差异巨大,所以就连吃饭时去的餐厅或区域也很不一样,互相很难迁就对方。在兴趣上,派驻人员更偏好像高尔夫那样的昂贵的运动,而当地录用者喜欢像郊游那样不怎么需要花费的活动。

但是,派驻人员与当地录用者的薪酬差别与20世纪90年代相比,正在逐渐缩小。由于日本长期的经济低增长和不景气,许多日企都降低了派驻人员的待遇。很多中小企业的住房补贴控制在1万元以下,并取消了子女生活补贴。同时,以前有很多40多岁、50多岁的跟家人一起来的派驻人员,但现在多是20多岁的单身员工。企业为了缩减经费开支,开始尽量派遣较年轻的职员到上海。有一位受访的派驻人员,在日本一家员工不足100人的生活用品制造企业工作,他们公司完全没有住房补贴。他说:

> 是啊,我的确是在日本就职、被派到上海来的,也算是派驻人员,但(跟其他派驻人员)完全不一样。我们公司很小,工资也很低。我总会安慰自己,在这里(上海)工作很自由,没什么好抱怨的。我们这种行业,不管去到哪里,都很辛苦,竞争也很激烈。工作的确很忙,但没办法,只能接着干。
>
> (男性,20多岁,派驻人员)

像上面这位一样,同为派驻人员,公司的规模不同,待遇差别其实也很大。另外,当地录用者中,也有人因为工作能力受到认可,被公司重新作为派驻人员录用的例子。伴随中国市场的成长,对有些日资企业来说,上海分公司的作用越来越大。20世纪90年代,派驻人员与当地录用者的差别是泾渭分明的身份差别,但进入

2000年以后,一些日企开始考虑把当地录用者作为未来的派驻人员的候补人选。有一位受访者之前作为当地录用者在广州某日资银行工作了几年,后来她被送回东京本部接受正式录用,在东京经过几个月的培训之后,作为派驻人员来到了上海。她这样说:

> 我觉得自己很幸运。在中国工作那么长时间,一直是当地录用者,本来想着永远也没机会成为派驻人员了……我大学就是在中国念的,所以打算一直在中国生活下去,但同时也想赚多一点,有更好的生活。毕业那会儿,考虑到底要不要回日本,挣扎了很久。父母一直劝我在日本找工作。但我那时在广州有个男朋友,而且也想把汉语学得更好一点……在广州很容易找到工作,又是大银行,就决定留下来了。但从没想过有一天能作为派驻人员重新回到中国。
>
> (女性,30多岁,派驻人员)

可见,随着中国市场的扩大,熟悉中国市场和中国业务的当地录用者越来越受到重视,成为派驻人员的可能性也越来越大。但是,也并非所有的当地录用者都想成为派驻人员。他们虽然羡慕派驻人员的高工资和住房补贴等高福利,但却不想承受工作上的责任和义务。我问他们是否想成为派驻人员,有一位当地录用者这样说:

> 不,不想(成为派驻人员)。派驻人员工作量太大了,还得陪客户、同事应酬喝酒,周末也要陪客户。我们公司的派驻人员连春节都在办公室,为了要跟日本总部开电话会议。我上司4年前跟太太一起来上海,他太太不适应上海的生活,孤单寂寞,得了忧郁症。我上司也很发愁要不要回日本,但那时(上海的工作)正是关键的节骨眼儿,根本没办法回去。去年开始,他太太开始习惯(上海的生活)了,我上司也很高兴,说

想在上海再多待上一阵子。但却突然接到总部的命令,要求马上回国,然后就立即回东京去了。想想他们夫妻俩是怀着什么样的心情回去的,我心里真是五味杂陈。

(女性,20多岁,当地录用者)

派驻人员与当地录用者的关系,在公司内部是上下级关系,收入差距也很大。但是当地录用者能够充分享受自由的生活,也并不一定想成为派驻人员。当地录用者可以选择自己喜欢的工作,他们因此而感到满足。对他们来说,像派驻人员那样一辈子在一家公司上班,老老实实听上司的命令直到退休,是很乏味的。相反,选择自己喜欢的工作,跟志同道合的人一起工作,在自己喜欢的地方生活,这些才是他们的人生目标。但是,当地录用者在享受到自由生活的同时,在经济方面也蒙受了相当大的损失。在公司里,即便工作内容完全一样,派驻人员和当地录用者之间的薪资差距也会超过两倍。而且,当地录用者中,有些人既没有在日本买保险,也没有加入中国的保险体系,未来的人生存在很多不确定性。一位当地录用者这样说:

日本公司的制度太离谱了。凭什么在日本录用再派到中国来的人就拿那么多工资,在上海录用的就什么也得不到?真搞不懂到底是怎么回事。

(女性,30多岁,当地录用者)

可见,这位当地录用者因派驻人员和当地录用者在待遇上的巨大差距而感到愤慨。他们不仅批判日本的公司制度,进而对日本社会也产生不满情绪。因此,英语好的人就去美国等外资公司工作。近年来中国企业薪酬上涨,会讲中文的人开始跳槽到中国企业。而既不会英语也不会汉语的人,尽管对日资企业的制度满怀怨言,却仍然继续在日企工作。

如上所述,上海的日本人社会主要分裂为派驻人员和当地录用者两个群体。他们的上下级关系不仅存在于公司内部,也存在于日本人社区中,而派驻人员在这一社区中处于核心地位。例如,在同乡会或大学同窗会这样的组织里,经济实力较为雄厚的派驻人员往往会充当干事或其他主要成员,表现得较为活跃。篮球协会、网球协会这样的体育同好会中也以派驻人员居多。因为活动结束后,他们往往会花上几百元到居酒屋去消遣,而囊中羞涩的当地录用者几乎是没办法每周都去参加。另外,经营日式洗衣店和日本餐厅的个体经营者越来越多。对这些人来说,派驻人员收入颇丰,是他们的主要潜在客户。因此,个体经营者和派驻人员之间也存在上下级关系。这样一来,派驻人员就成了上海日本人社会的核心。

第三章　在华日本人社会——香港篇

第一节　香港的日本人社会

如前所述,截至 2011 年香港有 22 184 名日本人,是中国地区仅次于上海的第二大日本人聚居地(日本外务省,2012)(图 3-1)。

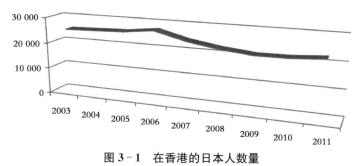

图 3-1　在香港的日本人数量

说明:此图根据日本外务省海外在留国人数量统计数据绘制而成。

这里,首先根据由香港日本人俱乐部出版的《香港日本人社会的历史》一书中所提供的资料为中心,考证在香港的日本人社区的历史(香港日本人俱乐部,2005)。近代香港的历史从 1842 年被割让给英国开始,但在那以前就有日本人航海者到港的记录。根据当时的英国博物学者的记录,1835 年原田庄藏、力松等 4 人曾经从九州肥前国(今熊本县)漂流到港。他们乘坐九州近海的运输船只,因遇到恶劣天气被冲到菲律宾,其后被西班牙船只送到澳门教授日语。1837 年他们一度有希望回到日本,但因德川幕府的异国船只打击令而遭受炮击,从而放弃回国念头定居香港。原田庄藏在香港跟华裔美国人结婚,从事洗衣、裁缝业。力松也跟美国人结婚成为虔诚的基督教徒。此后,日本人正式到香港是日本明治维

新结束锁国政策以后的事情。1858年《日美友好通商条约》签订，幕府向美国派遣了万延元年遣美使节团。他们向东绕地球一周，回国时恰好经过香港。1873年日本政府为向欧美学习科学技术而派遣的岩仓使节团也到过香港，并于同年在香港设立日本领事馆。但当时在香港的日本人除了领事馆工作人员以外，只有少数的杂货铺和理发店而已。19世纪80年代以后，日本人数量逐渐增加，但主要都是被称作"からゆきさん（唐行きさん）"的日本妓女。从产业种类上来讲，主要是贩卖海产品和纺织品的个体商店，还算不上丰富。但在当时的香港，宫崎滔天与孙文结下了友情，并且参与帮助康有为逃亡等与政治相关的各种事件。进入20世纪，开始有大量日本企业进军香港，1905年香港日本人俱乐部成立。但是生活在香港的经济中心中环的大企业派驻人员与生活在填海而建的湾仔地区的个体商铺店主之间，在经济上存在巨大的差距。"日本人俱乐部"围绕居住在中环的派驻人员来运营，在部分规定上将住在湾仔的日本人排除在外。因此，湾仔的日本人成立了"日本人联合会"，与"日本人俱乐部"相对抗。甲午侵华战争胜利后，随着日本帝国主义、军国主义倾向的加剧，日本人社会内部开始寻求融合，日本人小学于1907年成立，名为香港本愿寺小学，开始向居住在香港的日本人子女教授读写和算数。一直处于分裂状态的"日本人俱乐部"和"日本人联合会"也于1920年融合为"香港日本人协会"。第一次世界大战以后，香港作为世界贸易的中转站迎来经济繁荣的黄金时代，那里的日本人社会的规模也随之扩大。但是1931年"九一八"事变和1932年"一•二八"事变等侵华事件爆发后，香港掀起了抵制日货运动。1937年卢沟桥事变后排日运动进一步加剧，在香港的日本人生活处境日益恶化，不少人选择回国。1941年日军进攻香港，打败英军占领了香港。日军将主要干道和建筑物都改为日文名称，并强制使用日本军票。香港治安一度恶

化,人口骤减。对于香港来说,那是一段苦难的时期。

在第二次世界大战中,有超过6 000名日本人在香港逗留,1945年8月30日与英军签订投降书后,在出境命令的约束之下,原来居住在香港的大部分日本人都回国了。其后,1952年日本人在香港设立总领事馆,日本企业又开始进入香港,1955年日本人俱乐部再次成立。在日本国内租金上涨、对外投资自由化的大背景下,贸易公司、金融机构和大型制造业也开始进军香港市场,在港日本人数量再度增加。20世纪60年代初期大约仅有250人左右,1966年就超过了2 000人,1974年达到4 000人。后来,香港殖民政府解决了供水不足、暴动等问题,稳定了香港的政治局面,日本人数量在1987年一度突破1万人;20世纪90年代受到香港泡沫经济的影响,日本人移居者在1997年超过了26 000人。特别是以寿司店和居酒屋为代表的日本料理热、日本音乐、漫画的渗透等等,都使日本文化在香港占据重要的地位。其后,受香港回归中国、亚洲经济危机、SARS等事件和环境的影响,在港日本人数量呈现增减反复的态势。现在有2万多名日本人居住在香港,其中有1 671人取得了永久居住权(日本外务省,2012)。日本企业还在香港设立分公司,在广东省等华南地区开设工厂。可以设想,今后日本企业的发展会进一步深入中国大陆地区,那么在香港的日本分公司和日本人派驻人员的地位会发生怎样的变化,就备受瞩目。日本企业正加速开展本土化经营,取代以往高薪的派驻人员,培养优秀的香港人和内地人是大势所趋。以往的日本企业中,经营管理层几乎全部被日本人占据,但现在很多公司的分社长或部长都由香港人担任。另一方面,在日本文化不断渗透的大背景下,到香港从事服装业、餐饮业的日本创业者也逐渐增加。在金融业和旅游业方面,有过在美国和英国等其他国家工作经验的日本人在香港当地被录用,开始崭露头角。

第三章 在华日本人社会——香港篇

香港的日系超市

在日本移住人员较多的场所设有日系超市,不仅可以买到生鲜食品,还可以买到和在日本销售的一样的服饰和杂货。

以上介绍了香港日本人社区的总体情况,与上海的日本人社区相比有两个显著特点:一是现在的日本人社区的形成较上海早大约 20 年。日本政府 1952 年在香港重新设立领事馆,1956 年由进军香港的日本企业发起成立了"香港日本人俱乐部"。1966 年开办为日资企业派驻人员子女提供教育的"日本人学校",1969 年"香港日本人俱乐部经济部"独立为"香港日本人商工会",形成了完备的专为在港日资企业提供支援的体制。从人口数量上看,自 20 世纪 70 年代后半期日本人数量急剧增加至过万人,已经过去了 25 年。从这一点来看,上海的日本人社区处于成长期时,香港的日本人社区已经达到成熟期。二是取得永久居住权的日本人越来越多。在香港连续居住 7 年就可以获得永久居住权。日本企业的派驻人员一般的任期是 3—5 年,但希望延长任期居住在香港以取得永久居住资格的派驻人员越来越多。另外,2000 年以后,许多曾就

和式点心专卖店
日系超市内有很多日本餐厅和甜点店,在香港很受欢迎。

职日本企业的当地录用者跳槽到其他外资企业或当地的香港企业,试图长期居留香港以取得永久居住资格。可以说,日本人定居香港的趋势越来越明显。

虽然在以上两方面香港和上海有着巨大差异,但日本人社区内部存在的坚固壁垒——派驻人员和当地录用者的差距,在香港也同样存在。这里以2009年5月到2012年3月间对日本人移居者所做的调查为基础,着重关注香港这个全球化大都市正在发生的变化并进行分析。具体而言,从居住在香港的日本人话语中所出现的如"派驻人员和当地录用者""男性和女性""日本和中国香港""中国内地和香港地区""国家和个人""自我认同和国籍"等成对的语言之间的关系出发,探讨他们是如何在这样的二元对立之间生存的。

笔者在上述研究课题下对移居者进行调查。调查方法主要采

香港日本人俱乐部

现在搬到了谢斐道,除了为会员提供专业的会议室和图书室以外,还设有餐厅。

香港日本人商工会议所

和日本人俱乐部同时设立。与香港日本领事馆、JETRO、日本人俱乐部、日本人学校一起,在日本人交流中发挥着重要作用。

香港日系幼儿园

学费每月 4 000 港币，但接送巴士费、托儿服装费、课外班费等接近 1 万港币，所以其中的幼儿以有公司援助的常驻人员子女为主。

取向移居者发放、回收调查问卷，访问和参与观察，在前测调查中捕捉移居者的普遍情况。在参与观察方面，笔者参加了日本人组织的同乡会、大学同窗会、体育同好会、志愿者活动和企业活动等，观察了访问对象以外的协助调查者的日常活动。访问调查从 2010 年 3 月开始到 2012 年 3 月结束，以居住在香港的 44 名日本人为对象展开。为了与上海的调查形成对比，尽可能采取了同样的调查方法和方式。对每一个人都进行了 3 个小时左右的一对一访问，然后利用邮件和电话进行了数次或数十次的联络。有些受访者进行了多次面谈。在香港也进行了数次的集体访问，最多一次访问了 6 个人。

调查场所主要是受访者单位附近的咖啡厅和餐厅。有时也会被招待去受访者的家里,一起访问其家人。调查对象中男性20人,女性24人。年龄介于70—80岁之间的有2人,60—70岁有7人,50—60岁有6人,40—50岁有11人,30—40岁有11人,20—30岁有7人。44人中有21人在香港的日本企业工作或是私营业主,15人在跨国公司或香港企业工作,2人是香港中文大学的留学生,其余为派驻人员家属或兼职人员。访问内容主要围绕移居动机、与日本人社区的关系、对香港的印象、作为日本人的自我认同等等。

表3-1 香港日本人受访者一览表

	性别	年龄	社会身份	逗留时间	婚姻状况	子女	所从事行业	职位
1	男性	70—80	个体业主	32年	已婚	有	服务业	经营者
2	男性	60—70	派驻人员	5年	已婚	有	经贸业	管理层
3	男性	60—70	个体业主	14年	未婚	无	服务业	经营者
4	男性	60—70	派驻人员	4年	已婚	有	金融业	管理层
5	男性	60—70	个体业主	21年	已婚	有	制造业	经营者
6	男性	60—70	派驻人员	4年	已婚	有	金融业	管理层
7	男性	50—60	派驻人员	7年	已婚	有	经贸业	职员
8	男性	50—60	派驻人员	3年	已婚	无	经贸业	管理层
9	男性	50—60	当地录用者	8年	已婚	无	经贸业	职员
10	男性	50—60	个体业主	12年	已婚	有	服务业	经营者
11	男性	40—50	派驻人员	3年	未婚	无	金融业	管理层
12	男性	40—50	当地录用者	11年	已婚	无	金融业	管理层
13	男性	40—50	派驻人员	4年	已婚	有	经贸业	管理层
14	男性	30—40	当地录用者	18年	已婚	有	教育业	管理层
15	男性	30—40	派驻人员	3年	已婚	无	服务业	职员
16	男性	30—40	当地录用者	7年	未婚	无	经贸业	职员

(续表)

	性别	年龄	社会身份	逗留时间	婚姻状况	子女	所从事行业	职位
17	男性	30—40	个体业主	9年	未婚	无	教育业	经营者
18	男性	20—30	派驻人员	3年	未婚	无	制造业	管理层
19	男性	20—30	当地录用者	3年	未婚	无	制造业	职员
20	男性	20—30	当地录用者	5年	未婚	无	经贸业	职员
21	女性	70—80		25年	已婚	有		
22	女性	60—70	派驻人员	21年	已婚	无		派驻人员妻子
23	女性	60—70	当地录用者	7年	未婚	无	教育业	职员
24	女性	50—60	个体业主	8年	已婚	有	服务业	经营者
25	女性	50—60	派驻人员	5年	已婚	无		派驻人员妻子
26	女性	40—50	当地录用者	3年	未婚	无	服务业	职员
27	女性	40—50	当地录用者	14年	已婚	无	服务业	职员
28	女性	40—50	当地录用者	13年	未婚	无	制造业	管理层
29	女性	40—50	派驻人员	3年	已婚	无	金融业	管理层
30	女性	40—50	派驻人员	6年	已婚	有		派驻人员妻子
31	女性	40—50	派驻人员	4年	已婚	有		派驻人员妻子
32	女性	40—50	当地录用者	11年	未婚	无	金融业	管理层
33	女性	40—50	当地录用者	9年	未婚	无	金融业	经营者
34	女性	30—40	当地录用者	6年	未婚	无	经贸业	经营者
35	女性	30—40	个体业主	5年	未婚	无	经贸业	职员
36	女性	30—40	个体业主	12年	已婚	有	服务业	职员
37	女性	30—40	派驻人员	7年	已婚	无	制造业	职员
38	女性	30—40	派驻人员	4年	已婚	无		派驻人员妻子
39	女性	30—40	派驻人员	3年	已婚	无	制造业	职员

(续表)

	性别	年龄	社会身份	逗留时间	婚姻状况	子女	所从事行业	职位
40	女性	30—40	当地录用者	8年	未婚	无	经贸业	职员
41	女性	20—30	当地录用者	8年	未婚	无	教育业	管理层
42	女性	20—30	当地录用者	11年	未婚	无	教育业	职员
43	女性	20—30	学生	3年	未婚	无		
44	女性	20—30	学生	5年	未婚	无		

第二节　派驻人员和当地录用者、男性和女性

从历史上看，香港的日本人社会以日资企业为中心而形成（香港日本人俱乐部，2006）。派驻人员经济上较富足，居住在市中心，被认为是香港日本人社会的中核。当地录用者在收入和福利方面都不太富足，经济上处于弱势，处在日本人社会的边缘。派驻人员多居住在公司提供的住所里。因此，多居住在香港中心区的中环、有日本人街的太古城，或红磡等高级住宅。而当地录用者是自己愿意来香港的，他们或在日资企业工作，或从事为日本人移居者服务的餐饮业和房屋中介的工作。当地录用者大都居住在市郊或租金低廉的日本人街的周边地区。即便二者同在一家日本企业工作，由于生活区域不同，除了工作以外他们也很少有交流的机会。这种经济上的差距，也体现为派驻人员多是男性，而当地录用者多是女性（Sakai，2000；Ben-Ari and Yong，2000）。日本企业目前只派遣男性员工到海外工作。在港日本人社会所呈现的"派驻人员/当地录用者"的模式与日本本土的"正式职员/合同制职员"间的差距十分类似，可以说是日本社会的缩影（Mathews and Sone，

2003)。在工作 3—5 年就会回国的派驻人员和无明确的回国意识、有可能定居香港的当地录用者之间,对日本的态度、对香港的态度、他们的自我认同方面,都存在巨大差异。他们互相意识到,彼此的生活方式不同,价值观也不同。例如,女性当地录用者对派驻人员的印象是这样的:

> 我们跟派驻人员的时间安排不一样,去的地方也不一样,几乎很少有机会见面……日本餐厅的确很好吃,但不可能每天都在那样的地方吃饭,而且,跟他们一起总觉得不自在……去年有一次,最后大家都走光了,只剩下我和一个年轻的派驻人员。原来是公司的上司想要撮合我们俩。[1] 那以后,我想的就开始多了……但是我想在香港生活,也就抑制了那方面的感情。
>
> (女性,30 多岁,当地录用者)

> 其实我不太在意。我们之间的生活方式不一样,自然朋友也不同。而且,我在香港已经生活了很多年,对什么事情都觉得很理所应当,(如果跟新来的派驻人员一起)就要一个一个向他们说明……挺麻烦的,有时候还会话不投机。当然也分人,偶尔也会在网球场遇到志同道合的派驻人员,但用不了几年他就回日本去了。虽然现在还有联系,不过还是挺遗憾的。
>
> (女性,40 多岁,当地录用者)

根据上述两位女性的描述可以看出,由于存在收入差距,派驻人员和当地录用者在外出就餐的次数和吃饭的场所等日常生活方

---

[1] 这名女性当地录用者认为,职场上上司给她介绍交往的对象或结婚的对象,都属于性骚扰的范畴,令她感到很讨厌。

面都存在差异。香港有很多居酒屋和日本菜馆,各种价位不等,有很丰富的选择。但日本人喜欢去的店,以及日文免费传单上所介绍的店往往是很高级的餐厅,一餐要花上 200—1 000 港币。因此,派驻人员跟当地录用者一起去居酒屋时,一般是派驻人员请客,或者多负担一些费用。这样一来,不光在职场上,在私人时间里派驻人员与当地录用者之间的上下级关系依旧延续着。从上述女性当地录用者的话语中可以看出,她们跟派驻人员一起度过私人时间的结果,往往会被期望与派驻人员发生自己并不希望的关系或是充当自己并不乐意的角色。当地录用者一般并不喜欢自己的私人时间受到工作中上下级关系的影响,所以便开始避免跟派驻人员交往。此外,派驻人员和当地录用者对工作的看法也不一样。二者交流越来越少的一个重要原因是,他们对公司的忠诚度完全不一样。当地录用者一般很少加班,一下班就会离开公司。而派驻人员经常加班,下班以后也经常跟同为派驻人员的同事一起去居酒屋。其中有些人连复活节、圣诞节这样的香港公共假日,也会为了跟日本公司保持联系而上班。对于这一点,一位女性当地录用者这样说:

真难想象,(像派驻人员)那样大的工作压力,还怎么养儿育女。如果只是工作忙倒也罢了,连晚上也要考虑工作上的事情。来香港以后,这样的事虽然没有了,但是在日企工作,出现这样的情况也不难想象。

(女性,30 多岁,当地录用者)

不过是打一份工,不想牵扯太多进去,所以如果可以,我真想直截了当地说:"这是我的工作范围,我可以做,其他的我无能为力。"我的表达方式可能有点过分……但是,我对公司就是这样看的。如果公司认可我的能力,就会给我丰厚的报

酬，如果报酬不太好，就是不认可我，凭什么还总是要求我做分外的工作……如果（薪水）很差，我就换家公司做。

（女性，30多岁，当地录用者）

这两位女性当地录用者都把公司和自己明确划分开来，认为自己给公司提供服务，公司给自己支付报酬，所以不想承担超出薪酬份额以外的工作。工作结束后，她们很少跟同事一起去吃饭，她们把职场上的同事跟个人的朋友分得很开。而男性派驻人员对女性当地录用者的印象是这样的：

我觉得她们很勇敢，她们自己找工作来到这里，没有任何保障地生活在香港，甚至不会讲广东话。我才刚刚学会一点普通话，学这个东西还真是需要一些时间……一周上一次课还远远不够……但是，她们把工作看得没那么重，一下班就回家，跟香港人一样。业务能力嘛，也就一般吧。

（男性，40多岁，派驻人员）

女的挺自由的，想去哪儿就去哪儿，这家公司不行就换下一家。在香港跳槽很普遍，女的往往不会栓死在一家公司，这一点，我们是没办法比的。

（男性，30多岁，派驻人员）

这两位男性派驻人员用"勇敢""自由"这样的褒义词形容女性当地录用者，但是话语中总是透露出自己为公司承担着更大的责任，所以就算是麻烦事或是自己不喜欢的事情也会接受这样的自负情绪。这种表达也可以理解为是在指责女性当地录用者在工作中不需要百分之百承担责任。可见，在男性派驻人员和女性当地录用者之间，存在收入差距、工作强度和私生活方式的差异，以及对公司认识的差异等诸多壁垒。二者对香港的印象也明显不同。

第三章 在华日本人社会——香港篇

以下是男性派驻人员的话：

> 工作效率的确很高，但是香港企业还没有完善的质量监管机制，年轻职员连"ほうれんそう"[1]都不知道，到了交货期才发现根本交不了货，这样下去很危险，根本没办法把工作交代下去。
>
> （男性，30多岁，派驻人员）

> 什么事都谈钱，太现实了，有的人简直就是（香港话所说的）拜金主义。什么事都只是追求速度。在餐厅吃饭，服务员胡乱地下单，上错菜了，如果客人说几句，他们连个道歉都没有，就马上又端新的菜上来。虽然作为客人倒是没有吃亏，但心里难免嘀咕"凭什么？"可是回到日本，就正好相反，（餐厅服务员）的反应真是慢，叫人生气。
>
> （男性，50多岁，派驻人员）

> 一般来说，（香港）是个工作的好地方，就是空气差了一点。但是亚洲的城市到处都差不多，论生活方便来讲，香港还是不错的。到东京也近，想回家看爸妈，马上就可以回去。
>
> （男性，40多岁，派驻人员）

> 嗯，（香港）比中国其他地方好，不过有时候觉得这里的人太冷漠了。开始不太喜欢，但现在也习惯了，不过希望下一个生活的地方能安静一点。
>
> （男性，40多岁，派驻人员）

可见，男性派驻人员一边指出当地企业的落后，一边肯定日本

---

[1] 所谓"ほうれんそう"，指报告、联络和商量。是日本企业里特有的表达，表示部下应该跟上司保持紧密联络的重要性。

企业文化的优越性。尽管他们也承认香港人"效率高"这个优点，但还是站在日本商业模式的基础上来进行判断的。另外，大多数男性派驻人员在公司都承担着一定的责任，有一定的地位，即使他们对香港有不好的看法也不太会直接表达出来。所以，他们往往会说"报纸上这样写""听朋友们说""听别人说"，而回避直接表露自身感受的表达方式。许多派驻人员在工作场合使用外语，在家里、周末的活动和闲暇时间几乎都使用日语。而女性当地录用者即便在日资企业工作，身边接触到的也大多都是香港人，她们对香港的印象是十分具体而且细致的。概括地讲，男性派驻人员多对香港抱有不佳的印象，而女性当地录用者对香港的印象也并非很好。她们的看法都是基于自己的生活体验和朋友之间的交流。她们这样看待香港：

> 真是一言难尽，香港的变化很快，但有些地方又让人感到很怀旧。刚来的时候觉得这里的人说话都像在吵架，但现在发觉他们会直截了当、毫无保留地说出自己的想法，这样挺好的。之前跟房东也吵过架，说了1个小时，最后房东决定帮我修冰箱。如果什么都不说，就什么也得不到，反而说出来了，事情总会有解决的办法……这种感觉挺好的。我一直住在香港的西湾河[1]，最近搬到屯门，越来越喜欢这里了。
>
> （女性，30多岁，当地录用者）

> 在日本的时候总是被上司骂。比如文件的行距不对啦[2]，都是这些小事……来香港以后，那样的事少多了。就算被骂我也没什么感觉，所以说香港很适合我。而且我很怕冷，

---

[1] "西湾河"和"屯门"都是香港的地名。很多当地录用的日本人住在这里。
[2] 她大专毕业以后在日本银行工作过几年，然后跳槽到香港，现在在日系保险公司工作。

这里气候暖和,我也很喜欢。

(女性,20多岁,当地录用者)

上大学的时候就觉得日本的健康保险制度和退休金制度很奇怪,还教我们说男女平等,可是大学老师大言不惭地介绍那样的制度,竟然一点也不觉得有问题。当时看到这样的情形,就在想,这可不行。在香港,女性就业就没有受到什么差别对待,男性会主动帮女性开商场的大门,上楼梯时会帮女的拿东西,跟日本完全不一样……找房子也很容易,在网上很轻易就能找到一起去郊游的玩伴。上周还去了西贡[1]的公园,在那里认识的朋友,如果合得来就交往下去,如果合不来以后不去就好了,没什么负担。……我去了那里的游泳池,成了那里的志愿者,教小朋友,虽然不知道会做到什么时候,但有一种被需要的感觉,而且孩子们很可爱。

(女性,40多岁,当地录用者)

综上所述,女性当地录用者很清楚在香港生活的好处和坏处。她们用自己的生活经验证明了,香港的生活并非全然理想。同时也指出,在日本生活时所面临的"企业内部复杂的人际关系""对年轻人的过分要求""育儿工作难以两全"等问题。比较香港的生活和日本的生活,得到的结论是,香港的生活更符合她们的生活方式和价值观。

---

[1] "西贡"是香港的地名,有公园,可以游泳,有海滩,是一个观光地。

第三节　在港日本人的多样化

在香港,尽管男性派驻人员与女性当地录用者之间的差距依然存在,但是香港的日本人社区已经进入成熟期,呈现快速多样化趋势,不能仅仅用"男性/女性""派驻人员/当地录用者"这样的范式来分析。第一,20世纪80年代进军香港的多是日本的大企业,但从2000年开始以中小企业为中心。第二,香港与广东地区的经济一体化趋势日益明显,香港的日本企业与广东省的中国企业之间的联系也日益紧密。第三,香港和中国内地已经不仅仅是日本企业的生产地,现在也是一个巨大的市场,为了更好地了解当地的市场,日本企业开始聘用香港人和内地人成为公司的管理层。第四,许多日本人开始在日本企业以外的其他外国公司或香港地区的企业工作。

在市场变化的过程中,在香港的日本人社会也在急剧变化,从男性派驻人员和女性当地录用者这样的二元对立的角度去分析的话,有些差异已经逐渐消失了。最显著的变化就是男性派驻人员之间也存在差距。以前的派驻人员收入高,生活条件优越,但现在的香港,生活着各种各样的派驻人员。众所周知,在日本,大企业和中小企业职员的收入差距是很大的,在香港的派驻人员中也存在同样的情况。

> 我们公司是某某(大公司)的供应商,是很小的公司。香港分公司只有我一个日本人,如果有大的订单就要亲力亲为,经常要一个人去深圳或者广州出差。公司倒是有出差补贴,但是跟其他派驻人员相比,其实是很穷的。小孩子的教育费

用公司是不出的,所以我只能一个人在香港工作。

(男性,40多岁,派驻人员)

不同规模的企业在香港的分公司的规模也不一样。大企业会派几十个人到香港,小企业经常只有一名派驻人员。而且,制造业、贸易、金融业等不同行业之间的待遇也完全不同。有一位受访者是男性派驻人员,月薪1万港币,在香港从事杂货中介的工作。尽管公司负担他的房租,但是以香港刚毕业的大学生一个月也可以拿到1万港币来考量的话,他的薪水是相当低的。此外,女性当地录用者之间也存在差距。接受调查的人中,有中小企业的文员,也有日语学校的年轻教师,他们的月薪大约在10 000—15 000港币之间。一位在外资金融机构工作的女性当地录用者这样说:

> 大家都说香港什么都贵,我倒是不那么觉得。在纽约的时候,住处比现在的确大一点,但是更贵。从这儿(香港)去普吉岛、沙巴[1]旅行都很方便,坐个飞机就去了。

(女性,40多岁,当地录用者)

她在日本的银行工作过几年,然后在美国拿到MBA学位,在当地的投行工作了一段时间。2008年金融危机时,她觉得在美国的前景不太好,就转职到了香港。现在,她跟美籍华人丈夫一起生活在月租超过5万港币的公寓里。像这样有专业能力和工作经验的女性当地录用者比派驻人员的收入还要高。她们运用自己的职业资格和工作经验在外企工作,活跃在纽约、新加坡等世界各地的大城市之间。最近,日本企业也开始派遣女性派驻人员。制造业和贸易业的女性派驻人员还非常少,但是猎头公司和金融业的女

---

[1] 普吉岛在泰国,沙巴在马来西亚,从香港去都很方便。两地是很受欢迎的旅游观光地。

性派驻人员越来越多。有一位女性派驻人员这样说:

> 金融业(女性派驻人员)好像越来越多,我的同事中就有几个。还有,传媒行业也一样,你知道某某公司吗?那里的(女性派驻人员)就挺多的。
>
> (女性,20多岁,派驻人员)

正如她所言,跟上海和广州相比,香港的女性派驻人员比例越来越大。但是不同行业的差异很大。一位大型贸易公司的男性派驻人员这样说:

> (我们公司不派女的来香港)是因为觉得这里犯罪频发,很危险,其实总公司根本不了解海外的情况,还有可能也考虑到女同事可能会因为派驻海外而错过适婚年龄吧。
>
> (男性,40多岁,派驻人员)

公司一般会举出类似国外生活的安全性问题、结婚机会减少等理由,但是被派到香港的女性都认为这里很安全,所以安全问题根本就不应该成为公司不派遣女职员的理由。其实,真正的理由是,公司认为男性更适合陪客户应酬。一部分制造企业和贸易公司把客户接待看作公司的主要业务,接待客户经常要去居酒屋或卡拉OK。这样的地方女性职员很难应付。特别是香港和广东地区的经济一体化急速发展,工作人员经常要去深圳和东莞接待客户。在广东省的采购和质检工作跟应酬客户是密不可分的,这时就非常需要男性职员。据日资人才派遣公司所说,2000年以后男性当地录用者的招募数量急剧增长。在制造业和贸易业,为应付激烈的竞争,削减成本,要大量减少需要支付房租和特别补贴的日本人派驻人员的数量。取而代之的是,录用香港人和内地人作为公司管理层,加速公司管理层的本地化。

但是培养香港和内地人才积累经验、理解日本企业之间的关系,成为合格的管理层,是需要一定时间的。所以,为了弥补这个缺口,日本企业开始在当地录用男性日本人雇员。特别是对会中文、在中国有工作经验的人才,需求很大。许多曾经在上海和大连工作过的日本人当地录用者为了更高的报酬来到香港。另外,香港的服务业中男性当地录用者也比较多,本次的调查者中也有从事服装零售业、食品零售业和音乐影视业工作的男性当地录用者,他们为自己能够提供更高品质的日式服务而感到自豪。有一位从事服装零售业的男性这样说:

> 我觉得可能是成长环境的缘故,说是品味可能有点过了,但哪个好卖、哪个不好卖,其实是有感觉的。哪个颜色比较前卫,商品怎样摆放,如何接待客人,虽然没有在日本受过什么专业的训练,但自己也是作为消费者一路走过来的,好像自然而然就知道一样。[1]
>
> (男性,20多岁,当地录用者)

> 我们在日本长大,在日本的大学毕业,毕竟成本是很高的,所以总是希望在工作中能够学以致用就好了。当然也希望工作以后能够把上学的开销赚回来。
>
> (女性,30多岁,当地录用者)

日式服务业把为消费者提供周到细致的服务作为公司的经营战略,把在当地录用能够理解日式服务精髓的日本人摆在很重要的位置上。此外,也有很多日本男性从事美容师、寿司师傅等需要

---

[1] 他认为因为自己是日本人,所以没有受过特别的训练也能提供地道的日式服务。但是猎头公司的人说,日本人里也有完全不适合服务业的。实际上,在香港有很多日式服务是由香港人来提供的。

香港的拉面店

日本饮食中的拉面和寿司特别受欢迎。即便地道的拉面店里一碗面要接近 100 港币，依然不影响食客排队的热情。

香港的寿司店

和拉面一样受欢迎的是寿司。从廉价的回转寿司到地道的手握寿司，各种各样的店面林立。高级寿司店里的寿司师傅是在银座修行了几十年的日本人。

日系超市里的寿司卖场

在香港人们可以经常吃到寿司,当地的超市里也有很多寿司卖场。特别是三文鱼很受欢迎,寿司卖场里的三文鱼色泽呈现出鲜美的粉红色。

特殊技能的工作。可见,近年来,男性当地录用者已经成为不可忽视的群体,"男性=派驻人员""女性=当地录用者"的范式已经渐渐变化了。另外,也有人从当地录用者变成派驻人员。在日本企业,当地录用者在工作几年以后有机会转为派驻人员。

我大学毕业以后去澳大利亚学习了一段时间,后来到香港一家日资电子产品零件工厂工作,已经5年了,也不指望(转为派驻人员)了……2年前,我的上司回日本的时候问我"要不要试试?"……所以就参加了横滨总公司的考试,参加了2个月的培训,然后又被派回来。在工资和保险方面跟以前都

不一样了，真是不错。我们公司也不是什么大公司，但是现在，公司还会替我出子女的教育费……以后，可能会被派去上海吧……我也不太懂，不过，好像也不错吧。

（男性，30多岁，派驻人员）

许多企业都把在当地录用的职员送回日本去培训，然后再派遣到海外。当然，也有派驻人员变成当地录用者的。派驻人员一般在中国工作3—5年就回日本，或被派往其他地方。其中，也不乏辞职留在香港的人。这些人利用在香港工作期间累积的人脉和专业知识，自己创业[1]，更多地成为其他企业的雇员。另外，有些女性当地录用者跟男性派驻人员结婚，成为家庭主妇。以下这位女性就属于这样的情况。

工作方式变了。我也换过工作，对派驻人员也没那么反感了。慢慢开始想，如果真的受不了，就辞职算了，寻找其他的跳槽机会，拓展其他的可能性，也挺好的。

（女性，30多岁，当地录用者）

她跟男性派驻人员结婚以后就辞职在家，后来又在其他的日资企业找到兼职的工作。一般情况下，外国人想要拿到工作签证必须从事全职工作。但是她在香港生活了7年以上，取得了永久居住权，所以人生就多了一个选择，这也成为她的社会资本之一。因此，从女性当地录用者和男性派驻人员这一对二元对立出发，的确是有效的分析手段。但是考虑到派驻人员中也有大企业和中小企业之分、当地录用者中有外资企业和日本企业之分、女性派驻人

---

[1] 派驻期满后，回国或不去下一个任职地而留在香港的派驻人员被称作"脱驻人员"。

员和男性当地录用者的增加,"从派驻人员转型为当地录用者"或者"从当地录用者转型为派驻人员"这样的身份转换,并不符合"男性派驻人员/女性当地录用者"这一二元对立的人员正在增加的预判。所以,想要更准确地了解香港的日本人社会,有必要注意游走在派驻人员和当地录用者之间的那些人。

特别是在香港的日本人社会中,很多人对"日本人"的界定是很暧昧的。所谓的日本人,并不仅仅限于生在日本、长在日本、日语是母语、父母是日本人的人。有的日本人在美国长大,完全不会说日语;有的父母是中国人,但自己入了日本国籍,在香港工作。此次的调查对象仅限于持有日本国籍的日本人,受访者中有1人出生在香港,有1人的妈妈是香港人,有4人少年时代在香港生活过。有一位受访者在香港的日本人学校生活了6年,他说:

> 能说我对香港有很多了解吗?好像也不能这样说……有时也会想起以前的一些画面,感到很令人怀念,但现在已经物是人非了。以前的朋友好像也都不在香港了,虽然能再回到这里还是感到挺高兴的。
>
> (男性,40多岁,派驻人员)

他的父亲是日本人,母亲是香港人。父母亲在日本认识、结婚,在日本生下他。后来他的父母在香港生活了8年,然后又回到日本。他的童年是在香港度过的,在日本读完大学以后在日本工作,现在在香港的中国企业从事电子零件方面的工作。他会讲一口流利的日语和广东话,负责日本企业和中国企业之间的接洽,可以说,他生活在日本和香港的交界处。

(本章承蒙香港理工大学研究基金[P0008588,P0009591]资助研究经费)

第四章 在华日本人社会——综合篇

第一节 在华日本人社会

上海的日本人社会和香港的日本人社会有共同点,也有不同点。共同点是都存在派驻人员和当地录用者的身份差异。其实,不仅是在中国的上海和香港两地,在欧洲和美国的日本人社会里也反映出这样的差异。因此,可以说,身份差异普遍存在于因日资企业进军海外市场而形成的日本人社会里。而另一方面,由于日本人社会在每个城市发展的历史不同,上海的日本人社会和香港的日本人社会都表现出各自特有的现象。例如,上海的日本人社会还处在成长期,以派驻人员为中心的新的同窗会和同好会越来越多。在日资企业工作的女性当地录用者没有升迁的机会,在日本受到的性别歧视在这里仍在延续。而香港的日本人社会已经步入成熟期。像"香港日本人俱乐部"这样的以大公司为主的组织,会员数量越来越少,像"和侨会"这样的以当地录用者和年轻企业家为主的组织,会员数越来越多。在香港,很多日本女性都在外资企业工作,有很多就业机会。由于当地录用者和个体经营者的增加,原本以大公司的男性派驻人员为中心的日本人社会呈现出多样化趋势。在这一章中,将会基于上海和香港上述差异,通过考察北京、大连等中国城市的日本人社会的状况,以新加坡这样的汉语圈城市的日本人社会为参照物,来归纳在华日本人社会的综合情况。

日本人正在不断移居到汉语圈国家。日本人移居者数量最多的城市是上海,其次是香港,台北、北京都有超过 1 万名日本人,苏州、广州、大连超过 5 000 人。同属汉语圈的新加坡有 26 032 名日本人,数量超过中国香港(表 4-1)。

表4-1 汉语圈国家(中国和新加坡)大城市的日本人数量(2011年)

排序	城市	日本人数量	排序	城市	日本人数量
1	上海	56 481	6	苏州	7 326
2	新加坡	26 032	7	广州	6 183
3	香港	22 184	8	大连	6 175
4	台北	12 406	9	深圳	4 730
5	北京	10 355	10	东莞	2 831

说明:此表根据日本外务省(2012)的统计数据绘制而成。

这些城市虽然各有特色,但总体可以分为两个集团:1990年以后日本人移居者数量激增的城市包括上海、北京、苏州、广州、大连、深圳、东莞,是第一集团。20世纪70年代后半期开始日本人大规模移居的城市包括中国香港、中国台北、新加坡,是第二集团。

上海、北京、苏州、广州、大连、深圳、东莞这些中国大陆地区的城市,有以下三个共同点。一是这些城市的日本人社会以日资企业的派驻人员为主,男性较女性在数量上占有压倒性的优势。[1]二是希望在这些城市取得永久居住权的日本很少。[2]三是自20世纪90年代开始,日本人移居活动活跃起来,进入21世纪以后日本人数量持续增长。例如,北京在2000年仅有日本人4 815名,但是2000年以后开始迅速增长,到2006年达到12 260人,其后一直保持在1万人左右(图4-1)。

---

[1] 虽然没有每个城市分别的男女日本人数量的资料,但是在日本驻上海总领事馆登记的日本人数量有男性50 749人,女性22 371人。在日本驻北京大使馆登记的日本人数量有男性9 138人,女性6 053人。男女数量都存在很大的差距(日本外务省,2012)。

[2] 虽然没有每个城市日本人永住者数量的资料,但是比如在日本驻上海总领事馆登记的日本人数量有73 225人,其中只有244人是永住者。而在日本驻北京大使馆登记的日本人数量是15 201人,其中永住者只有98人,数量都极少(日本外务省,2012)。

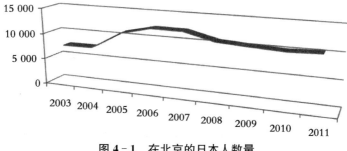

图 4-1　在北京的日本人数量

说明：此图根据日本外务省海外在留国人数量统计数据绘制而成。

北京的日企数量截至 2007 年有 904 家，日企派驻人员办事处 846 家。[1] 在北京，集中了全世界许多国家的外资企业，总数超过 1 万家，以日资企业在其中所占的比例来看，日企在北京的影响并不是很大。北京的日本人社会的特征表现为学者和留学生数量多。在北京，有很多优秀的大学和年轻有为的研究人员。日资企业于 20 世纪 90 年代开始在北京成立研发中心，雇用从大学和研究生院毕业的优秀人才。例如，资生堂于 2002 年在北京成立大规模的化妆品研发中心。松下电器、日立、NEC、第一制药等大型公司也在 1990 年以后相继在北京经济技术开发区和北京中关村科技园成立研究所。最近，日本新兴的互联网企业为了寻找优秀的工程师，也纷纷进驻北京。在北京的日本人移居者中，很多人在这样的日资企业研发中心和中国人一起从事研发工作。因此，在北京的日本人移居者一般都是高学历、高收入的白领。

---

[1] 参考日本贸易振兴机构发布的《北京市概况和投机环境报告》(2010)。

北京日本人会

位于长富宫饭店内,同时设有北京商工会议所。应日本常驻人员的要求,开展着各种交流活动。

北京日本人会图书室

日本人会会员的图书室,藏书以常驻人员在派遣期结束后留下来的书本为主,还出借漫画和小人书等面向孩子的书籍。

日本贸易振兴机构

同日本人会和商工会议所一样设置于长富宫内,主要从事面向企业的信息提供,以及日企知识产权的保护支援业务。

北京的日本留学生数量也最多。到20世纪90年代为止,许多日本留学生都为了学习汉语来到北京,他们多数在学校修读短期研修课程。但是2000年以后,越来越多的人到这里学习中国史、中国哲学等专业课程,希望取得学士或硕士学位。他们大多在中国学习3—4年,很多人学成后就直接留在中国。最近,除国际关系、营销管理等文科学院以外,也有留学生就读于理工科学院。留学生的年龄身份也趋于多样化,有20岁上下的年轻人,也有从政府和企业派来的职员。北京有日本大使馆,所以有很多日本政府的工作人员在这里生活和工作。这里不仅有正式的大使馆职员,也有年轻的国家公务员后备干部,他们在大学里学习汉语,还会举办中日交流活动。随着中国和日本经济关系日益密切,在日本国内,关于中国的报道越来越多,日本放送协会、读卖新闻、朝日新闻等主要媒体机构会派遣大量的记者到北京。这些记者刚到北京的

第一年都会先以留学生的身份到大学学习汉语。

以日本人为对象的住宅

日本人常驻人员集居于部分有限的公寓内。建筑周围有高墙环绕,入口处有警备人员 24 小时执勤。

北京的餐饮街

日本菜在北京很受欢迎。常驻人员居住地区有很多日本餐厅,里面有会日语的服务员,并备有日语菜单。

北京的日本人社会以日资企业的派驻人员为中心,所以有70％是男性。他们集中居住在靠近机场的东三环附近。特别是2012年日本大使馆搬到朝阳区以后,他们多居住在朝阳区的亮马桥附近。这个区域里有几栋专供日本人居住的高级公寓。公寓里有为日本学生开办的补习班,也有以派驻人员为服务对象的医院。管理处的工作人员会讲日语,在公寓范围内,只要会日语就足以应付生活上的问题。朝阳区还有为派驻人员子女提供的日本人学校。北京日本人学校于1976年在三里屯的日本大使馆官邸内成立,1988年搬迁到朝阳区的新校舍。现在,有600多名日本学生在那里学习,教学计划和课程内容跟日本国内的小学一样。

北京的日本人协会以大型日资企业的分公司为中心。北京日本人协会每年会组织会员茶话会、夏祭、圣诞联欢会等活动。由于男性派驻人员较多,这里还有各种各样的体育同好会,如羽毛球、棒球、剑道、网球、篮球、排球等等。此外,也有同乡会和大学同窗会等。派驻人员利用这些活动跟其他日本人之间保持联系、增进感情。因此,北京的日本人社会的特征是,有很多以男性派驻人员为对象的活动,但以女性当地录用者为对象的活动很少。派驻人员一般在中国工作3—5年就会回国,所以无法跟中国人组成的团体保持长期的交往。例如体育同好会,如果日本方面的负责人个人与中国的体育同好会关系良好,就会举办友谊比赛,而一旦负责人回国,那么这种关系也就不存在了。这样的例子有很多。另一方面,在北京大学、清华大学这些日本留学生较集中的大学里,有日本人留学生会。留学生会里女性人数较多,她们热衷于举办各种各样的中日交流活动。并且,也有新老留学生的茶话会、北京郊区一日游等活动。她们毕业以后大多直接留在北京,到当地的日本企业或中国企业就职。即便她们回日本工作一阵子,日后还是有可能再被派回北京。她们对中国有很浓厚的兴趣,所以往往能

够跟中国当地的一些团体保持长期联系。但是留学生的活动规模很小,处在日本人社会的边缘位置。

在第一集团当中,日本人数量仅次于上海和北京的城市是苏州。苏州的日本人数量也是在 2000 年以后才开始大幅增长的,现在已经超过 7 000 人(图 4-2)。进驻苏州的日资企业多是制造业。很多大型日资电器制品公司,例如索尼、富士通、松下电器产业、佳能、住友电气工业、精工爱普生、日立、夏普、东芝等,都在江苏开设工厂,在苏州设立分公司。另外,小松、松田、铃木摩托车、普利司通等相关企业也开始进入苏州。于是,苏州周边的无锡、南通、南京等城市也出现中小型日资企业。

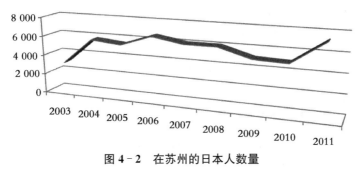

图 4-2　在苏州的日本人数量

说明:此图根据日本外务省海外在留国人数量统计数据绘制而成。

伴随日资企业在苏州的迅速发展,"苏州日商俱乐部"于 1994 年成立,为日资企业提供各种协助,包括解读中国的法律制度、为当地日企之间的交流创造机会等。2005 年,苏州日本人学校成立。苏州的日本人社会的快速发展与上海的政策变化有密不可分的关系。20 世纪 90 年代,日资制造业企业在华东地区可以使用上海郊区的土地建设厂房,但是 2000 年以后,上海市的政策越来越严格,很难拿到兴建新工厂的许可。所以,日资企业开始向江苏省转移,

那里的派驻人员也就随之增加。目前,苏州的日本人数量仍在增长,派驻人员组成高尔夫同好会等各种组织。

大连的日本人数量是在2000年以后开始快速增长的。中国东北地区曾经在日本统治下成立伪满洲国,所以跟日本有较深的渊源。但是20世纪90年代以前,进驻东北地区的日资企业数量很少,在大连的日本人派驻人员只有大约1 000人。2000年以后,贸易公司和信息技术企业为了寻找会说日语的人才,开始进入大连。现在,东北三省总计有大约3万名中国大学生在学习日语,大连市内的27所大学中有22所开设了日语专业,一共有1万名日语学习者。[1] 日资信息技术公司在大连设立分公司,由日语专业毕业的员工担任网页制作和软件开发的工作。伴随这类日资企业的增加,派驻人员的数量也在上升(图4-3)。

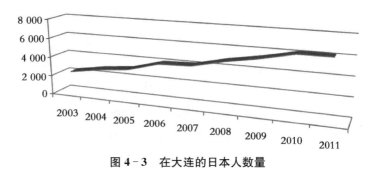

图4-3 在大连的日本人数量

说明:此图根据日本外务省海外在留国人数量统计数据绘制而成。

进入2000年以后,大连市内的日本人数量增长还有一个重要原因,即日资企业和其他外资企业在大连设立了专门服务于日本客户的客户服务中心。在这些客服中心工作的大多是日本女性。

---

[1] 参考日本贸易振兴机构关于东北三省日语人才的统计资料(2012)。

例如，住在日本的日本客人购买了电脑以后，如果打电话到制造地的客服中心，电话就会被接到大连的客服中心。美国企业从20世纪90年代开始通过把客服中心设在印度的方式，为公司节省了大量经费。以前的大连客服中心，大多雇用日语流利的中国人接待日本客人。由于日本顾客更希望享受到母语是日语的日本客服人员提供的服务，再加上用较为低廉的薪金也能雇用到年轻的日本人，所以大连的客服中心开始雇用日本人。但是，年轻的日本人一般是为了积累海外工作经验和学习汉语才来到大连工作的，所以很多人在这里工作几年以后，就会以薪水太低为由辞职回国。当然也有人从中掌握了信息技术，汉语水平大幅提升，在大连找到了更好的工作并定居下来。

广州、深圳、东莞三地经济联系十分紧密，这一区域被称作珠江三角洲。从20世纪80年代开始，这里的加工贸易产业蓬勃发展。其运营模式是，从香港进口原材料，在珠三角地区加工成成品，再经由香港出口到其他国家。以前，这里主要都是香港企业，20世纪90年代开始出现台资企业和日资企业。日资企业在香港设立分公司，向香港派遣职员，由他们出差到珠三角地区的工厂进行产品的监管。因此，2000年以前这三个城市的日本人数量并不多。但是2000年以后，由于在业务上出现劳资关系纠纷等复杂的问题，日资企业开始向珠三角地区派遣常住人员（图4-4）。

进入2000年以后，不仅是广州，深圳、东莞的日本派驻人员数量也在急剧增长。例如，20世纪90年代，深圳有1 000名左右日本人，但是2000年以后成倍增长，2011年达到4 730人，目前仍在持续增长。东莞1990年仅有日本人数百名，截至2011年已经增加到2 831人。不仅派驻人员的数量在增长，当地录用者的数量也在增加。珠三角地区的工资水平比中国北方城市要高，在北京或大连留学的日本学生毕业后也会到珠三角来找工作。他们起初对广东

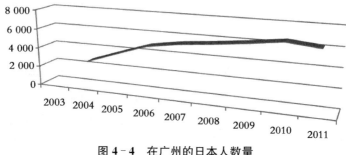

图 4-4 在广州的日本人数量

说明:此图根据日本外务省海外在留国人数量统计数据绘制而成。

省并没有多大兴趣,只是在招聘会上听说珠三角地区的收入不错才选择了这里。另外,广州、深圳、东莞都跟香港有很密切的联系,很多已经打入香港市场的日本餐厅和日资超市都开始进军珠三角市场,所以这些城市的生活环境对日本人来讲越来越方便。

综上所述,上海、北京、苏州、大连、广州、深圳、东莞这些中国内地的城市,其自身都有一定的特点。例如,北京是中国的首都,大学和研究机构较集中,所以日资企业在这里成立研发中心,这里的日本人社会以研究人员和留学生为主。苏州所在的江苏省和广州、深圳、东莞所在的广东省集中了很多日资制造企业,这里的日本人社会的核心是这些企业派遣的职员。大连有很多信息技术关联企业,很多会说日语的中国人和年轻的日本人在那里工作。

尽管它们各有特色,但同属第一集团的上述城市的日本人社会也有共同点。那就是 2000 年以后派驻人员数量急速增长,日本人社会发展迅速。但是由于派驻人员在中国生活 3—5 年就要回国,所以他们跟当地的中国人一般无法保持长期的交往。所以说,这些城市的日本人社会跟中国社会在经济上被紧密地捆绑在一起,但是却难以建立超越经济利益的长期交往关系。北京、苏州、

第四章　在华日本人社会——综合篇

广州的日本餐厅

　　与上海和香港相比，广州的日本人社区较小，日本菜也没有那么受欢迎。但是这几年新开了很多日本餐厅，不但有拉面和寿司，还有烤肉、烤肉串、生鱼片等，菜式多种多样。

广州的日本人社会的形成，源于日资企业以经济利益为目的的各种活动，期望在这些地方定居、跟当地的中国人结婚的日本人占很小一部分。

　　相反，在第二集团的中国香港、中国台北、新加坡，日本人社会跟当地社会正逐步融合到一起。20世纪90年代以前，这些城市的日本人社会也是以派驻人员为核心，是一个相对封闭的社区，跟当地社会的联系很少。但是20世纪90年代以后，期望获得永久居住权的当地录用者、跟当地人结婚的日本人数量都开始增加，日本人社会呈现多样化的发展趋势。正如2000年以后的香港，以大企业为主的日本人俱乐部会员数量开始减少，以当地录用者为对象的同好会越来越多。希望取得永久居住权的日本人数量逐渐增加，中国香港、中国台

北和新加坡的日本人社会正逐步实现与当地社会的融合。

第二集团的共同点是：男性和女性数量基本相同[1]；移居者中有5%以上有长期定居的愿望[2]；这里的日本人社会已经进入成熟期。例如，20世纪70年代后半期，日资企业开始进军台北，日本人派驻人员开始到台北工作。20世纪80年代，日资企业开始建设电子制品、电器机械工厂，日本制造的电器制品开始渗透到生活在中国台北等大城市的中产阶级家庭中。20世纪90年代，台湾地区从日本大量进口电器制品、电器机械、化学制品和金属等，给台湾地区带来大额的贸易赤字，台湾地区和日本的贸易关系一度上升为政治问题。但是，现在台湾地区基本保持贸易顺差的状态，日资企业最新的技术进入台湾地区，有助于培育台湾地区在信息技术等新兴领域的产业，这一点是得到了共识的(Jetro, 2012)。

如上所述，20世纪90年代以前的日本人移居者大多是日资企业派遣的派驻人员。但是20世纪90年代以后，与台湾人结婚来到台湾地区的日本人越来越多。另外，随着台北大学教育的发展，到这里留学接受高等教育的人，被台北当地企业录用的电子制品、电器机械方面的中老年技术人员也有增加的趋势。[3] 台北的日本人社会跟香港一样，步入2000年以后开始呈现多样化。现在，自发来台北的日本人数量比派驻人员还要多(图4-5)。[4]

---

[1] 美国和欧洲的日本人社会里，女性比男性多。而亚洲各国的日本人社会里，男性数量占压倒性优势(外务省，2012)。亚洲地区男性日本人移居者有207 467人，女性只有124 329人。但是在香港，男性有11 858人，女性10 703人，数量十分接近。在新加坡，男性有13 756人，女性12 276人，虽然男性居多，但差距并不明显。

[2] 新加坡总计有26 032名日本人，其中1 578名为永久居住者。新加坡的永住权比较容易获得，高技术和高学历人才不用两年就可以取得资格。

[3] 关于台湾地区的日本人社会的内容，参考金户幸子的研究(金户，2009；金户，2011)。

[4] 台北的人口数量从2006年开始缓慢增长，推测可能是由于自发来台北的日本人逐渐增加。

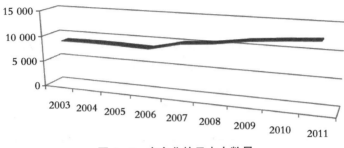

图 4-5 在台北的日本人数量

说明：此图根据日本外务省海外在留国人数量统计数据绘制而成。

外国人去台湾地区短期旅行（90 天以内）可以享受免签证政策，90 天以上 180 天以内需要申请"逗留签证"，180 天以上需要申请"居留签证"。这些签证都有有效期，所以移居者需要时常更新。更新签证需要所在单位和所就读的大学开具证明，所以移居者不能随意跳槽。但是在台湾地区生活连续超过 5 年，就可以申请"永久居留签证"。取得永久居留签证以后，就不必每次更新签证，也可以自由地换工作。所以，在台北的日本人社会中，"永久居留签证"被当作一种社会资本而受到重视。[1][2]

日资企业组成"台北市日本商工会"，以促进业务交往，谋求日资企业之间的和睦相处。台北市日本商工会的理事会由台湾地区进出口日资企业的分社长组成。大部分理事就职于大型贸易公司、大型银行和大型电器制品公司，理事长从他们中间轮流选举产生。台北市日本人商工会还负责运营"台北日本人学校"，这所学校主要为派驻人员的子女提供教育。台北日本人学校所开设的课

---

[1] 参考金户幸子的研究（金户，2009）。
[2] 现在，居住在台湾地区的日本人有 22 396 人，其中有 1 823 人希望取得永久居住权（外务省，2012）。

程内容跟日本国内几乎相同,有将近1000名儿童在这里就读。另外,其他日本人协会的活动也很丰富。特别是日本人妇人会,举办气功、汉语会话、中国画等跟中国有关的讲座,以及学习和了解世界其他国家的体育和文化讲座。此外,还有印度的瑜伽同好会、网球同好会、合唱同好会、卡拉OK同好会等等。另外,跟台湾人结婚的日本人也比较多。这些日本人大多数汉语水平都很高,可以到台湾公司工作,去台北的大学读研究生进行自我升值,他们更容易融入当地的生活中去。在台北,还有很多经营日本菜馆、日式服装店、杂货铺和家具店的个体经营者。

可见,到20世纪90年代为止,台北的日本人社会主要以派驻人员为中心,是比较封闭的。但是20世纪90年代以后,随着当地录用者和个体经营者数量的增加,日本人社会越来越多样化,与台北当地人之间的关系也越来越密切。

新加坡跟中国香港和中国台北同样属于汉语圈,也是跨国公司大量进驻的全球化大都市。日本人在20世纪70年代后半开始移居到这里,逐渐形成新加坡的日本人社会。进入2000年以后,日本人数量基本上维持在2万人上下(图4-6)。

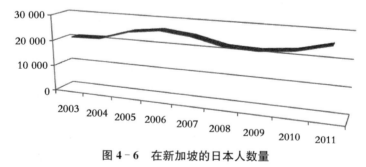

图4-6 在新加坡的日本人数量

说明:此图根据日本外务省海外在留国人数量统计数据绘制而成。

日资企业于20世纪50年代开始进驻新加坡,当时还仅限于部分大型贸易公司。1962年新加坡日本人俱乐部成立,1965年日语杂志《南十字星》创刊。20世纪70年代后半期,除贸易公司以外的制造业、服务业都开始进军新加坡市场,日本人派驻人员随之大幅增加。1976年日本人学校新校舍落成,1984年日本人学校中学部新校舍竣工。随后,随着日资企业派驻人员数量的增加,日本人学校的学生数量开始增长,现在3个校区加在一起的学生数量已经超过1 000人。

从20世纪90年代开始,新加坡的日本人社会出现较大的变化。以前,日本人社会的核心是日资企业的派驻人员,90年代以后自发到新加坡谋求发展的日本人越来越多,特别是以英语作为工作语言的日本女性大量涌入这里。这些女性在美国或英国学习英语,原本希望在美国和英国继续工作。但是在英国,没有工作经验的外国人是很难取得工作签证的。所以,具备英语工作环境且容易取得工作签证的新加坡成了她们的首选。20世纪90年代,日本人国内经济不景气,日企开始裁员削减经费。对企业来说,如果向新加坡派遣职员,公司就要承担他们的房屋租金、孩子的教育费用等等,所以派驻人员给公司带来巨大的经济负担。为了节流,公司减少了派驻人员的数量,因此在新加坡当地就出现了职位空缺。20世纪90年代会说日语的新加坡人是很少的,所以会说英语的日本人就变得抢手。在这种情况下,日资人才中介在网上招募符合要求的员工。其结果是,曾有在英语国家留学经验的日本人女性开始到新加坡工作。对日资企业来说,会说英语的日本女性是最适合的人选,并且由于她们是当地录用者,所以公司只需要按新加坡当地的标准向她们支付报酬,就可以为公司缩减开支。这些女性为了实现在海外工作的梦想来到新加坡生活,当然也有人因为对工资上的差别对待不满而离开新加坡回到日本。但是,其中很

多人都希望在新加坡取得永久居住权。

到2008年金融危机以前，在新加坡比较容易取得永久居住权。移居者的学历和收入越高，取得资格的时间就越短，有些人只需要1—2年就可以取得永久居住权。所以，派驻人员在那里工作几年以后也可以获得这一资格。但是，现在取得永久居住权的条件越来越高，至少要在新加坡生活5年。所以现在在新加坡取得永久居住权的日本人大多是跟新加坡人结婚，或以当地录用者的身份在新加坡工作很多年的人。希望取得永久居住权的日本人当地录用者中，很多人的英语和汉语都很好，他们还跟新加坡人一起组织同好会或同窗会。

可见，中国台北、新加坡的日本人社会跟中国香港的日本人社会有很多共同点。这些城市的日本人社会在20世纪70—90年代都是以日资企业的派驻人员为核心的。日本人社区也是以派驻人员的妻子为中心开展活动的。但是从20世纪90年代后半期开始，由于日本本土经济不景气、海外的日资企业削减经费、经济全球化、年轻女性海外留学越来越普遍、年轻人海外就职的流行等等原因，在这些城市的日本人社会里，当地录用者的增长速度开始超过派驻人员。在日本人社区中，除以前的以大型企业为主的日本商工会这样的组织以外，开始出现以当地录用者为对象的各式各样的同好会、信息交流会等等。最近，生活在中国香港、中国台北、新加坡的日本人之间的交流也越来越多。例如，各个城市都有日本人足球队，每年举办东亚足球比赛。有的足球队员借助这样的交流机会，到各个城市累积人脉，寻找下一个移居目的地或目标职位。可见，中国香港、中国台北、新加坡的日本人社会在跟当地社会融合的同时，也开始跨越国境跟其他地区的日本人社会发生联系。

从以上分析中可以看到，上海、北京这样的中国大陆城市的日

本人社会与中国香港、中国台北、新加坡三个城市的日本人社会之间存在巨大的差异。上海、北京的日本人社会以派驻人员为中心，而派驻人员一般在当地工作3—5年就会回国，所以很难与当地社会维系长期稳定的关系。其结果，使这些地区的日本人呈现出相对封闭的状态。而中国香港、中国台北、新加坡三地的日本人社会虽然在2000年以前也存在上述情况，但现在，当地录用者和希望取得永久居住资格的日本人越来越多，这些地区的日本人社会已经开始跟当地社会构建起长期的互助关系。

第二节　性别导致的社会地位差异

在中国的每个城市，日本人社会形成的历史和目前的发展状况都不一样。但是它们共同的状况是男性与女性在社会地位上的差异。男性多为派驻人员，处在高收入阶层；女性多为当地录用者，处在低收入阶层。这种状况在对新加坡等国际化大都市的研究中也可以看到，派驻人员与当地录用者之间的差距往往跟男女性别差别在很大程度上是重叠在一起的（Ben-Ari and Yong，2000；Wong，1999；Aoyama and Sabo，2011）。本调查发现，在中国也存在类似的情况。日本企业在向海外派遣员工时，一般只选择男性，在中国的派驻人员就几乎全部是男性。相反，当地录用者中女性占大多数。这可能是因为很多当地录用者都是学习了汉语以后希望在中国发挥自己的语言优势才来这找工作的，而在日本的大学或是语言学校里学习外语的人大都是女性。也有受访者对我说，现在女性的派驻人员也在增加，但在实际的调查中，想找到一位女性派驻人员却十分困难。派驻人员只能选男性而不能是女性，似乎已经成为日本企业的一致信条。公司的理由是，把女性职

员送到国外工作存在安全隐患,也会降低她们的结婚机会。有一位在贸易公司工作的受访者说,在他们公司,女职员就是男职员结婚的候选对象。女职员需要花时间在日本的同事中寻找结婚对象,公司是不会把她们派到海外去工作的。这种男女差别对待使得女性失去了赴海外工作的机会,也剥夺了她们拥有海外生活工作经验和受到锻炼的机会。一位年轻的男性派驻人员这样说:

> 我就是因为是男的才被选中的。我们公司的管理层不认为女职员到中国工作有什么好处。公司好像担心,年轻的女职员来中国工作会错过结婚的时机。而我是个男的,所以没那么急,就算在中国待上 5 年,也才 32 岁而已,回日本再结婚也不成什么问题。而且,在这里工作对女性来讲是很危险的,像郊区那种地方,治安是较差的。

(男性,20 多岁,派驻人员)

日本企业不派女职员到海外工作还有一个很重要的原因。据一位受访者说,在中国,日资企业的经营方式很老套,为了拉拢新客户、为了维系客户关系,经常要带客户去居酒屋和卡拉 OK 应酬。像贸易公司、物流公司这种行业,很多重要的合同都是靠跟客人在居酒屋和卡拉 OK 套关系才签回来的。管理层认为,女职员并不适合这种营销模式。

然而,日本企业不派遣女职员的这种制度并不能说是合理的。管理层所列举的理由主要围绕安全、错过结婚时机等问题。但是,中国的社会环境对女性来说真的很危险吗?很多女性受访者都表示,上海治安良好,很安全,晚上街上也灯火通明,没感觉到有什么不自在。而且,前面所提到的调查也显示,派驻人员多居住在有 24 小时保安的高级公寓,这些公寓的附近就是使馆区,是最安全的区域,根本感觉不到任何危险。第一点,错过结婚时机,也很难讲得

通。就人口比例而言,在中国的女性比男性少得多,单身女性完全有可能在上海找到适合结婚的日本男性。特别是最近,很多日本公司为了削减经费都派单身男性来这里工作。另外,受访的女性中,跟中国男性结婚的也大有人在。她们说,中国媒体上所展现的日本女性的形象往往都是很美好的,所以很多中国男性会对日本女性抱有好感和善意。从以上分析可以看出,日本企业所列举的种种理由并不具备说服力,那只不过是公司男女差别对待的表现罢了。在职场中,男性拥有决定权、发挥核心作用,女性起辅助作用、处在边缘位置,这是日本传统的性别分工。这种性别分工受到来自以美国为中心的女性主义运动的批判,日本在1986年颁布了《男女雇佣机会均等法》,明令禁止雇佣中的性别歧视,但男性仍然承担更重要的责任、被放在待遇良好的职位上,而女性则承担责任较小、待遇较低的工作。传统的性别分工在今天的日本依然没有实质性的改变。

派驻人员以男性为中心,女性群体的核心则是派驻人员的妻子。这些派驻人员的妻子,在日本人社区中表现得极为活跃。来中国以后,有阿姨帮忙带孩子、料理家务,她们自己有大把时间发展兴趣爱好。一位40多岁的派驻人员的妻子说:

> 在这里,我不用工作,能一直跟老公、孩子在一起,每天还能辅导孩子的功课。

> (女性,40多岁,派驻人员[1])

另一位30多岁的派驻人员的妻子说:

> 如果跟老公吵架了,我就一个人去酒吧喝酒。这里有很

---

[1] 派驻人员的妻子也用"派驻人员"来标注。虽然她们本身不是作为派驻人员来上海工作的,但她们享受着与派驻人员一样的生活,所以归类为派驻人员比较合适。

多很棒的酒吧,女生一个人去也不会惹来奇怪的目光。在这里,有保姆帮忙照看孩子,连做饭、洗衣服也不用我自己动手。我有大把时间去听听讲座或者学点什么。两年以前,我开始学习法语,去年开始每周去练习舞蹈。下课以后跟一起上课的太太们聊聊天。想想在日本的时候,又要工作又要照顾家庭,把自己弄得忙得要命,相比之下,这儿可真是天堂啊! 我本人是不想回日本的,不过如果老公的公司决定让我们回去,我也没办法。

(女性,30多岁,派驻人员)

派驻人员以外的受访者经常批评派驻人员的社区是很封闭的。主要指,派驻人员没有加入中国当地人的社区,也没有加入以欧美人为中心的国际社区,而是一群日本人按照日本社会的规则聚在一起。的确,派驻人员的妻子们会很热心地去参加日本人学校的家长会、仅以日本人为对象的文化讲座,很少与包括中国人在内的外国人接触。一位派驻人员的妻子这样说:

我觉得自己好像生活在一个小村子里,每天看到的人都是一样的,朋友的闲言碎语一下子就传到我这儿了。所以有时候觉得喘不过气来,总是忍着,还要看周围人的眼色。但是没办法,孩子们都在一起上学……有的人跟丈夫的工作是有关系的,我不能只考虑自己,任意妄为。

(女性,30多岁,派驻人员)

很多女性为了陪丈夫来中国而辞去了自己在日本的工作。她们本来也想发挥自己过往的工作经验,在上海找个工作,但大多数人找不到这样的工作。也有人通过丈夫的关系找到兼职,但多半跟她们自己的专业没什么联系,而且,跟丈夫相比自己的薪水实在微不足道,所以这些工作并没有什么吸引力。因此,大部分派驻人

员的妻子都选择不工作,在家相夫教子,专心地做一名家庭主妇。

　　与这些经济富足的派驻人员妻子不同,有些母亲用一己之力抚养着自己的孩子。特别是近年来,当地录用者中,单亲妈妈的数量有所上升。在日本,单亲妈妈的生活是十分严峻的。夫妻离婚后,母亲往往会争取孩子的抚养权,履行抚养的义务。但一边抚养幼小的孩子一边工作并不是一件轻松的事情,而且政府在这方面所给予的资助也十分有限。再加上,时至今日单亲妈妈仍然要承受苛刻的世俗眼光,有些人甚至连父母的帮助也得不到。这种社会现状使得单亲妈妈面临离开日本的艰难抉择。在日本,就算月收入达到 30 万日元,如果请保姆来帮忙照看孩子,就要用掉 20 多万。幼儿园、保育院的费用很高,而且入园名额有限,想找到一个离家近、各方面条件又比较好的地方是十分困难的。很多妈妈不得不忍受每天接送途中的辛劳。但是在中国,每个月花几千块就能请到一个很好的保姆,还能帮忙接送孩子上下学。有一位受访者是 30 多岁的单亲妈妈,她有两个孩子。在来中国之前,她用自己一个人的收入艰难地抚养着两个孩子。在结束长达 7 年的家庭主妇的生活之后,她重新回到工作岗位,却只能从低收入的合同制员工做起。

　　　　当初在中国找到工作决定来这里的时候,很担心将来会怎么样,好几天都睡不着觉。我没在海外生活过,也不会说外语。但有一个朋友,她跟我一样也是单亲妈妈,她在中国工作,还一直叫我赶快来、赶快来……现在,我在一家高级餐厅里担任楼面经理。这里的薪水确实比在日本时少,但还是能存下一些钱的。下班以后,约其他的单亲妈妈们一起去喝喝酒,好像自己回到了 20 多岁一样。

　　　　　　　　　　　　　　　　　　　　(女性,30 多岁,当地录用者)

在上海生活的受访者们都频繁提到志同道合的朋友的重要性。在海外的生活中，能找到跟自己境遇相似的朋友，不但可以缓解压力，还可以让彼此都轻松起来。在调查过程中，我们可以发现女性之间结成了各种各样的社团：有职业女性的社团、小孩子妈妈的社团、给孩子读儿童读物或小人书的社团，也有帮助中国贫困儿童的社团等等。在这些组织中，会员们不仅互相帮助，还举办各种募捐活动，希望能为社会做一点贡献。特别是2011年日本福岛海啸之后，这些团体组织了各种慈善活动，把募集到的善款捐赠到灾区。可以说，男性之间以通过交往积累人脉为目的，而女性群体以贡献社会为第一目标。她们不愿被封闭在日本人社会这个小圈子里，而是积极地跟中国人社区展开合作，举办各种活动。例如，在中国农村援建小学的项目中，日本成员负责向日资企业筹措资金，中国成员负责调研农村的教育环境。很多女性当地录用者都有过在中国留学的经验，汉语能力比男性派驻人员好。派驻人员的妻子，因为每天都要为一家人的衣食住行操心，所以对中国社会有浓厚的兴趣。因此可以说，女性群体并不是局限在日本人社会当中的，而是向中国社会敞开了大门。

第三节　媒介环境与移居的变化

日本人社会越来越多样化。他们从日本移居到中国，已经超越了国境的限制。但在日本人社会中仍然存在"派驻人员与当地录用者""男性与女性""日本与中国""国家与个人""自我认同与国籍"这样的界限。有人认识在日本公司上班的日本人朋友，周末总是在日本人俱乐部度过；也有人认识在外资企业工作的中国人朋友，周末总是跟很多不同国家的人一起远足。有人按照公司的安

第四章 在华日本人社会——综合篇

排几年之后就会离开中国,也有人对未来没有特定的计划一直待在中国。他们通过移居中国调整了自己在日本社会中的角色,获得了一种使自己感到愉悦的生活方式。中国受日本人文化影响数十年,有很多日式餐厅和日本超市,在这里生活跟在日本没什么两样。受访者充分利用了自己会讲日语、能提供日式服务的优势。一位在中国企业工作的日本派驻人员这样说:

> 我们公司的客户大都是日本企业,付款稳定,文化相同,工作起来比较顺畅。虽然我们公司的社长是中国人,但他一直都是跟日本客户打交道的。不过,以后说不定情况会有所变化。

(男性,40多岁,派驻人员)

正如上面这位所说的,尽管他在中国生活,在中国企业工作,但客户都是日本公司,所以日式的周到细致的服务就成了他在工作中的附加价值。大部分移居者不管是上班还是在家都讲日语,私人时间也会利用网络跟踪日本的时事新闻,看日本的电视节目,跟日本人朋友吃饭或外出旅行。即使是以中国市场为对象的私营业主,也以自家产品是日本制造为卖点来保持产品的高品质形象。受益于当今东亚地区日本文化的传播,在香港和上海这样的大城市很容易获得日本的信息,日本产品因品质高而受到广泛的认可(Iwabuchi,2004)。在这样的环境中,日本人移居者根据场合的不同而选择不同的日本人自我认同。当日式价值观使他们感到压力、限制他们自由的时候,他们就跟日本人身份保持一定的距离。当日式价值观能够在工作和生活中为他们提供便利的时候,他们就强调自己的日本人身份并加以利用。以前,有些移居者因为战争记忆而隐藏自己的日本人身份(Sone,2002),而在日本商品充

斥、日本文化被广泛接受的今天的中国（岩渊，2001），会说日语、是日本人成了他们借以谋生的手段。

更有趣的是，不论是派驻人员还是当地录用者，所有的受访者都使用网络从日本的电视或报纸获取信息。有的受访者经常使用国际长途电话或 Skype（中文名：讯佳普）跟日本联系。他们说：

> 之前用 Skype 参加了（日本的）高中同学的忘年会，大喝了一通，高兴极了。我们还计划下次再办新年联欢会。
>
> （男性，20多岁，派驻人员）

> 以前上学为了学英语的确也会看英语节目，但坚持不了多久，现在都是上网看日本电视。在 Youku 上能看到很多日本电视节目，电视连续剧就买 DVD 来看……每周跟妈妈通一次国际长途，也会聊聊天，不过还是跟朋友发 E-mail 比较多。
>
> （女性，40多岁，当地录用者）

> 在香港能买到日本的漫画和杂志……公司有日文报纸看。还有就是网络了。Twitter 上都是日本人，能跟朋友保持联系。
>
> （男性，30多岁，派驻人员）

可见，他们尽管移居到了中国，但通过网络和国际长途电话跟日本保持着紧密的联系。报纸和电视等媒体方面，除了 Newsweek 等一部分英文报纸以外，几乎全部以 NHK 或《读卖新闻》等日文报纸为主。他们还上网收看日本的电视节目。有了网络，居住在中国的日本人就可以拥有跟在日本一样的媒体环境。

对一般的人来说，在以往，跨越国境移居到另一个地方是一生一次的重大决断。以前很难获得外国的信息，交通费也很高，国家间的制度还不完善。但是，现在通过网络可以即时获得外国的信

息,交通费越来越便宜,各国间税制和年金制度都有一定的协议。特别是中国香港、新加坡等历史上就吸收了大量移民的地区,为了争夺国际人才正展开激烈的竞争。因此,日本人想移居到这样的地方就更容易了。日本经济结束高增长向成熟型社会转型,人们不得不根据社会环境的变化而作出相应的选择。生活在这样环境下的日本人自然会拿自己当下的生活状况去跟其他全球化城市相比。其结果,他们为了寻求自我实现、追求适合自己的生活方式而跨越了国界。对他们来说,香港不过是众多选择中的一个。在从前,跨越国界的移居会带来周围环境的完全改变,被当作一生只能有一次的选择。但在21世纪的日本这样的发达国家,跨越国界开始被当作一种自我实现的手段被消费。打算离开现居住地、移居到其他地方的受访者们这样说:

> 我已经在香港住了9年,正跟老公讨论要不要去别的地方。香港的生活挺刺激的,在这也交到了一些朋友,但不打算一直在这里待下去。我还年轻,希望在自己还有工作能力的时候多体验一些不同城市的生活。

(女性,30多岁,当地录用者)

> 现在的生活很开心。跟朋友组了一个乐队,我负责作曲,工作也有条不紊……的确,跟公司的合约就快到期了,有一天可能不得不离开这里,不过IT工程师到哪里都差不多……下一个地方,我想是新加坡或者上海吧。好不容易学会了汉语,还想多用用呢。

(男性,20多岁,当地录用者)

对日本人移居者来说,像上海、香港这样的全球化城市全世界逐渐增加,香港成为其中一个可能的选择,并不是唯一的选择。日本人移居者是很满足地生活在现居住地,还是会再次跨越国界移

居到其他城市,这取决于个人的经济状况和社会状况。正如前面所分析的一样,来中国的派驻人员和当地录用者之间在选择上存在很大的差异,而这种差异是由他们不同的身份所决定的。一般情况下,派驻人员供职于国际化企业,有可能到世界上其他地区的分公司工作,所以他们选择不在某一个城市定居,而是在全世界范围内移居。而当地录用者不受终身雇佣制度的保障,即便在跨国公司工作,只要喜欢现在的地方,还是有可能在这里定居下来。在中国生活的日本人,并非跟日本完全断了联系,而是频繁地回国或是通过网络跟日本保持联系。在他们中间,有人在寻找下一个移居地,也有人计划回日本照顾年迈的父母。

以前,一个人的居住地跟自己所属的社区一般是一致的,住在东京的人属于东京社区,住在福岛的人属于福岛社区。但是,如今生活在中国的日本人移居者不止参与到一个社区之中。许多移居者通过Skype和Google+跟自己在故乡的亲朋保持联系。有人在线参加中学同学会,有人利用网络每周跟家人进行长达几个小时的交谈。同时,他们也会参与所在城市的社区活动,包括:喜欢红酒的人每周一起品酒,不仅有日本人,还有中国人、欧美人;喜欢音乐的人每天去二胡学习班,周末也跟一起学二胡的朋友聚在一块;等等。一方面,他们通过网络维系着与故乡的联系;另一方面,他们也参与到所在城市的社区活动中。因此,在华日本人移居者同时属于故乡和所在城市两个社区。

(本章承蒙香港理工大学研究基金[P0009591]资助研究经费)

第五章　日本社会的失落与怀旧

第一节　日本社会的失落与昭和怀旧

当询问对移居地的印象时,移居欧美的日本人普遍表现出"对欧美的憧憬"。而采访在华的日本人时,受访者对中国的印象和感情是多种多样的,其中出现最多的是"怀旧"这个词。中国与日本在地理上存在较远的距离,提及"怀旧",恐怕很多人都会感到意外和不可思议。但是对许多受访者来说,中国勾起了他们对记忆中"古老而美好的日本"的思念。许多日本移居者听到"中国"这个词语时,就想起他们在中学时代学习过的《论语》《孟子》等汉典古籍,以及《三国演义》《水浒传》等古典小说。同时,也有很多人提到,中国近年来经济高速增长,现代中国人对商业充满热情,与中国相比,现在的日本毫无生气,他们已经很久没有感受过如此强烈的社会能量了。另外,他们觉得,在中国,家庭成员和亲属之间的联系较为深厚,也经常互相扶持。而在日本,这样的家族关系早在上一代甚至是上两代就已经不复存在了。就连十几岁和二十几岁的年轻受访者也表示,在今天的日本,已经很难找到像在中国这般深厚的情谊了。尽管十几岁的学生从未亲眼见过数十年前日本人之间的交往方式,但他们说,以前的日本存在亲密的友谊关系,而在今天的日本却不存在了。

少子老龄化使日本的平均年龄急速上升。对老龄化加剧的现代日本来说,毋庸置疑,"过去"将会变得越来越重要:电视上经常播放怀念昭和时代的节目,怀旧音乐也很盛行;书店里,有关昭和时代的书籍泛滥;影院里每年都会上映描写过往美好社会生活的电影。怀念昭和时代的社会和文化的风潮被称为"昭和怀旧"(浅羽通明,2008)。这种现象一般出现在生长于经济高速增长时代的

人身上,他们往往对自己的少年时代和青年时代产生怀旧的情绪。那时,人们的生活发生着巨变,每一年都有诸如电视、冰箱、小汽车这样的新商品出现,每个人都能感受到生活的蒸蒸日上。特别是1946—1954年出生的人们,不但正值二战后日本生育高峰期、人数众多,而且政治上也有较大的权力,在日本被称为"团块世代"(团块の世代)。怀念昭和时代的电影和电视剧多从当时的小学生和中学生的视角进行描写,就是为了与这些"团块世代"所经历的童年时代相契合。展现昭和怀旧情绪的典型作品是以1958年(昭和三十三年)的日本为背景拍摄的《ALWAYS 三丁目的夕阳》(2005)。这部电影吸引了超过200万人观看,票房收入超过32亿日元,并获得多个电影奖项;在2006年日本电影金像奖的13个评选项目中夺得12项大奖;2006年12月在电视台播放,收视率超过20%。随后,描写1959年(昭和三十四年)日本的《ALWAYS 续集·三丁目的夕阳》(2007)和第三部《ALWAYS 三丁目的夕阳》(2012)也接连上映。《ALWAYS 三丁目的夕阳》展现了20世纪50年代东京市井民众在困苦生活中相互扶助的故事。剧中人物包括经营小型汽车修理铺的一户人家、从青森到东京找工作的女学生、梦想成为作家的青年、替父还债沦为脱衣舞娘的女性等等。电影用计算机影像技术再现了东京塔、上野车站和有轨电车。导演试图通过再现20世纪50年代东京面貌的方式,勾起人们脑海里"记忆中的东京"形象,以"昭和怀旧"的方式告诉世人,我们的"生活虽然困苦,但内心充实",心中充满着希望。同时,也通过展现昭和时代温厚互助的人际关系,反衬今天的世态炎凉。许多社会学者指出,昭和怀旧中所表现的过去,是被选择和被美化的过去,与现实中的过去存在偏差(浅冈,2005;浅羽,2008;片桐,2007)。当时的东京,由于贫穷,犯罪事件和家庭暴力事件屡屡发生。而在人们的记忆中,这些不好的部分往往被忽略,只强调那些好的部分。因

此，有学者认为，昭和怀旧并不是将过去忠实地再现，而是为反衬现今的社会关系、价值观和利益关系而将过去进行重组罢了（寺尾，2007）。总而言之，"昭和怀旧"不仅仅是对过去的美化，更是通过有目的性地将过去进行重组的方式，来推动现代社会认知的发展，以及表达对现世的不满。这些不满是多种多样的。"团块世代"到了60岁就会退休，面对百无聊赖的退休生活，人们感到不知所措。工作时他们被后辈和同事所需要，但退休后却很难维系与这些人的关系。上班时他们从不过问家务，也不曾照顾孩子，与孩子、孙子的关系比较淡薄，加上自己连饭也不会做，退休后在家庭中很难找到立足之地。他们退休前是家庭的经济支柱，但退休后连家务也不会，他们不知道自己能给家里怎样的贡献，因此信心大减。这些人对自己身处的环境产生不满，就会问：为什么现在的生活不像以前那样一天比一天过得好呢？为什么没有什么事情让人感到有希望呢？为什么人际关系这样淡漠呢？为什么没有人需要我呢？这样一来，在他们心里，就构建了一个蒸蒸日上、充满希望、人际关系深厚、人人都需要自己的时代，他们把这样的时代想象成自己童年时经历的昭和时代，并将其作为美好的过去封存在记忆中。

第二节　脱亚论与亚洲主义

对很多日本人而言，这个重组的过去是超越了国境的。日本人对中国抱有怀旧情绪，绝非偶然。日本与中国之间有上千年的文化往来，特别在近世以前，日本文化受中国文化的影响很大。从遣隋使、遣唐使时期至江户时代，日本从中国吸收技术、宗教、知识，这些都对日本的生活和文化产生了重大影响。不仅如此，了解日本传统艺术的人都知道，其中所包含的中国文化的影响也是不

第五章　日本社会的失落与怀旧

容忽视的。茶道作为日本传统文化的代表，虽然是在日本发展起来的，但是饮茶的习惯、茶叶的制法本身都是平安时期经由遣唐使从中国引入的。再把目光转到语言方面，日本自古以来一直使用汉字，日语的平假名和片假名的字形也是从汉字转化而来的。欧美取代中国开始影响日本，是从19世纪中叶开始的。近世时期，由于中国的海禁政策和日本的锁国政策，两国之间几乎没有正式往来，但东亚地区仍存在以中国为中心的册封制度和朝贡制度（茂木，2009）。但进入19世纪，东亚的国际格局被英法的坚船利炮打破了。明治维新开始后，不仅是日本与欧美列强的关系，日本与以中国为代表的亚洲各国之间的关系也被重新定义。通过近代化手段建设新日本的趋势使日本与邻国间的关系变得复杂。当时出现了很多讨论这一话题的著作，迄今为止最有名的是福泽谕吉的"脱亚论"[1]。日本为尽快实现国家的近代化，向欧洲和美国派遣由政治家和学者组成的文久遣欧使节团和岩仓使节团。使节的船只途经上海、香港等亚洲港口城市。不难想象，这些人的经历对日本后来的政策有很大的影响。福泽谕吉就是以翻译的身份在1861年跟随由德川幕府派遣的文久遣欧使节们一同前往欧洲的。途经香港时，他目睹了英国人是如何对待中国人的，这使他亲身感受到帝国主义和殖民主义的威胁。他在《脱亚论》中认为，西方文明将会像麻疹一样传播开来，无可避免，日本将成为唯一一个自己主动接受西方文明的国家。他以朝鲜1884年甲申政变的失败为例断言，

---

[1]《脱亚论》是1885年3月发表在《时事新报》上的一篇社论，并没有署名。这篇社论被收录在1933年石河干明主编的《续福泽全集》第2卷（岩波书店）中，才被推测是出自福泽之手。但是2001年名古屋大学名誉教授安川寿之辅和静冈县立国际关系学院助教平山洋分别发表文章《福泽谕吉是否蔑视亚洲各国》和《这篇社论是否出自福泽谕吉之手》，就《脱亚论》的作者问题展开讨论。可见，关于《脱亚论》的作者是谁的问题，日本国内尚无定论。

亚洲各国仍处在抗拒近代化的旧制度之中,而日本应该尽快推进近代化。

另一种声音是亚洲主义[1]思想。这种思想认为,面对欧美列强的威胁,亚洲各国应该团结起来,共同抵抗。所谓亚洲主义,是一种旨在团结亚洲各国力量的思想。但不同时期、不同思想家对它的定义差别很大。有的思想家认为,亚洲各国之间应该互相开放,一起实现近代化;有的认为,日本应该在亚洲寻求合作伙伴,或是与亚洲其他国家合并。思想家们的主张往往根据国际形势的急速变化而发生转变,因此导致了上述认识上的差异。另外,即便名义上同为亚洲主义者,但由于出生地和所属机构不同,思想家们的立场也很不一样。亚洲主义者中的大多数人,在明治早期主张日本与亚洲各国建立对等和平的合作关系。但江华岛事件、壬午事变和甲午战争相继发生后,随着情势的变化,把侵略中国和朝鲜视为正当的对外强硬论开始成为主流。日俄战争以后,日本依靠其军事实力成为亚洲的盟主,开始支援亚洲各国的革命势力,并谋划将来在亚洲建立新的秩序。这一思想最终发展成"东亚共同体"理论,并被昭和研究会确定为国策,进而演变成日本帝国的"大东亚共荣圈"构想,使侵华战争被合理化。竹内好是日本著名的鲁迅研究专家,也是翻译家。他认为,以和平方式扶植亚洲各国的思想与扩大日本领土的思想是相互冲突的,不可能同时成立,而这两者在当时的学者和政治家的头脑中是被混为一谈的(竹内,1963)。起初以和平扶助为理想的亚洲主义,结果却成为殖民朝鲜半岛和中国东北这一暴力事件的理论依据。如上所述,日本与亚洲其他国家的关系自19世纪中叶以来愈发复杂。由于欧美列强的存在,尽管在地理位置上日本毫无疑问仍身处亚洲,但在思想上却已经将

---

[1] 亚洲主义在明治中期以前被兴亚会称作"兴亚论"。

亚洲视作他者。下一节将从东方主义理论视角剖析这一构造。

第三节　日本的东方主义

日语中的"东洋"一词意义内涵令人捉摸不定。"东洋"有时指包括日本在内的亚洲全境，有时指除日本以外的亚洲各国。Stephen Tanaka 追溯了江户时期至明治时期东洋一词意义的变迁（Tanaka, 1993）。最初，与中文意思一致，单纯指"东方的海洋"。那时中国商人把印度洋称为"西洋"，把爪哇岛周边的海洋称为"东洋"。但是江户时代的数学家、思想家本田利明（1744—1821）在《西域物语》一书中，把欧亚大陆一分为二，西边称为"西洋"，东边称为"东洋"。那以后，从佐久间象山（1811—1864）到白鸟库吉（1865—1942），一直把"东洋"作为与欧洲相对立的概念来使用，例如"西洋的技术·东洋的道德"。日本学者开始把"东洋"当作与"西洋"的物质主义相对立的精神主义来使用。他们把中国的哲学和思想作为"东洋"精神主义的代表，与"西洋"的物质主义相抗衡，试图说明日本接受了中国的哲学和思想，并正确地继承了"东洋"的精神主义。在1903年出版的冈仓天心的《东洋的理想》中，就强调日本保留了亚洲文化的传统。冈仓天心指出，亚洲文化是优雅的、崇高的、和谐的文化，印度文化和中国文化传入日本后，在日本被充分融合，日本是"亚洲文化的博物馆"。并认为，日本作为新兴的亚洲强国，有义务重现过往的美好，并与西方抗衡。他们把西方描绘成只有技术没有道德的他者，相反，"日本"具备所谓的"东洋"特质，在道德上处于上位。在这里，"日本"与"东洋"被描绘成共同拥有亚洲文化和历史的同一的概念。但是，随着日本帝国主义殖民地政策的推进，"日本"和"东洋"的一体化逐渐成为问题。京都

帝国大学历史学家内藤湖南(1866—1934)把巴黎会议后中国国内兴起的抗日运动看作"年轻人的无知",而并非是"对日本的抗议"。白鸟库吉继承了兰克(1795—1886)的实证史学研究方法,但由于白鸟和他的弟子无法通过史料批判方法验证日本和亚洲其他国家的历史性联系,最终,他的学说成了日本政府殖民地政策的帮凶(Tanaka,1993)。实证主义研究方法注重事实依据,而在当时,日本与亚洲其他国家在军事实力和生产力水平上存在巨大差异,这一点被认定为事实。在研究中,朝鲜和中国并非作为有独立意志的主体,而被界定为是接受调查的对象,开始被描述成与日本异质的"无知的他者"。

萨义德(Edward W. Said,1935—2003)在其著作《东方主义》中指出,欧洲在中东地区的形象被美化的同时,欧美列强的帝国主义、殖民地主义野心也被合理化了。在欧洲的文学作品和电影里,过分夸张地描绘了中东地区的文化和生活,把它们描写成美好的过去抑或无知的他者。在欧洲人的想象中,中东文化呈现出与欧洲文化截然不同的表象,将其与欧洲文化区隔开来,并将其对象化。欧洲人头脑中建构了中东这样一个"无知的他者",并把它与自己的欧洲文化相比较,借以验证欧洲文化的先进性和优越性。为了了解欧洲人是谁、欧洲文化是什么等一系列问题,他们构建了一个作为比较对象而存在的他者。在这一过程中,欧洲铁蹄暴力侵占他国的事实被掩盖,只有那些对欧洲人自己有利的过去被保留下来,中东文化被当作"无知的他者"抑或"美好的过去"而被表象化。这就是东方主义的原理。基于这一原理,欧洲人开始认为自己是正确进化了的人,而中东人是无知的他者,有必要对他们施行正确的引导。东方主义理论与日本明治以后出现的脱亚论和亚洲主义思想如出一辙。起初,日本把"西洋"当作他者,所以才有了把日本和亚洲融合在一起的"东洋"概念,这里忽略了西方各国的

差异，只把西方当作物质主义的、缺乏道德的文明。[1] 相反地，日本被看作代表"东洋"精神主义的、拥有优秀历史的国家。后来，日本吸收西方各国的技术，接受西方文化，把自己逐渐从亚洲分割出来。这一次，亚洲各国被看作落后于时代的"无知的他者"或是日本的"美好的过去"，但其复杂性和地域间的差异性却又被忽视了。中国、朝鲜、印度、蒙古、泰国、越南、菲律宾，这些国家无论在地域上还是历史上都各不相同，每个国家都有自己独特的文化，但这一切都被简单地概括为"落后的亚洲"。无疑，这种认识是为了证明实现西方近代化的日本的优越性而被建构起来的。在这里，日本的帝国主义企图被掩盖了，亚洲复杂的文化和历史被有目的性地曲解和取舍。结果，亚洲各国被贬损为应该接受日本指导的无知的他者，或是受欧洲列强压迫的弱者。这种思维方式使日本对亚洲各国的侵略变得正当。

直至二战结束以后，这种思维方式依旧存在。美国人类学家珍妮弗·罗布森（Jennifer Robertson）发现，日本报章和论坛上频繁出现"国际化"（国際化）和"家乡建设"（ふるさとづくり）这两个词语（Robertson，1997）。"国际化"意味着打开国门，欢迎来自世界各地的人们，接受海外的各种价值观，经济政策上与自由市场主义紧密关联。"家乡建设"意味着重新审视故乡的价值，保护传统，与从乡愁延伸出的保护主义密切相关。表面上，这两个词语的意义完全相反。但是，二者又是辩证统一、互为补充的。从文化角度

---

[1] 一元地看待西方的思想叫作西方主义。它是与"东洋"相对立的概念，多指处在基督教文化圈的欧洲各国和美国。但是基督教里也有天主教、东正教、新教之分，地域上，欧洲和美国的文化差异也很大。即便同属欧洲地区，在西欧、东欧、北欧、南欧，由于语言和风俗的差异，也不能进行一元的分析。那里的居民虽多为高加索人，但也有像巴斯克人那样"来历不明"的"异类"。因此，西方主义和东方主义都被批判为是按照自己的目的来利用他者的思想。而东洋/西洋二元论，也存在忽略了中亚、南北美洲、非洲、大洋洲等其他地区视角的嫌疑。

来看,日本人的生活越国际化,自己过往的生活似乎就越显得不可思议。自己所生活过的地方越变化,自己的过去就越是呈现出一种崭新的文化面貌。所谓"国际化",就是"国际化的未来的日本"与"尚未国际化的现在的日本"的二元对立。人们之所以设想"国际化的未来的日本",是因为他们更倾向认为"现在的日本"正处于发展进程之中,必然会接受新的文化并发生相应的变化。另一方面,所谓"家乡建设",就是"传统的过去的日本"与"忘记传统的现在的日本"的二元对立。之所以想要构建"传统的过去的日本",是因为"现在的日本"已经丢掉了传统,有必要把失去的东西一一拾回。"国际化"与"家乡建设"看似背道而驰,但同样基于改变"现在的日本"这一出发点。从这个意义上来讲,二者对社会变化走向的期待是异曲同工的。为了决定该去向何处,人们总是会反问从何而来。明白了从何而来,自然就可以找到去向何处的答案。为了走向所谓"国际化"的未来,"家乡"作为过去被建构起来,正因为作为过去的"家乡"是测量现在进步程度的基准,所以人们可以基于这个基准去设想"国际化"这个未来。明治维新以来,正因为有了对"未来的预想"和对"过去的构建",在日本这个国家中才形成了所谓的日本人自我认同。每个生活在日本的人都有各自不同的过去,把不同地域、不同身份的人们简单地统一成"过去的日本"是很难的。而每个人的未来都与其今天的生活和环境相关,想把所有人的未来都统一成"日本的未来"也非易事。但是,当把日本的过去和未来的本质归结到改变现在的日本这一要素上,并建立起一种理论以后,那么生活在日本的所有人就拥有了共同的过去和未来,在这种幻想的作用下,所有人都会想要努力地改变现在的状况。

19世纪中叶,欧洲列强的战舰出现在日本周边海域,在日本统治层和知识界立即兴起了不西方化即被殖民地化的言论。由此,

就有了对日本"未来的预想",即一个西方化以后的日本。士农工商的身份制度,幕府、朝廷、大名的权力分割,通通被否定。人们在这种感召下不得不改变自己,从此,"日本人"作为一个国民概念被定义下来。然而,尽管人们预想着西方化后日本的"未来",但当现实中政治、社会、文化发生剧烈变化的时候,又会问自己,我们究竟是谁?为了回答这个问题,就必须要构建一个传统的日本的"过去"。构建过去的日本,就是承认,今天我们作为日本人这一整体正在发展,以前,我们同样是作为日本人这一整体一路走来的。日本人论就是最好的代表。日本人论认为,日本正确继承了东洋的文明,日本人自古以来就在天皇的庇佑下过着和谐的生活。日本人的自我认同是在对过去事实选择性地接受的基础上构建起来的。对"未来的预想"也好,对"过去的构建"也罢,都不过是为了让生活在日本这片土地上的人们能够共有同一个自我认同而已。

亚洲许多国家都曾一度沦为日本的殖民地,日本人对亚洲是否带有些许怀旧的情绪呢?罗纳多·罗萨尔多(Renato Rosaldo)在论文"Imperialist Nostalgia"中对风靡20世纪80年代的电影《热与尘》(*Heat and Dust*)、《印度之行》(*A Passage to India*)、《走出非洲》(*Out of Africa*)、《上帝也疯狂》(*The Gods Must Be Crazy*)表现出强烈的愤慨(Rosaldo,1989)。这些电影以非洲和印度等旧殖民地为舞台,描绘出一幅当时的白人统治阶级与当地人和谐相处的优美图画。白人通过暴力手段成为统治阶级的事实,以及当地人的痛苦生活,在经过电影的艺术处理后,被巧妙地抹去。这使得欧美的观众不仅完全忘却了他们曾经的罪行,而且大言不惭地感怀殖民地的文化。他们感到"传统的"非洲和印度文化是如此美好,并加以怀念。罗萨尔多把这种现象称为"帝国主义者的怀旧",即帝国主义者怀念被自己亲手破坏和改变的文化。正如人们幼年

时代的回忆并非都是天真无邪的,但许多人在回想起自己幼年时代的时候,往往总倾向于认为它是天真无邪的一样。同样地,帝国主义者一边亲手破坏了非洲和印度的文化,一边以天真无邪的姿态去怀念那已经逝去的文化。这其中存在着矛盾的帝国主义者的怀旧,即一边亲手杀了它,又一边怀念着它。日本人内心恐怕也有类似的帝国主义者的怀旧成分。二战中,日军向正处在欧美列强压迫下的亚洲各国极力宣扬,日本能够解放这些国家。而实际上,朝鲜半岛、中国东北、东南亚各国和太平洋地区岛国等先后被日本占领。本研究中所调查的上海,19世纪70年代起日本人便移居至此建立租界,1941年上海公共租界全部被日本人占领。其后,移居上海的日本人数量激增,1943年时已超过10万人。在日本的统治下,上海这个城市在文化和社会方面都发生了很大的变化。香港的情况也与上海类似。1941年12月英军战败至1945年二战结束,其间的3年零8个月,香港一直处于日本军队控制之下。这期间,香港人口骤减,香港这座城市被日本军破坏得面目全非。套用帝国主义者的怀旧这一理论,可以说,现在的日本人对被自己亲手破坏的上海和香港也充满了怀旧的情绪。这一章中所提及的昭和怀旧、亚洲主义、东方主义和帝国主义者的怀旧等进化主义历史观,给日本人对中国的印象带来巨大影响。这个影响是复杂的,并且根据移居者的年龄、出生地和性别的不同,存在很大的差异。实地调查显示,在移居上海和香港的日本人的想象中,并非上述某一种思想起到了决定性的作用,而是每一种思想都起着一定的作用。

那么,上述历史性原因能够解释在华日本人移居动机的全部吗?在港日本人是受东方主义的影响而移居香港的,还是因为对未知文化充满向往而来到这里的?在沪日本人是为了实现日本的亚洲主义而移居上海的,还是梦想着东亚是一个共同体而来到这

里的？他们的移居是源于帝国主义者的怀旧，还是源于对殖民地时代上海和香港的想象，抑或是因为中国能使他们回想起古老美好的日本？这些问题并没有清晰的答案，正如上文已经论述的，日本人的移居是由日本的经济原因、社会原因等一系列错综复杂的因素交织在一起所产生的现象。不能把中日的历史关系简单地理解为日本人移居中国的直接动机。现在的上海和香港既不像以前的殖民地，也并非人口意义上的国际城市。的确，这里有很多跨国公司和外国百货商店，经常举办国际电影节和时装展，汇集了世界各地的美食。但是居住在香港的93.6％是华人[1]，外国人口仅占6.4％，而上海的外国人口还不足1％。[2] 作为21世纪中国的大都市，上海和香港都表现出不同以往的崭新面貌，且这种变化仍在继续。看到今天的上海和香港，恐怕很难想象它们20世纪前半叶的样子。[3] 大多数移居上海和香港的日本人对它们的历史知之甚少，对20世纪前半叶两座城市的样子更是毫无所知。很多移居者甚至连它们与日本的历史联系都一无所知。他们不仅对这两座城市曾经的模样没有明确的印象，在提起上海和香港时，甚至很少有人表现出感伤的情绪。

---

[1] 据香港特别行政区政府(2011)统计，香港总人口7 071 576人，其中华人6 620 393人，占93.6％。外国人中最多的是印尼人，137 403人；第二位菲律宾人，135 083人；第三位英国人，33 733人。日本人位居第11位，有13 852人。由于香港政府统计局和日本外务省的统计方法不同，因此在港日本人数量存在差异。香港政府的数据是基于当年度访问调查的人数得到的，而日本政府的数据是根据递交到领事馆的居留回执的数量计算出来的；且一般认为两种数据都漏计了大量人数。

[2] 根据上海市政府(2010)统计，上海总人口23 206 600人，其中外国人152 050人，占总人口比例不足1％。外国人中日本人最多，有31 490人；美国人其次，有21 284人；第三位是韩国人，有20 700人。上海市政府和日本外务省的统计数据也存在一定出入。

[3] 受访者中有人对历史很有兴趣，对过去的上海和香港满怀憧憬。但是这只是极少的个例，他们中有的因为自己的父辈出生在上海，有的是研究中国历史的留学生。

那么，他们所表现出的"怀旧"又是什么呢？他们在"怀旧"中国的时候，往往会把现在的日本拿出来作为比较的对象。有一位受访者是工作多年的公司职员，他一直对日本的年功序列制度存在疑问。还有一位女性结合自身状况说明了育儿和工作难以两全，她们觉得在公司里难以从男性同事那里得到充分的帮助，并为此而感到苦恼。大学生批判日本企业采取的新人录用政策抹杀了毕业生的个性。中年职员为只许成功、不许失败的日本企业文化感到疲惫不堪。退休的人觉得周围的人不再需要自己。这些人都对日本的社会现状深深地感到不满。在这种情况下，顺理成章地，他们对中国产生了怀旧情绪。很多移居者都对过去那个为工作疲于奔命、受世俗束缚的自己表现出否定的态度。他们梦想着能够重回曾经的那个和谐愉悦的社会，梦想能够找回曾经的理想的生活方式。为了逃离苦不堪言的日本式的生活方式，为了追求曾经存在的理想，他们来到了中国。其实，他们所追求的不过是一种幻想，即幻想如昭和时代一般的过去是美好的，幻想只要在日本以外的地方就能过愉快舒适的生活。为了满足这样的幻想，他们来到了上海和香港。选择这两座中国大城市的原因主要有两个：一是中国现在经济高速增长，和日本昭和时代所经历过的高速经济成长期十分相似；二是上海和香港对日本文化接受程度很高，这里有适合日本人的生活环境。这两座大城市刺激着这些移居者的想象力，成为实现他们追求逝去的幸福和重获理想生活幻想的最合适的舞台。这些移居者"怀旧"的对象，既不是过去的日本，也不是过去的中国，而是他们自己脑海中所"想象的过去"。

第六章　在华日本人的自我认同

第一节　日本人的自我认同

以上从经济、社会、文化等角度分析了日本人移居中国的动机,特别是文化动机受到历史上的亚洲主义和东方主义思想的巨大影响。那么,在上述复合动机的驱使下来到中国生活的日本人,又形成了怎样的自我认同呢？为了分析在华日本人移居者自我认同的变化,有必要考察他们准备来中国时的感受,以及他们是怎样和他人进行沟通的。比如,一位移居到上海的日本人这样说:

> 有些事儿待久了才发现。我当初来中国的时候,觉得上海发展势头很猛,吓了一跳。在日本的时候,也看过中国电影,还看过一些旅游杂志,但来到这里才发现,完全不一样。刚开始只觉得这里有好多高级餐厅,中国人也很风趣,可时间长了才感觉到有多不方便。有时候找公司的中国同事帮忙,但总是词不达意。那会儿自己的汉语不好,根本猜不透对方的想法。

（男性,30多岁,派驻人员）

这位受访者已经在上海住了5年。在采访中他多次谈到,日本人以为的常识在中国根本就行不通。这种因移居到一个新的国家而带来的困惑或混乱被称为文化冲突。[1] 其实,文化冲突不仅发生在跨国移居的情况下,在同一个国家中有着不同社会经历的人群之间也普遍存在。比如,一个在办公室工作了几十年的人,突然被调到车间工作,就有可能因为工作气氛、工作方式、同事关系

---

[1] 参考 Macionis, John, and Linda Gerber(2010)。

等方面的改变而产生文化冲突。但是一般情况下,文化冲突这一概念用于分析一个人到新的国家留学或旅行,接触到新的文化时所产生的精神上的不安状态。这个概念适合分析移居1年左右的短期精神状态。但笔者认为,在分析移居者自我认同变化时,有必要了解当事人移居第一年间所遭遇的文化冲突经历,因为早期的文化冲突有可能给移居者留下长期的、难以磨灭的影响。

具体而言,因为接收到自己处理不完的信息而产生的精神上的紊乱,叫"信息过剩";无法顺利地进行交流,自己想说的话无法准确地表达,叫"语言障碍";跟相近年龄层的人能够比较好地相处,但跟其他年龄层难以沟通,叫"代沟";排斥电脑等新兴科技,叫"技术拒斥";过分依赖朋友或家人,叫"过度依赖";拒绝融入新环境,对旧环境恋恋不舍,叫"恋家";等等。这些问题是普遍存在的,并非只有移居到新环境的人才需要面对。例如,在现代社会,"信息过剩"是普遍存在的问题。网络、广播、报纸、书籍、手机等等都是信息源之一,人们根本没办法应对这么多信息。如果勉强自己一定要正确处理所有信息,那么就很容易形成巨大的精神负担。这种情况并非在移居别国时才会出现,而是经常出现在我们的日常生活中。另外,"语言障碍"也随处可见。即便是说同一种语言的人们,也有可能因为社会阶层的差异而难以交流,从而出现词不达意的情况。移居到新国家时,以上这些问题都会伴随其他文化冲突一起表现出来,这是已经被社会学和心理学研究所证实的。[1]上述日本派驻人员的话语可以用于分析文化冲突产生的初期到中期阶段,即蜜月期到磨合期的状况。[2] 社会学研究里,一般把文化

---

[1] 参考 Pedersen, Paul(1995); Barna, LaRay M. (2009)。
[2] 关于文化冲突阶段的划分方法,有三期、四期和五期划分法。这里采用最有代表性的4期划分法。主要参考 Roces, Alfredo R. (2006); Milstein, T. (2005)。

冲突分为四期,即文化冲突的四个阶段:第一阶段是蜜月期;第二阶段是磨合期;第三阶段是适应期;第四阶段是接受期。

蜜月期指到达新国家的前三个月左右。这期间,移居者往往会发现很多新事物和新体验,为新的文化所倾倒,对异国事物、外国人的生活习惯感到新鲜有趣。由于还没有掌握移居地的语言,跟同族来往较密,且比较依赖他们,对他们感觉格外亲切。这也是一个适应新住所、新工作和新生活的时期。由于为了适应新生活需要做很多努力,所以忙得连想念亲人和过往生活的时间都没有。一位男性派驻人员这样回忆自己初到上海时的情形:

> 那时太忙了。我的前任还有3周就要回国了,我们必须在他回国之前完成交接。虽然在日本的时候对工作内容也有一些耳闻,但具体到银行到底在哪里、怎么去这样的细节,就一无所知了。还有,我租房子才用了1天,只看了3处就定下来了。那种速度感,真的很爽,有一种"终于来到上海了"的感觉。还有,我的部下是个会说日语的年轻人,我的保险、政府部门的相关手续,都由他包办了。那时的感觉是,在中国效率真高,真好啊!

(男性,40多岁,派驻人员)

尽管他回忆起初来上海的情形时描述得虽忙碌却愉悦,但如今,已经在上海生活了4年的他,只想早点回日本。一位在香港日资贸易公司担任秘书的日本人这样说:

> 刚来的时候,每天都像做梦一样。Steven帮了我很多忙。带我去海边,去吃海鲜,去有意思的地方玩。跟他在一起还能练习英语,很开心。在日本的时候,我下班以后去英文学校补习,学得很刻苦,却没有开口的机会,在香港这种机会很多。买东西的时候还会试着说一点汉语,如果人家听懂了,我就会

特别开心。

（女性,20 多岁,当地录用者）

她已经来香港 4 年了。在她的话语中出现的 Steven 是她在日本时在网上认识的朋友。刚来香港时,他们经常见面,Steven 是她生活中重要的一部分,但朋友渐渐多起来以后,两人就变得疏远了。另一位在上海的留学生这样说:

> 当然,细节上肯定有很多不一样。比如,交作业的方式,日本都是发邮件,可这里是上课时当面交给老师。这倒让我感到挺新鲜。老师写板书的方式也不同,我的老师字写得太漂亮了。还有,我的同学很多都是外国人,我经常用蹩脚的英语跟他们聊天,特别有意思。我还交了很多中国朋友,有时候在一起什么也不干,就只是聊天也能聊好几个小时,悠闲得很。星期天有时会去看别人下围棋,一看就是一天,很放松,感觉特别好。对了,第一次跟日语系的学生去学校食堂的时候,他帮我打了好几个菜,真有点受宠若惊的感觉,那时就在想,中国人真是热情啊。

（男性,20 多岁,留学生）

可见,移居中国的日本人也经历了所谓的蜜月期。他们沉浸在崭新的生活体验中,把故乡、家人都抛到脑后了。但是仔细看上面的三个例子不难发现,他们各自的经历其实存在很大差异。比如,第一名派驻人员在描述中国时使用的是"效率高""速度感"等词语,而那位留学生说的是"悠闲"和"放松"。可见,即便同为蜜月期,感受也是因人而异的。派驻人员来中国的目的是工作,他的生活模式在来中国以前就已经被决定好了——一般是外派 3—5 年,然后回国。从他的话语中可知,新一任的派驻人员跟他前任的相处时间只有短短几周到几个月,所以他必须要在规定时间内完成

工作交接，包括在前任的陪同下去拜访客户、银行、采购商、工厂、会计师事务所和律师事务所等等。就连居住的公寓、吃饭的餐厅等等生活琐事，也多依赖前任的介绍。与此相对，当地录用者的工作内容虽然是由公司来决定的，但私人时间是可以自由支配的。他们大多会选择跟公司同事或网友结伴外出。当地录用者都是自己选择来中国的，一般都对中国文化和汉语有浓厚的兴趣。所以，在蜜月期，对他们来说，能练习汉语会话本身就已经是很大的乐趣了。留学生的情况跟当地录用者类似。上课的时间是固定的，但课外时间是很自由的。他们一般会利用这些时间去旅行，努力结交中国朋友，以便学习汉语和了解中国文化。由此可见，同为日本人，但由于"派驻人员""当地录用者""留学生"之间社会身份上的差异，他们的经历截然不同，他们所感受到的文化冲突的内容也相去甚远。再比如，同样是派驻人员，不同年龄层之间也存在很大的差异。例如，一位居住在上海的50多岁的派驻人员在接受采访时表示，他对中国毫无兴趣。来中国以后他仍然坚持只吃日本菜，除非有特殊状况或工作需要才会勉强去中国餐厅就餐。但是另一位同样居住在上海的20多岁的派驻人员，到上海的第一天就开始去汉语学校了，采访中他表示对未来中国经济的发展充满信心。另外，男女差异也会带来不同的文化冲突体验。一位在香港的20多岁的女性受访者说，来香港以后得知日本女性在这里很受欢迎，非常惊讶。她还在这里有了第一次被男性搭讪的经历。所以在她看来，香港男人很外向，又很体贴女性，很不错。而另一位同样20多岁的男性就抱怨说，香港女人很强势，很难打交道。所以说，同样是日本人，也会因为社会阶层、年龄、性别等方面的差异，导致他们蜜月期的体验大不相同。

第二阶段是磨合期。磨合期的长度从3个月到6个月，因人而异。进入这个阶段，蜜月期的兴奋感已经荡然无存，取而代之的是

明显感到自己的文化跟新文化之间的差别。如果遇到不顺心的事,就会感到很不愉快,或者觉得都是别人的错。具体而言,如语言不通、出行安全问题、饮食卫生问题等等,都是移居者关心的大问题。有人会因此而郁郁寡欢、大发雷霆,情绪变得反复无常,甚至有人会出现身体上的一些症状,如失眠、过度睡眠、厌食症、过食症等等。这其中,最大的问题就是沟通困难。一位派驻人员这样说:

> 农药太可怕了。新闻上也有一些报道,可实际上根本搞不清楚到底用了什么药,真是吓死人啊。有一次在超市买回来的大头菜,洗的时候就发现叶子里裹着塑料袋,怎么洗也洗不净,最后只能扔掉。从此以后,就再也不想在那家超市买东西了。想一想,在中国可能到处都是这个样子,就决定以后只到日资超市去买东西了。
>
> (男性,40多岁,派驻人员)

这位派驻人员在日本媒体上看到报道,说中国的蔬菜都被喷洒了农药,就对此深信不疑。大头菜里边夹有塑料袋不过是一次偶然事件,但他却得出结论认为中国的蔬菜都有问题。移居者对移居地的全部事物都抱有怀疑是文化冲突磨合期容易出现的典型症状。还有一位派驻人员这样说:

> 让我感到震惊的是,这里的一些人居然随便乱倒垃圾,简直难以置信。明明再走两步就有一个垃圾桶,却随手扔在大马路上。这在日本根本不可能……还有,妈妈不带孩子去厕所,就让孩子在马路上随地小便,当事人看不出有半点儿难为情,就那么堂而皇之……这都是我亲眼见到的。我还听说,中国的老太太也喜欢在马路上随地小便。
>
> (男性,30多岁,派驻人员)

上述派驻人员都表现出文化冲突磨合期的反应。道听途说的话,仅仅经历过一次的事情,都被他们夸大成某一个群体的特征,这种情况在心理学和社会学研究中被称为刻板印象。[1] 刻板印象指人们用自己能够理解的方式对周围环境所赋予的意义。例如,移居者为了让自己能够更好地生活,需要了解移居地的制度和那里的人们。但是,制度和人群是复杂多样的,想要完全了解是十分困难的。所以,移居者往往夸大自己所掌握的十分有限的信息,简单地把它看成对当地人的概括和解读。比如,"美国人都是个人主义者""日本人都是集体主义者",这些言论都属于刻板印象。其实谁都知道,美国人里也有集体主义者,日本人里也有个人主义者。而且,美国人口超过3亿,没有办法用某一个简单的词语就能把这3亿人都概括出来。但人们还是习惯使用粗略的刻板印象把原本复杂多样的美国人概括成"个人主义者"。尽管刻板印象有助于帮助人们对其他事物和人群建立初步的认识,但事实上却往往会误入歧途。刻板印象在大多数时候都是错误的。[2] 前面提到的派驻人员,因为看到一个中国人在路上乱丢垃圾就认为中国人都是这样的。这就是刻板印象的典型例子,其实仔细想一想就知道这是不可能的。得出这样的错误结论不过是因为他从主观上忽视了中国人是一个复杂多样的群体,以及即便是生活在同一个国家的人,也会因为社会阶层等各种原因而做出不同的行为。同时,他还忽视了地域差异的问题,例如农村人和城里人的行为方式是存在差异的。然而,在文化冲突的磨合期,为了缓解自身的压力,移居者往往会得出一些武断的结论。他说在日本绝对不可能有人乱丢垃圾,但事实上并非如此,所以他话语中对中国和日本的简短评价其

---

[1] 参考 McGarty, Craig; Yzerbyt, Vincent Y.; Spears, Russel(2002)。
[2] 参考 Judd, Charles M.; Park, Bernadette(1993)。

实并不准确。这种刻板印象有可能会带来严重的偏见和歧视。但处在磨合期的人们还是会频繁地使用刻板印象去解读自己身边的事物。

> 刚来的时候觉得挺好的,慢慢地就烦了。来的时候是秋天,气候也很好。但是到了冬天就很冷,真是不敢相信,上海的房子居然没有暖气……还有汽车,就贴着你身边那样开过去,真是吓人。在日本开车怎么也得跟行人保持 1 米左右的距离,在这儿也就 30 公分。我带儿子一起出门的时候,眼睛就光顾盯着汽车,一出门就担惊受怕得不得了。还有一回坐在出租车上,眼看着对面有辆车逆行过来,出租车司机按了几下喇叭而已,好像习以为常似的。从那以后,我就越来越害怕出门了。
>
> (女性,40 多岁,派驻人员)

> 在这里买不到想买的衣服。款式不错的颜色不好,有时候甚至会想,这是什么鬼颜色啊,真奇怪……商场里卖的都是便宜货,根本看不上眼,所以我只买欧洲品牌的衣服,但总觉得这些牌子在中国卖的货质量好像差一点似的。再看马路上那些人的衣着搭配,真是奇怪,怎么会有人品位那么差呢。
>
> (女性,30 多岁,派驻人员)

她们总是提到在中国生活的烦躁感。其他她们并没有遭遇过车祸,不过心里却总是隐隐地感觉自己迟早有一天会遇到这种倒霉事。在文化冲突的磨合期,经常会出现这种过分不安或对某一件事耿耿于怀、挥之不去的情况。不想见人也是典型现象之一。这种症状被称为逃避社会,特别容易出现在派驻人员妻子身上。她们大多是家庭主妇,来中国几个月以后就会感觉到语言不通的困扰,连买东西这样的小事也要花费相当大的精力。而且,来到新

的环境,跟他人的交往过程中也并非一帆风顺。所谓的语言障碍,不单纯指语言本身的问题,还包括身体语言。人们在交流过程中经常会使用语言以外的其他信号。但是,在日本很通用的信号在中国却变得行不通了。当移居者无法正确对待和认识这种情况时,就会产生很大的心理负担。其实,突破语言障碍只需要反复多次去尝试就可以了,但派驻人员的妻子不需要工作,既不是非出门不行,也不是非跟谁见面不可,所以她们会选择去24小时便利商店那样不用说话也能买东西的地方购物,或是只跟为数不多的几个日本朋友见面,并不会主动地去适应新的环境。这种状态就是逃避社会。日资企业已经意识到派驻人员妻子在这方面的问题,所以积极地举办汉语讲座,以及组织派驻人员妻子之间的联谊会。但是,当她们见到跟自己丈夫的同事有关系的人时,就会不自觉地表现出与丈夫职位相称的言辞举止。因为如果跟丈夫上司的妻子闹得不愉快很有可能会影响丈夫的工作,所以联谊会不但起不到解决问题的效果,反而成了她们的精神负担。有一位留学生这样说:

> 没有朋友,也没有说话的人,这个环境真是让人感到挺寂寞的。认识的人倒是不少,但大家的想法差得太远了。我弄不明白中国人怎么会那样想问题,总是觉得他们的想法很奇怪,真的很奇怪。慢慢地,功课也跟不上了,心里有点着急。可是我身边的中国学生太刻苦了,我觉得自己怎么学也学不过他们。而且这里的伙食费比我想的要贵,稍微吃点儿好的,马上就没钱了。在日本的时候我是住在家里的,总是由妈妈给我做晚饭的。所以,我很想回日本啊,真的很想回去。

(女性,20多岁,留学生)

这是文化冲突磨合期的典型症状——恋家。比起语言障碍等

第六章 在华日本人的自我认同

其他问题,当无法很好地适应新环境的状态一直持续,移居者就会产生一种想要从中解脱出来的心理,而且这种心理会越来越强。上面这位留学生觉得,中国的学习环境太艰苦了,如果是在日本一定会过得惬意很多。她所想象的日本的学习环境不过是她个人内心的理想状态罢了。她之所以来中国,本来就是由于在日本高考失利,所以对她而言,日本未必是一个好的学习环境。处在磨合期的移居者,当意识到在中国的问题时,就会把责任一味归于中国,相反,把日本想象得过分理想。

可见,在文化冲突的磨合期,移居者开始否定移居地的文化和环境。但具体情况也是因人而异的。前面提到的派驻人员觉得中国卖的衣服质量差,都是便宜货,可留学生却觉得这里物价太高,难以承受。有一位当地录用者这样说:

> 以我的工资,不是哪里都住得起的。虹桥那种日本人很多的地方,我是住不起的。当然,市中心更贵。所以我住的地方,上班要一个多小时。早上挤公共汽车,真是叫人头疼。
>
> (女性,30多岁,当地录用者)

文化冲突的第三阶段是适应期。一般发生在移居之后的半年到一年左右。这个阶段,移居者已经基本适应了新的环境,找到了适合自己的生活方式;对身边的事物不再那么好奇,能够进行基本合理的预判;遇到自己难以理解的事情,也懂得怎样去应对。可以说,已经具备了处理各种问题的能力。对那些无论如何都难以接受的事情,并不是一味地抵触和排斥,而是把它们当作当地文化特色的一部分,用比较积极的态度去看待它。例如,有一位派驻人员这样说:

> 前阵子在ATM机柜台排队取钱,有人插队。我想制止他,但汉语说得不好,对方好像没听懂。我就求助旁边的人,

然后其他排队的人就说了他,他就走开了。我遇到了好心人,帮了我的忙。

(男性,20多岁,派驻人员)

上面这位派驻人员在出现问题的时候,想办法解决并付诸行动,就表示他已经进入了适应期。采访中他还讲述了自己是如何解决工作中遇到的麻烦的。有一位当地录用者这样说:

在这儿,就连坐火车,也不是像日本那样当天买票当天走,总得提前10天左右预约才行。有一次火车票送错了,从那以后,我就养成了检查车票的习惯。还有打车,每次出差,打车的时候总是先跟司机讲价。慢慢地明白怎么回事儿了,我现在打车也跟当地人一个价儿了。

(男性,30多岁,当地录用者)

可见,这个阶段是通过多次失败积累经验、逐渐摸索出适应新环境的办法的调整期。另一位当地录用者这样说:

我在这儿住久了,好像也不怎么觉得这儿是外国,日子过得跟在日本差不多。所以回日本的时候,反而会感到别扭。日本餐厅的服务员笑得好假呀,简直是皮笑肉不笑。点了个日式便当,我不喜欢吃里边的鲑鱼,所以拜托服务员换成青菜,可他冷冷地说"不行"。一点通融的余地都没有,也太程式化了。

(男性,20多岁,当地录用者)

可见,一旦适应了移居地的环境,就可能反而对自己国家的文化习惯感到别扭。这叫作逆向文化冲突。[1] 逆向文化冲突比一般

---

[1] 参考 Woesler, Martin(2009)。

的文化冲突更容易造成问题。经历逆向文化冲突的人往往对自己的反应感到惊讶，他们认为自己跟原本的文化之间不存在语言障碍，理应可以很好地沟通，所以根本想象不到会有逆向文化冲突的状况发生。于是，这种状态就会长久地持续下去。更有人接受了新的外来文化的价值观以后，甚至无法容忍自己出生地的文化。

文化冲突的第四阶段是接受期。一般发生在移居一年以后。在这一阶段，移居者已经完全适应了移居地的环境，生活安排得井井有条。有时会忘记自己的外国人身份，跟当地人的行为方式没什么两样。但这并不意味着他们完全接受了移居地的价值观，或是已经完全被当地的人、事、物所同化。移居者在保持了自己的价值观和文化的同时，对移居地的文化有了越来越深刻的理解。这种状态叫作双重文化状态。处在接受期的在华日本人也是如此。例如，一位派驻人员这样说：

> 跟下属交往久了才发现，原来这些中国人也有很多想法。我一直以为中国人说话都很直接，但其实他们对上司也会有一定的保留。所以，如果不是借着一起吃饭这样的机会跟他们搞好关系的话，是很难知道他们的真实想法的。以前，我总是想把日本人的生意经教给他们，但现在明白了，如果沟通得不够，一切都是白费。特别是我们这种白色家电业，正在走下坡路，如果不好好想想办法，找到对员工、对公司都有利的出路，在这个市场上是混不下去的。
>
> （男性，30多岁，派驻人员）

还有一位派驻人员这样说：

> 日本人做生意讲究层层审批，不拿到所有的许可，是不能执行的，文件的审批流程很麻烦。而在中国，只要社长点头，马上就可以开工。谁当家谁负责，只要社长同意，人事部门、

财务部门都要响应。虽然香港分公司也有很多不尽如人意的地方，比如下属瞒报或设备不齐备等等，但不管怎么说，在这边工作比较容易推进。

（男性，50多岁，派驻人员）

上述派驻人员都对中国和日本的差异进行了客观的比较。他们既不认为日本的处世之道在中国一定行得通，也不觉得中国人的行为方式都是对的。他们注重的不是中国和日本的二元对立，而是在自己的工作中最切实可行的办法到底是什么。一位当地录用者这样说：

我在这里有很多朋友，所以不太觉得因为是中国人就怎么样。我的上司就是一个中国人，但他很守时，当然有可能是他在日资企业工作的关系，上次我迟到了2分钟，被他狠狠地骂了一通……相反，我的中国朋友约会时经常迟到，我跟他见面的时候也会晚到10多分钟。反正打个电话说句对不起就好了，我们互相又不会计较。

（女性，20多岁，当地录用者）

可见，进入接受期以后，移居者身上已经不太会表现出刻板印象。通过在中国的生活经历和与众多中国人的接触，他们开始意识到中国的多样性和复杂性。即使遇到难以理解的状况，他们也会试着想，这背后一定有什么原因。例如，一位当地录用者这样说：

前两天去朋友家，他们家太漂亮了！打扫得一尘不染。可他居然把垃圾扔到外面去，就扔到自己家门口。他们家屋里和屋外简直就是两个世界。这在日本怎么可能！我问他是不是觉得自己家里和门外面是不一样的，他说"那当然了"。

其实,我不太会打扫卫生,下次还想找他好好教教我呢。

(男性,30多岁,当地录用者)

可见,在接受期,即使出现上述那样难以理解的事情,移居者也不会武断地下结论,而是先询问和了解情况。而且,即使一时得不到满意的答案,他们也不会感到焦虑,而是选择先暂时接受。在文化冲突的接受期,个人的反应也同样会受到自身社会身份和经历的影响。比如,有的派驻人员尽管也承认中国人的生意经有可取之处,但仍然坚信日本的才是最好的。所以,他们会向自己的部下灌输日本的行为方式和价值观。相反,当地录用者却未必认可日式价值观的优越性,他们更愿意接受中国朋友的思想,积极地选择适合自己生活方式的做法。这一点跟男女差异是相通的。通常,日本男性带有拥护日式制度的倾向,而女性的拥护度则略低。比如,在日资企业里,女性很少就任管理层。日本女性非常反对这样的现状,并且对中国企业特别是香港企业里没有性别歧视、男女机会均等的状况给予高度评价。另外,跟中国人结婚或者有中国人异性朋友的人,一般对中国的了解会更深入,尤其是在家庭方面。他们大多认为中国的家庭关系比较温存,不像日本那样冷漠。综上所述,在考察在华日本人所面临的文化冲突时,不能忽视他们的身份、性别、年龄和家庭构成等因素。而且,他们的出生地也是重要的指标之一。比如,出生在东京的日本人移居者,会抱怨上海的地铁网络还不够发达;而出生在长野的日本人移居者觉得,有地铁已经很好了,方便得很。如果无视这些差异,就会陷入将文化和民族特质化的刻板印象。20世纪80年代以来,在人类学研究领域,探索一种文化或一个群体拥有某种特质的研究方式受到了极大的批判。所谓某个民族有某一种特质的想法,是对这一民族的多样性和复杂性的忽视,很有可能会导致偏见和歧视。现今的学

术研究，并不试图用简单的语言去概括某一民族的特质，而是着眼于把握民族的复杂性及其内部结构的变化。在华日本人移居者的文化冲突，同样受到移居者各自身份、性别、年龄、家庭结构和出生地的局限。他们正是在这些错综复杂的因素之下，去解读中国是什么、日本又是什么。例如，一位派驻人员这样说：

> 真是想不明白，中国到底是个什么样的地方呢？中国人到底是什么样的人呢？现在有人问我"日本怎么样？"我也不知道应该怎么回答。但我是个日本人，应该有日本人的价值观才对。是勤奋？有礼貌？可能是类似这样的一些印象吧。
>
> （男性，30多岁，派驻人员）

可见，日本人移居者在中国生活一段时间以后，就会开始思考日式价值观是什么、日本人是什么。他们在日本的时候，看日文媒体、跟日本朋友交往，很少有机会意识到自己是日本人。但是来到中国这片土地后，在同中国人和其他国家的人接触的过程中，感受到文化冲突，才开始意识到自己是日本人。另外，身边的中国人和其他外国人会问他们各种有关日本的问题，比如"日本什么样？""日本人什么样？""日本怎么应对环境问题？"于是，他们被迫开始思考有关日本的种种文化特性，并试图得出明确的答案。他们在这种时候所使用的"日本""典型的日本人"这样的词语，往往是受到书籍和媒体上所充斥着的"日本人论"影响的结果。

第二节　"日本人"的形成与日本人论

移民离开自己的国家，在移民国家会受到各种文化的影响，他们中有些人决定回国，而有些人则留在移民国。在这一过程中，移

民的自我认同受到本国和移民国两方面文化的影响而发生改变。自我认同是移民决定回国与否的决定因素。移民的自我认同大致可以分为三类：一是深受移民国文化价值观的影响，忘记本国价值观，被移民国价值观同化[1]；二是移民者在接触到新价值观之后，由于受到人种歧视、性别歧视等原因唤醒对自身价值观的再认识，产生民族身份认同[2]；三是移民者尽管受到移民国价值观的影响，但是通过媒体维系与本国的联系，形成跨国（transnational）身份认同[3]（Appadurai，1996；村井，2007）。从决定移居到成为真正的移民，许多日本移居者的自我认同在日本价值观与跨国价值观之间发生了巨大转变（Aoyama，2011；Fujita，2009；Nagoshi，2007；Kato，2009）。在海外，他们深知自己与当地人的不同，便开始问自己"我具有怎样的价值观""我是谁"？为了回答上述有关自我认同的问题，他们开始应用各种媒体和书籍中所提到的"日本人论"。这一范式不仅适用于居住在海外的日本人，也适用于处于全球化背景下深受海外影响的日本国内的日本人。通过电视、网络等媒介，日本人的自我认同不断发生变化。研究日本移民自我认同的变化，对了解21世纪全体日本人自我认同的变化有很大的借鉴意义。这里首先分析对日本人自我认同产生巨大影响的"日本人论"，理清日本人自我认同是怎样在日本/欧美二元对立的基础上形成的。同时考察在亚洲影响力逐步提升的21世纪，"日本人论"发生了怎样的变化，在全球化发展的今天，日本人的自我认同是如何构建起来的。

---

[1] 从欧洲、非洲、亚洲各地到美国的移民，忘记本国文化，逐渐建构起美国人的自我认同，就是很好的例子。
[2] 现代移民研究中有关于从塞浦路斯、香港移民到英国的论文（Lee，2001）。移民在移民国通过收看卫星电视，对本国文化和思想有了更深刻的理解。
[3] 参照 Appadurai，Arjun（1996）。

何谓日本文化？这一问题不仅受到日本学者关注，长期以来也一直受到外国学者的关注。这些研究中有以上座、下座、鞠躬、敬礼等上下级关系为核心话题的，也有关于真心话、奉承话、尊重、"和"等等倡导集体主义倾向的分析[1]，其中也不乏在"日本人论"领域研究日本思想和日本人价值观的成果。自19世纪迄今，强调日本人特殊性的几种理论曾引起关注。但现在，对这种突出主张日本人特殊性的"日本人论"，也出现了一些反对的声音。第一，认为"日本人论"无法对其研究对象——日本人作出准确定义。许多"日本人论"都以武士、国家官僚等精英文化阶层为研究对象，而没有将大部分的日本人，也就是普通庶民作为研究对象。[2] 第二，"日本人论"将研究对象的地域设定为自东京至京都一带的日本中央地区，而忽视了冲绳、北海道及离岛的多样文化。第三，认为"日本人论"轻视了4世纪以来的中国、朝鲜半岛对日本的影响，以及19世纪以后来自欧美的影响，而过分强调日本自己的文化。尽管有以上种种反对的观点，但"日本人论"自日本明治维新以来一直持续发展。为何关于"日本人论"的讨论至今仍能吸引大批关注者呢？

"日本人论"从19世纪以来就日本人是一个怎样的民族开展了各种各样的探讨。其中大多围绕"日本人是否特殊"这一问题，着重研究"日本文化与其他文化相比是否具有特殊性"。之后"日本人是否特殊"这一论题得以成立，"日本人论"得以引起世界读者的注目，其原因在于，日本是在欧洲文化圈以外第一个积极拥抱近代化的国家。近代化进程中的日本，尽管在城市化、产业化、合理

---

[1] 集体主义与个人主义是进行文化比较时常用的二元对立项。在日本以夏目漱石在1914年发表的演讲"我的个人主义"为代表。但是集体主义与个人主义这一二元对立不能解释集体是依靠个人组成的、个人是依靠集体成立的这种相互回归，所以不适用于现代的学术研究。

[2] 参照 Befu(2001)。

化等诸多方面与欧洲经历了相同的路径,却在保留传统文化这一点上有其自身特点并引发了日本国内外的关注。[1] 围绕近代化在欧洲以外的地区是否可能、近代化过程中传统文化是否能够保留,"日本人论"能够对这些与近代化相关的普遍性疑问作出解答,在这一角度上其被认为是一门学问。这些可以从"日本人论"的变迁中看出。《武士道》(新渡户稻造,1899)、《茶之书》(冈仓天心,1904)等是"日本人论"初期的代表作。这些著作由日本人撰写,目的是向还不了解这个国家的欧洲各国介绍已迈入近代化的日本的情况。这一时期的"日本人论"尽管强调了日本的传统,比如给法国印象主义带去影响的浮世绘等传统文化,但同时带有一个重要的意义,就是宣告日本正在进行与欧洲各国同样的近代化进程。后来以《菊与刀》(Benedict,1946)、《弓与禅》(Herrigel,1951)等作品为代表,由欧美研究者撰写,主要以了解引发二战的日本为目的。由于日本不但实现了和欧洲各国相比肩的近代化成就,而且侵略亚洲其他国家并威胁到欧美各国的利益,因此引起了世界对它的关注。后来,《纵式社会的人际关系》(中根千枝,1967)、《日本人的心理结构》(土居健郎,1973)、《Japan as NO.1》(Vogel,1979)等作品出版,主要目的是为了解二战后的日本是如何奇迹般地实现经济复苏的,作者有外国人也有日本人。其重点是,以日本文化和日本人的性格作为理论依据来解释日本如何从战败废墟转变成为经济大国。由此,"日本人论"作为解释"日本"这一国家如何第一次真正地在非欧洲文化圈地区开展近代化并取得成功的理论依据而存在。因此,其结论往往强调"日本文化是特殊的""日本人是

---

[1] 近代化理论认为,日本的近代化是纯粹的西方化的结果。但是日本文化在家庭制度、宗教观念等核心部分与西方各国存在巨大差异,因此近代化理论在政治经济领域有效,而在文化人类学领域尚不完善。

带有某种倾向的"等等,强调日本文化的独特性。[1]

另一方面,这一理论根据是随着时代的变化而变化的。理论依据随着某一时代日本在世界中所处的国际地位而变化。依据某些理论的确可以得出"日本文化是特殊的""日本人带有某种倾向"这样的结论,但是站在世界上任何一种文化都有其特殊性这一多元文化思想的视角来看,这些结论是理所当然的。问题的本质在于为何某种理论根据会为当时的时代所接受?关于日本人的分析有许多,为何适用于某一时代的理论随着时间的流转就会被其他理论所取代?"日本人论"是在符合当时的日本在世界上所处国际地位的基础上发展起来的。

以下对《菊与刀》《文明的生态史观》《日本人的心理结构》《空气之研究》这四部代表作进行批判性的分析,来确认二战后日本在世界上所处的地位,进而考察日本人自我认同是怎样形成的。这四部作品都是"日本人论"的代表作,著者分别是人类学家、哲学家、心理学家,研究方法和研究目的也各不相同。以下的分析主要把握"日本人的特殊性"这一脉络,考察在日本人自我认同的形成方面产生过巨大影响的论断,以及二战后日本在世界上的地位。

《菊与刀》是美国学者本尼迪克特于1946年完成的。她提出并使用"文化的类型"这一文化人类学理论,论证了日本如何从周边文化中进行取舍来构建自己独特的文化结构。该书对比日本的"耻文化"和欧美的"罪文化",认为前者带有批判外来因素的意识,而后者带有自身内在良心的意识。[2] 这一作品至今仍是世界了解

---

[1] 这种倾向被称为本质主义,认为所有现象都只是假象,其背后存在更重要的本质。
[2] 鲁斯·本尼迪克特是倡导文化相对主义的法兰兹·鲍亚士(Franz Boas)的弟子,后者倡导批判以前在西方学术界具有较大影响的文化进化论。《菊与刀》是在二战期间美国对日本及日本文化抱有偏见的环境中,为论证每种文化都有各自的价值和历史而撰写的。

日本的重要著作,同时也受到种种批判。其一,作者并未亲身到过日本。其二,研究结果受Robert Hashima这位美国出生的日本人的采访调查的影响过深。第三,将欧美的"罪文化"放在较日本"耻文化"更优越的地位上。第四,带有审视未开化文化的人种歧视的倾向。无论以上的批判是否妥当,《菊与刀》为何至今仍为外国人甚至日本人所接受呢? 1945—1952年间,日本被以美国为首的联合国军队占领。此书出版的1946年,欧美各国正迫于将日本从单纯憎恨的敌人转变成民主国家并使其加入西方阵营。对他们来讲,搞清楚欧美人与日本人到底有怎样的差异,较之占领日本有着更实际的意义。对于日本人也同样。战败后被占领是不争的事实,面对涌入的欧美文化,如何生存? 今后将会怎样? 这些都使厘清日本与西方的差别成为重要课题。

《文明的生态史观》是民俗学者梅棹忠夫于1967年撰写的。梅棹受到研究蜉蝣和日本猴而闻名的今西锦司的影响,试图用生态学理论解释人类世界文明。文明的生态史观将欧亚大陆文明的历史变迁从生态学视角加以解说。梅棹将欧亚大陆分为两个区域,西欧和日本为第一区域,其他地区为第二区域。第一区域被茂密的森林覆盖,在人类技术水平较低的古代社会没有成为文明的发祥地。但同时,也少受地处大陆两端干旱地带的游牧民族的侵扰,封建制度得以发展,资产阶级较早形成。总之,第一区域的文明发展具有自成式的特点。而中国、印度、俄罗斯、土耳其等国属于第二区域。它们在江河周边构建起古代文明,但同时,经常受到中亚地区游牧民族的侵扰,疲于构筑帝国的防御体系。总之,它们的文明史是在其他民族影响下产生变化的,具有他成式的特点。[1]

---

[1] 梅棹于1955年在阿富汗、巴基斯坦和印度游历半年之久,根据当时的经历开始撰写《文明的生态史观》。

以往的"日本人论"偏重比较西欧与日本,而梅棹的理论将欧洲、亚洲整体作为比较的对象,开辟了新的研究领域。但是,日本国内对这本著作的反响主要集中在日本与西欧是否相似,而忽略了对印度和伊斯兰地区的记述。[1] 此书出版的年代,日本正值神武景气、岩户景气和伊奘诺景气的经济高速成长时期。当时的知识分子最关心的就是日本能否加入美国、英国、法国这样的经济强国行列。他们更倾向了解日本与西欧如何相似,与韩国、中国以及东南亚各国如何不同。并且,这种把日本和西欧列为第一区域、把亚洲其他地区和伊斯兰地区列为第二区域的生态史观与当时所使用的发达国家和发展中国家的二分法也两相契合。日本与西欧在生态上是相同的,所以能够成功地实现近代化;而中国、俄罗斯、印度以及伊斯兰地区在生态学上与西欧不同,所以近代化难以推进,仍属于发展中国家。其实,梅棹的分析也存在诸多不足,例如:将英国、法国、德国等不同的国家都归类到西欧中去,没有考察中国封建制度的发展,在说明欧亚大陆这一广大的区域时尚缺乏足够的论据;一边强调印度、中国、俄罗斯,以及伊斯兰地区、东南亚各国各有不同,一边却又把它们同归为第二区域。这项研究仅以18世纪封建制度是否发达和资产阶级是否形成为依据对世界进行两分。这样一来,在研究最初似乎就已经认定日本和西欧是具有共同性的。

《日本人的心理结构》是心理学家土居健郎于1973出版的著作。他在书中提到日语中与"甘え"相关的表达很多,而其他语言中却没有。日语的"甘え"是像小孩子依赖父母一样,即使长大成人也喜欢依赖周围环境的一种日本人独有的特点。但有人提出韩语等语言中也有"甘え"这样的表达,甚至在书中作为对比被提到

---

[1] 梅棹在1957年的思想科学研讨会上发表《实在是意想不到的事情》中提及(梅棹,1967)。

的西方语言中也有类似表达。为工作或留学去到西方国家的日本人长时间与近代化浪潮抗争,逐渐受到成熟的西方社会的冲击。尽管日本国内经济发展,生活逐渐富裕,然而精神脆弱、社会发展不成熟却也跃然纸上。对于海外的日本人,经济以外领域的发展成了当前要务。

《空气之研究》出版于1983年,作者是山本七平,一位基督教徒。书中从泛灵论角度阐释日本文化。该书认为,在泛灵论的世界里,"空气"是绝对化的灵的存在,人们被"空气"所支配。然而"空气"无穷无尽,下一个瞬间别的"空气"又被绝对化,时光流逝,以前被绝对化的"空气"被简单地忘却,因而相对化得以成立。所以,日本人具有忽冷忽热的性格。[1] 此书的研究对象仅限于精英阶层,而非全体日本人。对"空气"强弱的说法,虽然对现在的官僚、大公司职员很受用,但很难代表多数的庶民阶层。例如,例证中陆军军官、新闻记者占了大半。设定这样的研究对象,说恰好可以说明日本军队为何掀起毫无战胜把握的太平洋战争。此书为顺利发展的日本经济敲响了警钟,也为护卫舰般进军海外的日本企业敲响了警钟。日本自明治维新以来一直实行官僚为中心的"自上而下的近代化",战后是同样模式的"自上而下的经济大国化"。前者侵略亚洲、挑起太平洋战争,后者会否走上同样的错误道路,这种担心是拥有惨痛经验的战前、战中派所共有的。对此,日本人至今仍感到不安。

---

[1] "空气"这一概念在丸山真男的政治研究中也可以看到。

第三节　在华日本人的自我认同

以上分析了形成日本人自我认同的理论依据——"日本人论",以及它是如何被接受的。"日本人论"一直试图回答日本是如何在非欧洲文化圈的条件下实现近代化的。从这个意义来说,在21世纪亚洲、非洲、北美洲等几乎全世界范围内传统文化与近代化反复摩擦、冲突的今天,面向现代化的传统文化——"日本"的特殊性似乎已经消失。许多国家、地区在现代化的浪潮中痛苦前行,"印度人论""巴西人论"等全部的文化论都因可以解答关于现代化的疑问而受到广泛关注。当然,有关"日本人论""日本文化论"独特性的讨论已经终结,在今天,它只是众多民族文化论中的一个。受众也变成以日本人为主,变成日本人自对自的内向型的"自民族论"[1]。

19世纪中叶以来,对于日本,近代化与欧美化是同义的。近代化的定义包括建立国民国家、工业化、资本主义等等,这些都是模仿西方来开展的。从17世纪初起,江户幕府、各藩国吸收欧美文化,1868年明治维新开始,建立了仿效西方制度的集权国民国家。政治方面,由明治政府主导,宪法效仿德国,陆军效仿法国,海军效仿英国。文化方面,福泽谕吉的《文明论之概略》中提出文明开化就是模仿西方文化和风俗。鼓励西式服装、饮食、发式,汲取西方文化,成为知识分子的要务。此后明治政府与欧美帝国主义国家一样,为确保原料、市场向亚洲发动侵略战争,战败后相关产业随即毁灭。但后来,日本在美国等美洲国家的援助下实现复兴,开始

---

[1] 日本研究经常被指责带有封闭性。参照 Matthews(2008)。

出口纤维、金属,1968年成为仅次于美国的经济大国。2009年至今,如何向欧洲销售汽车成为日本经济的核心问题之一。尽管二战前是富国强兵,战后是经济大国,说法不同,然而日本紧跟欧美、超越欧美的方针从未改变,明治维新至今一贯的吸收欧美技术文化的做法也从未改变。

因此,应该把日本近代史放在世界近代发展史的大环境中进行思考,即西欧依靠工业革命率先实现富裕—美国迎头赶上—日本紧随其后。按照文化进化论的这一范式,可以将巴西、俄罗斯、印度、中国等国家看作即将成为发达国家的新兴国家。同时,在这一范式下追问"为何日本可以在欧洲文化圈以外首先实现近代化",答案便会有两种:一种是"日本率先进行了西方化,所以实现了近代化";另一种是"日本是特殊的"。前一种解读强调欧洲文化中心主义,并不被日本人所接受;而后一种却作为"日本人论"受到很多民众的欢迎,通过书籍、广播、电视、网络等各种媒介的再生产以后,逐渐演变成今天的"日本人自我认同"。归根结底,今天的日本人自我认同是在"欧美/日本"这样的极为简单的二元对立的基础上形成的。

但是,在21世纪的今天,日本和中国的关系越来越密切。20世纪80年代以来,日中贸易额急速增长,这种势头一直保持到今天。据2011年的统计[1],中国在日本出口总额中占31.1%,是位居第二的美国的2倍多。日本进口总额中,中国占24.4%,接近位居第二的美国的3倍。由此可见,日本在经济方面与中国的捆绑最为紧密(表6-1、6-2)。

---

[1] 参考日本财务省(2013)和JETRO(2013)。财务省的统计以日元为单位,而JETRO的统计以美元为单位,这里主要依据JETRO的统计数据。

表 6-1 2011 年日本贸易伙伴国(出口)

序号	国　家	金额(美元)	份额
1	中国	254 986 871	31.1%
2	美国	125 673 493	15.3%
3	韩国	65 862 897	8.0%
4	泰国	37 399 202	4.6%
5	新加坡	27 163 155	3.3%
6	德国	23 434 829	2.9%
7	马来西亚	18 713 816	2.3%
8	荷兰	17 871 603	2.2%
9	澳大利亚	17 839 018	2.2%
10	印度尼西亚	17 730 956	2.2%

说明：此表参考日本贸易产业机构(2013)的统计数据绘制而成。

表 6-2 2011 年日本贸易伙伴国(进口)

序号	国　家	金额(美元)	份额
1	中国	208 185 192	24.4%
2	美国	74 230 702	8.7%
3	澳大利亚	56 591 264	6.6%
4	沙特阿拉伯	50 389 660	5.9%
5	阿联酋	42 716 452	5.0%
6	韩国	39 701 959	4.7%
7	印度尼西亚	33 970 118	4.0%
8	马来西亚	30 385 831	3.6%
9	卡塔尔	30 057 420	3.5%
10	泰国	24 428 805	2.9%

说明：此表参考日本贸易产业机构(2013)的统计数据绘制而成。

最近 20 年来,日本与中国之间的经济联系越来越深入。根据

1990年的统计[1],美国占日本出口总额的31.5%,中国不过占12.1%。20世纪90年代,日本最大的贸易伙伴仍然是美国,这种现象自第二次世界大战结束以后一直延续下来。日本长期处于这样的经济环境中,作为日本支柱产业的汽车制造业最大的出口国也是美国。但是,随着改革开放后中国经济的发展,从20世纪90年代开始,日本对中国的出口额逐年递增。进入2000年以后,随着中国中产阶级的快速成长,日本对中国的出口额急剧增长,并在2004年超过美国,此后中国成为日本最大的出口国。出口产品种类繁多,包括半导体、音像器械、电器、汽车、船舶、重机械、钢铁等成品,以及纤维、橡胶、食材等原材料。对外出口是日本经济发展的命脉,因此可以说,自2000年以后,日本经济高度依赖对中国的出口(图6-1)。

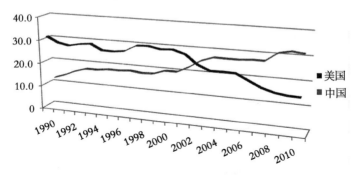

图6-1 日本出口总额百分比

说明:根据日本贸易振兴机构的统计数据绘制而成。

进口方面也存在类似的趋势,1990年美国占日本进口总额的22.3%,中国所占份额不过8.7%。但是,随着20世纪90年代中国经济的发展,日本向中国进口的数额越来越大,中国于2000年

---

[1] 参考日本贸易振兴机构(2013)的统计数据。

超过美国成为日本最大的进口输入国。2011年,中国占日本进口总额的24.4%,美国跌至8.7%,进口的产品种类涉及食材、木材、天然气、原油等原材料,以及服装、家具、化学制品、钢铁、半导体、一般器械等成品。众所周知,许多在日本国内售卖的食品、服装、家具材料原产于中国。日本人日常生活的衣、食、住都离不开从中国进口的产品,因此无论从出口还是进口的角度来看,日本最大的贸易伙伴国已经从美国变成了中国。换言之,在20世纪90年代,日本的经济依赖美国,而到了21世纪,日本的经济开始依赖中国(图6-2)。

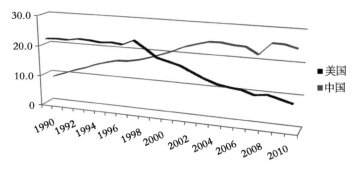

图6-2 日本出口总额百分比

说明:根据日本贸易振兴机构的统计数据绘制而成。

这种变化不仅仅表现在经济领域,根据2011年的统计[1],在日本生活着207万外国人。长期以来,韩国人一直是其中数量最大的群体。但2007年中国人超过韩国,成为驻日外国人中最大的群体。2011年,在日本的中国人数量为67万人,占全体外国人总数的三分之一,尤其是持就学签证和留学签证进入日本的中国人数越来越多。20世纪90年代,中国留学生即使拿到日本的文凭,也很难在日本找到工作,他们大多选择回国。但是2000年之后,

---

[1] 参考日本法务省(2013)的统计数据。

随着中日经济的快速融合,日资企业开始积极录用会说日语的中国留学生。例如,乐天和优衣库这样的新兴企业更明确宣称会提高外国人的录用比例。另外,随着信息技术产业的发展,日本也很缺乏年轻有为的IT工程师,而日资企业大多更愿意录用中国的IT人才。除此以外,到日本短期旅行的外国人中,中国人的数量也最多。2011年度入境日本的外国人总数为9 443 696人[1],其中中国人达到245万。现在,日本的各个主要旅游景点都有络绎不绝的中国游客。东京银座的高级百货商店,开始雇用会说中文的店员,商品说明书和价签也开始附上中文版本(图6-3)。

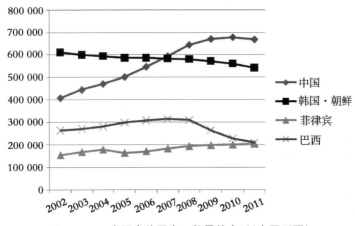

图6-3 日本国内外国人口数量的变迁(主要四国)

说明:此表根据日本法务省的统计数据绘制而成。

由此可见,中国在日本国内的影响与日俱增,日本人越来越需要在与中国的关系中寻找自己的身份。纵观第二次世界大战以后的日本人论可以发现,长期以来日本人的自我认同是在与欧美的

---

[1] 参考日本入境管理局(2013)的统计数据。

关系中逐步构建起来的,他们把欧美作为比较的对象,从而意识到自己是日本人,而现在,中国是一个新的对照物。自古以来,在文字、宗教、艺术等各个方面,日本都受到中国的巨大影响。而明治维新以后的150多年间,许多日本人对中国却并不了解。从以上论述可以看出,中日两国在经济领域已经有密切的交往,但是两国间文化的交往还不够深入。现在的日本还处于受现代中国文化影响的初始阶段。虽然日本国内对中国文化有热烈的讨论,但媒体上的观点呈现两极分化:一种观点认为,应该积极接受中国经济的发展和文化影响力的增强这一现实,中日两国应该共同努力结成东亚共同体[1];另一种观点则不能接受中国的经济发展,把中国看作日本的威胁[2]。虽然这些观点呈现两极分化,但都是以中国/日本二元对立为出发点的。如果过分依赖这种思路,就很容易忽视在中国或者日本内部存在的复杂性和多样性,还有可能忽视全球化语境下中国和日本的变化,导致认识的僵化。

日本人移居到中国以后,会遭遇各种各样的文化冲突,因此他们更倾向于回避这种二元对立。一位留学生这样说:

> 嗯,两代人之间相处的方式完全不一样。跟美国的朋友相比,我每个月一定会给家里打一次电话,还会经常回日本。按道理说,我和家里人的关系算亲近的……但是,我跟中国朋友说的我的情况,他们的反应完全不同,我的中国朋友好像几乎每天都会往家里打电话。
>
> (女性,30多岁,留学生)

---

[1] 关于东亚共同体的构想有很多不同的定义,有的指中、日、韩三国签订自由贸易协定,有的指成立包括ASEAN及中、日、韩在内的地区共同体,有的指包括澳大利亚、新西兰和俄罗斯在内的更大范围的地区协作。
[2] 通常被称作"中国威胁论"。

第六章 在华日本人的自我认同

移居中国的日本人生活在外国人社区,所以有很多机会接触到欧美等其他国家的外国人,因此他们思考问题的方式不仅仅局限于中国和日本,也会参考其他国家的文化。以往的日本人自我认同是以欧美为参照物进行比较逐渐形成的,而现在是将中国、欧美、日本都纳入其中的复杂的比较。当地录用者这样说:

> 我现在住在大连,以前在广州,这两个地方完全不同,不光是气候和语言,人的想法、生活习惯都不同。有人问我住在哪里最好,嗯,还真不好说。

(男性,30多岁,当地录用者)

> 有学历和没学历,完全不一样,在大企业工作的同事说话也比较稳重和蔼。

(女性,20多岁,当地录用者)

上述这些日本人移居者在中国的几个城市都生活过,有机会见到各种各样的人,所以他们能明确感觉到中国内部的复杂性和多样性。另外,派驻人员多次指出,每一年商业环境都会发生剧烈变化。据他们所说,2000年左右还正确有效的经营策略,到了今天已经完全落伍了。还有,在合作初期中方和日方都会提出十分严苛的条件,但是长期合作、相互信任之后,双方都逐渐变得会考虑对方的情况来下订单。他们意识到自己和对方都处在多变的环境中,所以在做决策时会根据情况的变化采取对策。

现代传媒的发展使今天的人们处于信息爆炸的时代。在互联网上每个人都可以成为信息的发布者。与19世纪和20世纪相比,21世纪移居外国的意义大不相同。比如,20世纪90年代,在上海的很多日本人都学习汉语和中国书法,而现在上海开设了各种各样的外国文化学习班。一位住在上海的派驻人员的妻子这样说:

>现在,我在很努力地学习一种西班牙舞,叫作萨尔萨舞,是来上海以后一位网友介绍我去学的,太有意思了,运动量很大,还能起到减肥的效果,对身体很好。
>
>(女性,40多岁,派驻人员)

另一位住在香港的当地录用者这样说:

>时间太有限了,我想学的东西很多。汉语肯定是要学的。我最近还开始学法语,大学时候学过一点,最近认识了法国朋友,就又开始学,去年去法国旅行的时候,没想到我的法语还派上了用场,开心极了。我现在每天都用Skype跟在法国的老师练习会话,我太太也在学。她还在考调酒师的执照。
>
>(男性,40多岁,当地录用者)

如上所述,在上海和香港这样的国际大都市,可以接触到各种各样的外国文化。尤其是日本人社区和其他外国人社区还会一起举办类似圣诞派对这样的活动,这使得日本移居者有很多机会接触到中国以外的文化。而且,通过在香港和上海认识的朋友,还可以利用网络跟生活在世界上其他地方的人建立和保持联系。

在19世纪,人们无法即时联系世界上其他国家的人,也无法即时获取世界各地的新闻,所以移居者生活在很有限的信息环境中,移民这一行为意味着将要投入一个完全陌生的世界里。那时主要的交通工具是船舶,国家间的往来通常耗时数月,所以一旦离开自己的国家,就难以经常回国。要想与故乡的亲人朋友联系,只能通过信件,而通信往返一次同样也需要耗时数月。因此,移居者不可能继续参与原先社区的活动。

但是现在,有了电视和网络,移居者可以即时获取各地的信息。事实上,大多数日本人移居者在移居之前都会在网络留言板或社交网站上认识一些移居目的地的日本人,通过电子邮件、

Skype跟他们交换信息。此外,市面上也有很多专门为日本人移居者准备的介绍上海和香港等城市的书籍。[1] 这些书籍和网络留言板上会提供关于移居手续、订票方法、搬家公司的联络方式、移居后的生活窍门等各种信息,还会配有具体事例。移居者在移居地也可以继续接收到自己国家的媒体和信息,不回国也能与本国的社区保持联系。日本人移居到中国,仍然可以看到NHK、读到《读卖新闻》、利用BBS和社交网站继续参与到日本朋友的社区当中。还有人每天使用Skype或Google+参加在日本举行的会议。一位住在上海的当地录用者这样说:

> 我每个月都会回一次日本,也没什么特别的事儿,只是想见见朋友、买买东西,我的牙很不好,每次回去都会去家附近的牙医诊所,那个医生非常好。在日本看牙可以用医疗保险,又便宜又方便。

(女性,30多岁,当地录用者)

可见,很多日本移居者都经常回国,或者使用网络跟在日本的朋友和家人每天保持联系。在这样的环境下,他们尽管住在中国,但是即便不使用中文也完全可以生活。实际上,大多数派驻人员都在日资企业工作,他们下班后会和日本人同事去居酒屋,周末和日本人朋友一起度过。当地录用者中,有的人中文很流利,并且恋人是中国人。也有人在美资公司工作,跟中国人使用英语交流。生活在上海和香港的日本人,使用何种语言、跟哪国人交往、属于什么样的社区,有丰富多样的选择。在移居中国的日本人当中,有人使用英语或者法语生活,完全超出了日语和中文两种语言的局限。也有人频繁使用网络跟在日本的朋友家人保持联系,其社区

---

[1] 参考JETRO(2006)、JETRO(2011)的数据。

也超出日本或中国两个国度的地域局限。可以说,他们生活在以数字技术和网络为基础的21世纪的"想象的世界"。

本尼迪克特·安德森(Bebedict Anderson)[1]把建立在印刷技术基础上的民族主义称为"想象的共同体"。正如安德森所分析的那样,想象的共同体是通过被称为"标准语"的标准化的书面语言而形成的。在日本也同样如此。从19世纪后半开始,借助迅速发展的印刷技术,大量一致的信息覆盖日本全境,通过这些用标准语书写的报纸和书籍等出版物,居住在日本这片土地上的人们有了共同的神话、共同的祖先,从而形成了所谓"日本人"的自我认同。但是,移居到中国的日本人所构建的"想象的世界"是超越了语言和国境,用数字技术和网络连结的"世界",生活在这个"世界"的人们所形成的不是以语言和国境为中心的民族主义自我认同,而是跨越了语言和国境的"跨国身份认同"。一位当地录用者这样说:

> 我觉得日本人之间是有一些共性的,比如会说日语、都是看日本的节目长大的,但是中国人也喜欢日本的电视剧啊。如果有人问我,除了这些具体的事情以外日本人的共性是什么,还真难回答。

(男性,20多岁,当地录用者)

另外一位派驻人员这样说:

> 我在外资公司工作,所以不觉得自己是日本人有什么大不了的,金融工作都是说英语的,不管下一份工作是在伦敦还是纽约,基本的工作内容都是一样的。对我来说,住在哪里都无所谓,所以我也不打算回日本,只要能干自己想干的事儿就够了。

(男性,40多岁,派驻人员)

---

[1] 参考 Anderson(1983)。

如上所述,在有些人看来是不是日本人、会不会说日语并不重要。可以说,这样的人已经形成了跨越语言和国境的跨国身份认同,但这并不意味着所有的日本人移居者都会形成跨国身份认同。正如前面反复多次提到的,上海、香港这样的国际大都市给移居者提供了各种各样的选项,但是移居者的选择受到他们各自的社会身份、年龄、性别、经济能力、语言能力、性格的限制。对于不懂中文、不了解中国文化的移居者,他们是无法从中国社会为他们提供的众多选择中获益的,而只能利用仅限于日本人社区的那些选择。这些人理解中国价值观、构建跨国身份认同的可能性都微乎其微。

在上海和香港这样的城市,日本文化的影响力是很大的,日本餐厅、日式24小时便利店、超市、百货商店都有很多。进入21世纪,不仅是大型服装连锁店和百货连锁店,日本的小型杂货店和私营商店也开始进入中国。受惠于数字技术和网络的发展,移居者在中国同样可以看到日本的报纸和电视,继续从属于日本的社区。移居中国并不意味着他们中国化了,也不意味着他们一定会构建跨国身份认同,他们保持着日本人自我认同,这种自我认同是建立在与本土日本人同样的"想象的共同体"的基础之上的。

第七章　结论——日本人的跨国自我认同

在上海和香港实地调查得到的资料都表明,日本人移居者通过移居中国的方式使自己以前的生活状态得以保持。任何一个共同体中的人们,都根据孩子、青年、中年、老年这样不同的年龄层被赋予了一定的社会责任,这种责任只能从孩子向青年、从中年向老人推进,不可能停留在孩子身上,也不可能从老年的责任向中年的责任进行倒推。日本社会期待各个年龄层的人都能承担相应的社会责任。尤其是在这20年的经济停滞期,许多日本人被迫承载着他们自身所不愿意承担的社会期望。他们移居到中国,推迟履行在日本所应该承担的社会责任,或者干脆将这些责任推卸掉。年轻人为了逃避在日本就业,以留学生的身份到中国继续学习。退休的人为了延缓靠退休金度日的生活状态,到中国做高级工程师或技术顾问,再次投入工作中。单身男女为了躲避父母和亲属催婚的压力,在这里享受单身生活的快乐。生意人逃离经济不景气的日本,在对泡沫经济的怀旧情绪的促使下来中国市场工作。生意人的妻子们为了追求在日本已经不可能实现的昭和时代家庭主妇的印象,在中国借助保姆的力量照顾着自己的孩子和丈夫。在现在的日本,想要获得满意的收入、成为稳定的正式职员,已经十分困难了。很多人对这种现状感到不满。严酷的社会现实使很多人开始怀念过去的美好。人们开始有选择性地回忆起自己以前的生活,在自己的想象中把过去回忆成一个生活愉快、人际关系温良深厚的理想而美好的时代,从而产生了对过去曾经拥有而今天却不复存在的想象中的生活的怀旧情绪。但是,日本经济的高速增长时期已经过去,并进入了成熟社会,那个古老美好的时代已经一去不复返了。于是,他们把这种怀旧情绪投影在了远离日本的中国。他们离开自己现实生活中的故乡,去追寻自己想象中的故乡。他们认为,在中国能够得到想象中的以前的生活,所以决定移居到这里。他们所怀念的对象,其实不是日本的过去,也不是中国的过

第七章 结论——日本人的跨国自我认同

去,而是想象中的自己的过去。

人类学学者麦高登在《环球文化/个人身份:在文化超市搜寻家园》一书中引入了"全球文化超级市场"(global cultural supermarket)这一理论(Matthews,2000)。他运用这一理论考察了在充斥着琳琅满目的商品的发达国家,人们是怎样从食品、衣服、住宅等具体的物质世界中选取艺术、审美、宗教信仰等抽象概念的。他直接与日本的艺术家、美国的宗教家、中国香港的知识分子进行交谈,通过实地调查,分析他们的自我认同是怎样形成的;论述了在信息和文化身份都可以随意获得的全球文化超级市场里,就连跟出生地密切相关的艺术志向、宗教信仰等精神层面的东西,也演变成了好似个人对食品口味的喜好一般的简单的消费选项。就像有欧洲人喜欢吃中国菜一样,也有美国人喜欢吃日本菜。同样,有美国人把非洲音乐当作自己文化身份的一部分,也有欧洲人把日本的流行音乐当作自己文化身份的一部分。有美国人皈依佛教的例子,也有欧洲人学习日本禅宗的思想。生活在发达国家的人们,在信息和文化身份的全球文化超市里,不仅消费着具体的商品,连艺术、审美、宗教信仰这样的抽象概念也成为他们的消费对象。这一理论同样适用于移居中国的日本人。对他们来说,上海也好,香港也罢,都不过是全球城市之中的一个选项而已。这些选项是由移居上海和香港的每个移居者根据自己的主观印象决定的。协助调查的受访者通过移居中国的方式调整了自己的社会责任,获得了一种让自己感到舒适的生活方式,在中国这片本不属于自己的土地上构建了一个自己想象中的故乡。在工作和生活中,他们充分利用自己是日本人这一优势。大多数移居者供职日企,日语是他们的工作语言。闲暇时间,他们上网追踪日本的时事新闻,看日本的电视节目,跟日本朋友一起外出用餐和旅行。就连以中国市场为目标的个体经营者,也会把自己的商品打上日本商标,

做广告进行宣传,把日式服务当作卖点提升商品的附加价值。得益于日本文化在东亚地区的扩散,在上海、香港这样的大城市,很容易获得有关日本的信息,日本商品的高品质保证受到市场的广泛认可(Iwabuchi,2004)。

　　本研究从在中国的日本人移居者的视角出发,考察了现代日本社会文化结构的变化。日本社会是复杂而庞大的。例如,居住在东京这样的大都市的人们,跟居住在农村地区或山区的人们的生活是完全不同的。同为女性,家庭主妇跟上班族的生活方式、对将来的预期也不一样。同是上班族,临近65岁即将退休的人和22岁刚进公司的人对社会的认识也完全不同。想要概括拥有1.26亿人口的庞杂的日本现代社会是十分困难的。不论使用政治学方法、经济学方法还是社会学方法研究整个日本,都只能完成粗略的分析而已。本研究运用人类学研究方法,通过调查了解移居上海和香港的日本人,详细考察了他们为何离开日本、为何选择中国、抱有怎样的自我认同、形成了怎样的社区。在考察过程中,移居中国的日本人"对日本持有怎样的看法"这个问题浮出水面。日本正在从人口增长型社会转型为人口负增长型社会。考虑到日本人口自江户时代后期持续增长的情况,这一变化并非近数十年的问题,而是数百年间发生的跨世纪的社会结构的重大变化。这在欧美发达国家和亚洲邻国中是史无前例的。如果说构成国家的是国民,那么国民减少就意味着国家实力的减少,或者至少意味着国家形态的变化。日本现有的政治制度、社会制度、教育制度和文化思维方式都是以人口增加为前提存在的,现在必须要应对人口减少的变化。现在的日本正站在跨世纪的转折点上,移居海外的日本人数量增加,表示原有的社会制度无法容纳多样的人群。上海和香港的日本人移居者都指出了日本社会存在的问题。大学生批判日本公司招聘毕业生的标准单一,完全不考虑年轻人的个性。年轻

人认为年功序列的薪金制度对优秀而有干劲儿的年轻人极为不利。有孩子的女性认为,育儿和工作难以两全,丈夫受到"男主外、女主内"的企业文化、传统价值观的束缚,几乎不会给太太提供充分的协助。单身男女指出,父母亲戚催促结婚,试图限制他们的自由,这种传统的家庭观念束缚着他们。这些移居者因为对日本的现状抱有深刻的不满而移居到上海或香港。移居中国是他们自己的选择。移居中国的日本人大多对日本过于严苛的工作状态感到疲惫,或是对世俗的眼光感到厌倦,同时也讨厌那样的自己。所以,他们把寻求适合自己的社会环境和找到理想的生活方式作为自己的目标。从使自己感到苦闷的日本生活方式中解脱出来,追寻着自己的理想,移居到中国。因此,借由"移居到中国的日本人"这个特殊的视角,可以明确了解现代日本这个复杂而庞大的社会中所存在的问题。"移居到中国的日本人"这个群体在全体日本人中只能说是少数的特殊存在。

但是,正如第一章中所论述的那样,日本正处在急速的亚洲化进程中。日本与亚洲的贸易额连年增长,在日本的亚洲移民逐年增加。通过日本媒体播放的亚洲其他国家的电影和音乐,受到日本民众的欢迎。未来,生活在日本国内的日本人也会受到亚洲文化和价值观的广泛影响。移居中国的日本人在开展商业活动和与中国朋友交往的过程中,一边学习中国文化,一边受到中国价值观的潜移默化的影响。分析移居中国的日本人自我认同的变化,与预测未来日本人整体的自我认同的变化息息相关。明治时期到现代,日本人的自我认同是在"欧美/日本"这样的二元对立的基础上逐渐形成的。特别是随着19世纪出版技术的发展,"日本人论"因把握住了欧美与日本的本质差别而得以快速传播。19世纪中叶以前,在日本人中间,日本是一个国家这样的国家意识还不是共有的

概念。[1] 江户时代由幕府统治,但还存在萨摩藩、长州藩等代表性的强有力的地方政权,日本还不是一个统一的国家。各藩国经济独立,有些地区之间甚至连语言也不同。德川幕府跟天皇的关系也很复杂。此时,认为日本是一个整体的中央集权的思想还没有在所有日本人中间扎根。但是,19世纪中叶开始的与欧美列强的接触,以及伴随出版业发展而不断扩散的"日本人论",使得共同拥有天皇建国神话的民族——"日本人"的概念诞生了,"日本国家"的概念被想象出来。这就是本尼迪克特·安德森所说的"想象的共同体"(Anderson,1983)。日本人自古以来就生活在日本这片土地上,这里的人们拥有共同的历史,属于同一个人种,"日本国"古已有之,这样的思想大都是在19世纪后半叶被想象出来的,并且借助出版技术向一般民众不断传播。因此,不同的人或文化就因一个故事被联系在一起,直到现在。

第五章中提到的美国人类学家珍妮弗·罗布森注意到日本的报纸和论坛里频繁出现"家乡建设"和"国际化"这两个词(Robertson,1997)。这两个词表面上看好像完全是不同的意思,但他们都为形成日本人的自我认同起着作用。"家乡"一词是全体日本人所共有的即"构建过去";"国际化"一词是全体日本人的目标,即"创想未来"。而"构建过去"和"创想未来"正是日本作为一个国家自明治维新以来持续形成日本人自我认同的装置。生活在日本的人们都有着各自的过去,想要把他们的过去作为"日本的过去"整合起来是很困难的。人们本来就是各种各样的,有着不同的过去和祖先。另一方面,这些人也有着各自未来的生活和环境,想

---

[1] 如第三章所述,江户中期国学蓬勃发展,作为国家的日本这样的概念已经存在了。但是19世纪以前,国学只是一部分学者研究的学问,还没有被一般的日本人所共有。

第七章 结论——日本人的跨国自我认同

把这一切用"日本的未来"统一起来也是十分困难的。每个人都有自己的目标和价值观。但是"家乡"和"国际化"这样的词语使所有在日本的人们都共同拥有了"家乡"的印象，同时对"国际化"的日本的未来充满幻想。这样一来，不同人们的过去和未来就都被统一到一个要素上来了。在19世纪中叶欧洲列强的坚船利炮出现在日本列岛周边海域时，日本的知识分子就意识到必须要把日本西洋化，以避免沦为其殖民地。在他们看来，必须要让生活在日本的所有人都有这样的危机感。他们否定了士、农、工、商的身份制度，否定了幕府、朝廷、大名的权力分裂，开始树立每一个人都是"日本人"的国民意识。但是，在设定了西洋化的日本这样的未来以后，随着政治、社会、文化和生活的快速变化，人们开始问"我们到底是谁"，开始对日本人这个自我认同产生疑问。为了回答这个疑问，就有必要构建一个过去的日本。于是就产生了一个这样的过去——"在今天我们作为日本人这样的整体不断向前，过去我们也是作为一个整体发展至今的"。日本正确接受了东方文明，日本人在天皇的带领下自古以来和谐地生活在一起，这些都是代表性的"日本人论"。受到"日本人论"影响的日本人自我认同是靠选择性地接受事实和构建过去而形成的。"构建过去"和"创想未来"是某一群体实现共有一个自我认同的必要装置。2000年以后的"建设美好家园"[1]和"全球化"[2]都是形成日本人自我认同的"构建

---

[1] 安倍晋三在2006年7月出版《向着美好家园》一书，在第一次安倍内阁会议时设立了"建设美好家园推进办公室"。

[2] 全球化有很多意思，"日本今后必须要进行全球化"一语中所使用的"全球化"跟20世纪80年代的"国际化"意思相同，目的也是为了形成日本人自我认同。

过去"和"创想未来"的延续。日本政府资助的"酷日本"（COOL JAPAN）[1]运动也是其中一环。

但是日本已经迎来了人口负增长型社会这样的跨世纪的转折点，人们的生活和价值观都快速多样化。不是每个人都追求经济上的富裕，正如绪论中所论述的那样，移居欧美各国的日本人被称作"精神移民""文化移民"和"寻找自我型移民"。他们并非追求物质富足，而是在追求适合自己生活方式的人生和符合自己自我认同的居住地。从第二章、第三章和第六章中可以看出，上海和香港的日本人移居者并不是毫无批判性地接受"日本人论"影响的"日本人自我认同"的。他们不是绝对地接受这种自我认同，而是战略性地对其加以运用。日本移居者在感受到日本的社会习俗给自己带来压力的时候，就与日本人自我认同保持距离[2]；但当在这一身份能够为他们带来工作或生活便利的时候就强调它，并且巧妙地运用着它。他们的自我认同并不一定由出身地或祖先来决定，而是根据自己的兴趣和场合来进行选择的。因此，移居者中也有人对此感到不安。有一位住在上海的男性当地录用者这样说：

> 在这里生活，有时觉得自己像漂在海上的浮萍。上海的生活成本比较低，也很方便，很舒服。但是缺乏安定感，总觉得像在做梦一样……如果遇到其他更好的地方，我也可能会转移到别处去生活。
>
> （男性，30多岁，当地录用者）

---

[1] 指日本文化在国际上受到普遍欢迎。主要指游戏、漫画、动画、音乐、偶像等流行文化，也包含日本菜、武士道、日本家电制品、汽车、摩托车等与日本相关的东西。日本经济产业省设立了"酷日本办公室"，致力于推进日本文化和产业的全球化发展。

[2] 在香港工作的大多数女性都痛批"男主外、女主内"这样的日本式的性别分工。

第七章 结论——日本人的跨国自我认同

　　生活在物质富足的日本的人们,有很多自我实现的方式和寻找适合自己生存环境的方法。生活在这样一个选择多样化的社会环境中,人们开始把自己所处的日本的环境跟世界上其他城市的生活环境相比较。在交通发达、信息流通的今天,人们可以随意决定自己的移居地,并为之付诸行动。移居中国的受访者把生活方式和信仰都看作为数众多的选项当中的一个。对他们来说,上海和香港只不过是众多居住地选项当中的一个。换句话说,上海也好,香港也好,都是在全球文化超级市场中以移居地形式存在的、被消费的商品而已。在过去,跨越国境、移居海外,意味着周遭环境全部被改变,是一生只能有一次的抉择;但在 21 世纪的今天,在像日本这样物质发达的国家,跨越国境、移居海外不过是一种消费方式而已,是一个自我实现的手段。

参考文献

中文参考文献

[1] 刘惠吾编著. 上海近代史. 华东师范大学出版社，1985

[2] 季秀石. 日本对我国东北经济侵略和掠夺政策的变迁及其实施. 史林. 1986(02)

[3] 费成康著. 中国租界史. 上海社会科学院出版社，1991

[4] 唐振常，许敏. 上海史研究四十年. 社会科学. 1991(08)

[5] 滕利贵. 伪满经济统制概论. 社会科学战线. 1991(01)

[6] 林代昭著. 战后中日关系史. 北京大学出版社，1992

[7] 刘立善. 岛木健作眼中的"满洲". 日本研究. 1993(04)

[8] 王贵忠. 关东军自治指导部始末. 日本研究. 1993(02)

[9] 吴健熙. 日本居留民团和上海日侨子弟学校. 史林. 1994(04)

[10] 吴健熙. 战前日本的上海史研究述略——从语言学家新村出谈起. 史林. 1994(04)

[11] 丁英顺. 试论"满铁"在朝鲜的铁路经营及影响. 日本研究. 1994(04)

[12] 王秀华，李莹. 试论日本移民中国东北及其影响. 日本研究. 1995(03)

[13] 赵连泰. 日本近代殖民及其殖民政策研究浅说. 日本问题研

究.1996(02)

[14] 梁茂信著.美国移民政策研究.东北师范大学出版社,1996
[15] 丁则民.美国亚洲移民政策的演变.河北师院学报(社会科学版).1997(02)
[16] 陈祖恩.上海日本人居留民的子弟教育.史林.1998(01)
[17] 熊月之.是建立上海学的时候了.史林.1999(02)
[18] 沈渭滨.也谈"上海学".史林.1999(02)
[19] 冯天瑜.日本幕府使团所见1862年之上海.近代史研究.1999(03)
[20] 唐政.鲁迅与日本改造社同人.鲁迅研究月刊.1999(01)
[21] 戴超武著.美国移民政策与亚洲移民.中国社会科学出版社,1999
[22] 丁建伟,连玉新.外来移民在美国历史发展中的作用.社科纵横.2000(06)
[23] 冯天瑜."千岁丸"——日本锁国二百年后使清第一船.清史研究.2000(03)
[24] 冯天瑜.日本幕府使团对太平战事的探察.中国文化研究.2000(02)
[25] 冯天瑜.日本幕末"开国"与遣使上海.武汉大学学报(人文社会科学版).2000(05)
[26] 陈祖恩.早期上海日本居留民的文化活动.档案与史学.2001(02)
[27] 徐静波.村松梢风的中国游历和中国观研究——兼论同时期日本文人的中国观.日本学论坛.2001(02)
[28] 黄际英,姜立杰.论当代亚裔美国人的精神生存空间.东北师大学报(哲学社会科学版).2001(03)
[29] 冯天瑜.同治元年日本人对上海社情的观察.学术月刊.

2002(01)

[30] 浙江大学日本文化研究所编.中日关系史论考.中华书局，2001

[31] 董娣."亚裔美国人"概念的起源及其含义的变迁.南京师大学报(社会科学版).2001(04)

[32] 赵登明，M.HARRIS，刘可敬.文化同化的失败与多元文化的兴起——美国多元文化教育运动分析.西北师大学报(社会科学版).2001(06)

[33] 关维，魏新彬，康加良.日本帝国主义的国策移民与土龙山事件.世纪桥.2001(06)

[34] 高乐才.日本对华"武装移民"政策及其战略目的.日本学论坛.2002(Z1)

[35] 杨君.二战中的日裔美军士兵吉村先生的故事.现代兵器.2003(01)

[36] 利琦珍，中野嘉子，王向华.由乐声牌"电饭煲"而起：蒙民伟和信与集团走过的道路.香港大学出版社.2003

[37] 冯昭奎.四论对日关系新思维——在日本早稻田大学谈中日关系.战略与管理.2004(01)

[38] 天儿慧.21世纪中日关系与日本的展望——超越感情论建立创造性的中日关系.战略与管理.2004(01)

[39] 刘利国.日本现代作家评介(2).日语知识.2004(02)

[40] 陈祖恩.从战时征用到战时教育——中日战争时期的上海日本人学校.史林.2004(06)

[41] 陈祖恩.上海日本人居留民战后遣送政策的实相.社会科学.2004(12)

[42] 周敏.美国洛杉矶地区的日裔社区.思想战线.2005(03)

[43] 芥川龙之介著，陈生保，张青平译.中国游记.北京十月文艺

出版社. 2006

[44] 林昶. 2005年中国的日本社会文化研究概况. 日本学刊. 2006(05)

[45] 林昶. 2006年中国的日本社会文化研究概况. 日本学刊. 2007(03)

[46] 童晓薇. 横光利一的《上海》之行. 中国比较文学. 2007(03)

[47] 高洁. "疾首蹙额"的旅行者——对《中国游记》中芥川龙之介批评中国之辞的另一种解读. 中国比较文学. 2007(03)

[48] 高纲博文,陈祖恩. 战时上海的"租界问题". 史林. 2007(01)

[49] 林昶. 2007年中国的日本社会文化研究概况. 日本学刊. 2008(04)

[50] 高宇. 日本如何设计国家形象?. 世界博览. 2008(07)

[51] 吕佳航,丁勇华. 评寻访东洋人——近代上海的日本居留民(1868—1945). 新学术. 2008(02)

[52] 周佳荣. 近代日本人在上海的办报活动(1882—1945). 社会科学. 2008(06)

[53] 孙新. 改革开放以来中国的日本研究. 日本学刊. 2009(03)

[54] 冯昭奎,林昶. 日本农协的发展及功过简析. 日本学刊. 2009(02)

[55] 林昶. 2008年中国的日本社会文化研究概况. 日本学刊. 2009(06)

[56] 周维宏. 日本近代以来对华认识研究现状分析. 日本研究. 2009(03)

[57] 王列辉. 开埠前后日本与宁波、上海联系的转变. 浙江学刊. 2009(04)

[58] 刘云刚,谭宇文,周雯婷. 广州日本移民的生活活动与生活空间. 地理学报. 2010(10)

[59] 祝曙光, 张建伟. 1883—1924年美国排日运动析论. 江汉论坛. 2011(07)

[60] 曹大臣. 日本人在中国的墓地(1871—1945). 历史研究. 2011(03)

[61] 高洪, 徐万胜, 吴怀中等. 30年来中国的日本研究概况——中华日本学会2011年年会暨学科综述研讨会发言摘要. 日本学刊. 2011(03)

[62] 林昶. 2010年中国的日本社会文化研究概况. 日本学刊. 2011(06)

[63] 林昶. "中国日本研究的深化及其与世界的链接"研讨会简讯. 世界经济与政治. 2011(06)

[64] 张洁, 孟月明. 东北沦陷时期日本"大陆新娘"政策述评. 人民论坛. 中旬刊. 2011(10)

[65] 刘金才. 中日"文化冲突"与文化认同. 日本学刊. 2013(01)

[66] 马伟. 从东北日本移民看伪满时期的土地关系及其社会影响. 长白学刊. 2013(01)

日文参考文献

浅岡隆裕(2005)「見出された『昭和30年代』—メディア表象の論理と過程から」『応用社会学研究』47号

浅羽通明(2008)『昭和三十年代主義』東京:幻冬舎

アジア太平洋資料センター 「〈特集〉ブラジル移民100年—デカセギ20年」『オルタ』 2008年

石川照子(2011)「上海で働く日本人女性の現状と意識:アンケート調査にもとづく考察」『大妻女子大学比較文化学部紀要』12号

糸林誉史(2008)「シンガポールにおける日本人団体」『戦後アジ

アにおける日本人団体―引き揚げから企業進出まで』小林英夫　柴田善雅　吉田千之輔編　東京：ゆまに書房

今井理之（2002）「様変わりする日中貿易」『国際貿易と投資』49号　国際貿易投資研究所

井上俊（1996）『日本文化の社会学』東京：岩波書店

イャル・ベンアリ（2003）「シンガポールの日本人―海外移住者のコミュニティの動態」『海外における日本人、日本のなかの外国人―グローバルな移民流動とエスのスケープ』岩崎信彦　ケリ・ピーチ　宮島喬　ロジャー・グッドマン　油井清光編　京都：昭和堂

岩崎信彦（2003）「グローバルな移民流動と日本」『海外における日本人、日本のなかの外国人―グローバルな―移民流動とエスのスケープ』岩崎信彦　ケリ・ピーチ　宮島喬　ロジャー・グッドマン　油井清光編　京都：昭和堂

岩淵功一編（2004）『越える文化、交錯する境トランスアジアを翔るメディア文化』アジア理解講座3　東京：山川出版社

岩渕功一（2007）『文化の対話力』日本経済新聞出版社

内野好郎（2008）「香港における戦後の日本人団体―香港の経済発展と日本企業の活動を視点に」『戦後アジアにおける日本人団体―引き揚げから企業進出まで』小林英夫　柴田善雅　吉田千之輔編　東京：ゆまに書房

内野好郎（2008）「インドネシアにおける日本人団体」『戦後アジアにおける日本人団体―引き揚げから企業進出まで』小林英夫　柴田善雅　吉田千之輔編　東京：ゆまに書房

ウェンディ・スミス（2003）「グローバル化した日系新宗教の社縁文化」『日本の組織―社縁文化とインフォーマル活動』中牧弘允　ミッチェル・セジウィック編　東京：東方出版

梅棹忠夫(1998)『文明の生態史観』改版　東京：中央公論社
江原規由(2003)『職在中国』ジェトロ業書
王向華(2004)『友情与私利：香港―日系人類學的研究』東京：風響社
王向華(2003)「J社の日本人男性駐在員のパワーポリティックス」『日本の組織　社縁文化とインフォーマル活動』中牧弘充　ミッチェル・セジウィック編　東京：東方出版
大塚英志(2004)『「すたしの」精神史――一九八〇年代論』東京：講談社
オードリー・コバヤシ(2003)「ジェンダー問題切り抜けとしての移民―日本人女性のカナダ新移住」『海外における日本人、日本のなかの外国人　グローバルな移民流動とエスのスケープ』岩崎信彦　ケリ・ピーチ　宮島喬　ロジャー・グッドマン　油井清光編　京都：昭和堂
岡倉天心(1986)『東洋の理想』講談社学術文庫　原版1904年
榎本泰子(2009)『上海―多国籍都市の百年』中公新書
エドワード・W. サイード(1986)『オリエンタリズム』今沢紀子訳　東京：平凡社
梶田孝道・丹野清人・樋口直人(2005)『顔の見えない定住化―日系ブラジル人と国家・市場・移民ネットワーク』名古屋市：名古屋大学出版会
片桐新自(2007)「『昭和ブーム』を解剖する」『関西大学社会学部紀要』第38巻第3号
金戸幸子(2009)「日本人の越境するライフスタイルにみる現代日本をめぐる"もうひとつの"多文化化―台湾でキャリアの再/構築をめざす日本人の国民国家を超える複合的な戦略から」『多言語多文化―実践と研究(2)』139―166

参考文献

金戸幸子(2011)「変わる日本人の就労・ライフスタイルとトランスナショナル化する東アジア―1990年代中期以降の日本から台湾・中国への人の移動を事例として」京都大学グローバルCOE「親密圏と公共圏の再編成をめざすアジア拠点」次世代研究№49

金戸幸子(2012)「東アジアにおける日本人コミュニティのダイナミズムと変容：香港の事例を中心として」『藤女子大学紀要』第Ⅰ部49　67―99

鎌田とし子，矢澤澄子，木本喜美子編(1999)　『ジェンダー』(講座社會學14)　東京：東京大學出版會

加藤斗規(2001)「上海の企業文化」『上海―未来と過去の交錯する都市』『アジア遊学』33号　東京：勉誠出版社

鬼頭宏(1996)「明治以前日本の地域人口」『上智経済論集』41巻(1―2号)，pp. 65―79

鬼頭宏(2000)『人口から読む日本の歴史』　東京：講談社

木村健二(2008)「日韓条約以降の経済関係と在韓日本人団体」『戦後アジアにおける日本人団体－引き揚げから企業進出まで』小林英夫　柴田善雅　吉田千之輔編　京都：ゆまに書房

九鬼周造(1979)『「いき」の構造：他二篇』　東京：岩波書店　改版

菊池清子(2001)「外地人女性の上海ドリーム」『上海―未来と過去の交錯する都市』『アジア遊学』33号　東京：勉誠出版社

ギュンター・グレーベ(2003)「デュッセルドルフの日本人コミュニティ―エスのスケープのなかに生きる」『海外における日本人、日本のなかの外国人―グローバルな移民流動とエスのスケープ』岩崎信彦　ケリ・ピーチ　宮島喬　ロジャー・グッドマン　油井清光編　京都：昭和堂

工藤正子「内なる越境―国際結婚にみる、もう一つの多文化化」

『現代日本をめぐる国際移動』『アジア遊学』104号　東京：勉誠出版社

小島勝（2001）「上海日本人学校の今昔」『上海―未来と過去の交錯する都市』『アジア遊学』33号　東京：勉誠出版社

国立国会図書館（2009）『ブラジル移民の百年』　国立国会図書館　http://www.ndl.go.jp/brasil/index.html（Accessed 22 March 2013）

五反田正宏（1997）「コラム　不良老年のゆくえ」『現代日本をめぐる国際移動』『アジア遊学』104号　東京：勉誠出版社

小林英夫（2008）「戦後アジアにおける日本人団体の活動と特徴」『戦後アジアにおける日本人団体―引き揚げから企業進出まで』小林英夫　柴田善雅　吉田千之輔編　東京：ゆまに書房

小林英夫（2008）「日台経済関係と在台日本人団体」『戦後アジアにおける日本人団体―引き揚げから企業進出まで』小林英夫　柴田善雅　吉田千之輔編　東京：ゆまに書房

小林英夫（2008）「戦後日比関係と在比日本人団体の活動」『戦後アジアにおける日本人団体―引き揚げから企業進出まで』小林英夫　柴田善雅　吉田千之輔編　東京：ゆまに書房

呉偉明　合田美穂（2003）「シンガポールにおける日本の社縁文化―日本人会と九龍会との比較」『日本の組織―社縁文化とインフォーマル活動』中牧弘允　ミッチェル・セジウィック編　東京：東方出版

小山修三（1983）『縄文時代』東京：中央公論社

相良亨編（1984）『日本思想史入門』東京：ペリカン社

酒井千絵（1997）「中国へ向かう日本人―ブームに終わらないアジア就職の現在」『現代日本をめぐる国際移動』『アジア遊学』104号　東京：勉誠出版社

酒井千絵（2003）「香港における日本人女性の自発的な長期滞在」『海外における日本人、日本のなかの外国人―グローバルな移民流動とエスのスケープ』岩崎信彦　ケリ・ピーチ　宮島喬　ロジャー・グッドマン　油井清光編　東京：昭和堂

酒井順子（2003）「ジェンダーとグローバリゼーション―日本人のディアスポラ」『日本の組織―社縁文化とインフォーマル活動』中牧弘充　ミッチェル・セジウィック編　東京：東方出版

佐竹眞明編著（2011）『在日外国人と多文化共生―地域コミュニティの視点から―』　東京：明石書店

柴田幹夫（2001）「上海留学生レポート（1）」『上海―未来と過去の交錯する都市』『アジア遊学』33 号　東京：勉誠出版社

島村麻里（1997）「アジアへ向かう女たち―日本からの観光」『現代日本をめぐる国際移動』『アジア遊学』104 号　東京：勉誠出版社

島本雅喜（2001）「上海留学生レポート（2）」『上海―未来と過去の交錯する都市』『アジア遊学』33 号　東京：勉誠出版社

上海居留民団（1942）『上海居留民団三十五周年記念誌』居留民団

島本雅喜（2001）「上海留学生リポート（2）」『アジア遊学』第 33 号　東京：勉誠出版社

下川裕司（1997）「海外引きこもり族―外こもりの実情」『現代日本をめぐる国際移動』『アジア遊学』104 号　東京：勉誠出版社

白河桃子（1997）「コラム　バリの日本人妻たちの今」『現代日本をめぐる国際移動』『アジア遊学』104 号　東京：勉誠出版社

ジェトロ（2010）『北京市概況と投資環境』日本貿易振興機構

ジェトロ（2012）『東北三省における日本語人材数』日本貿易振興機構

甫喜山精治・古厩忠夫・高綱博文（2001）「鼎談オールド上海と

日本人」『アジア遊学』第33号　東京:勉誠出版社

牲川波都季(2012)『戦後日本語教育学とナショナリズム―思考様式言説に見る包摂と差異化の論理』　東京:くろしお出版

関満博(1999)『アジア新時代の日本企業』　東京:中公新書

祖運輝(2003)「墓誌に見られるシンガポール日本人社会―死者のアイデンティティと"埋葬の義理"を中心に」『日本の組織―社縁文化とインフォーマル活動』中牧弘充　ミッチェル・セジウィック編　東京:東方出版

園田茂人(2001)『日本企業アジアへ―国際社会学の冒険』東京:有斐閣

高綱博文(2001)「序言」『特集上海―未来と過去の交錯する都市』『アジア遊学』第33号　東京:勉誠出版社

高綱博文(2009)『「国際都市」上海のなかの日本人』研文出版

高崎隆治(2006)『上海狂想曲』文藝春秋

竹内好(1963)『現代日本思想大系9:アジア主義』筑摩書房

陳祖恩(2001)「日常生活から見た上海の変化」『上海―未来と過去の交錯する都市』『アジア遊学』第33号　東京:勉誠出版社

陳祖恩(2006)「上海日本人居留民戦後送還政策の実情」『北東アジア研究』第10号　島根大学

陳祖恩(2010)『上海に生きた人々』大修館書店

陳天璽(1997)「多民族化する日本の中華学校」『現代日本をめぐる国際移動』『アジア遊学』第104号　東京:勉誠出版社

陳天璽(1997)「コラム―越境と無国籍者」『現代日本をめぐる国際移動』『アジア遊学』第104号　東京:勉誠出版社

津田左右吉(1937)『支那思想と日本』岩波新書

恒吉僚子(1997)「日本における多文化教育を考える」『現代日本をめぐる国際移動』『アジア遊学』第104号　東京:勉誠出版社

佃陽子(1997)「二十一世紀日本人のアメリカン・ドリーム　移民と非移民の間」『現代日本をめぐる国際移動』『アジア遊学』第104号　東京:勉誠出版社

中国陸軍総司令部編(1945)『中国戦区中国陸軍総司令部受降報告書』中国陸軍

中澤高志ほか(2008)「"海外就職の経験と日本人としてのアイデンティティ―シンガポールで働く現地採用日本人女性を対象に"』『地理学評論』81：95—120

中牧弘允(1989)『日本宗教と日系宗教の研究―日本・アメリカ・ブラジル』東京:刀水書房

中牧弘充(2003)「社縁文化としての社葬」『日本の組織―社縁文化とインフォーマル活動』中牧弘充　ミッチェル・セジウィック編　東方出版

新渡戸稲造(1974)『武士道』矢内原忠雄譯　東京：岩波書店

日本上海史研究会編(1995)『上海史―巨大都市の形成と人々の営み―』東方書店

日本上海史研究会編(1997)『上海人物誌』東方書店

日本上海史研究会編(2000)『日本僑民在上海』上海辞書出版社

日本上海史研究会編(2002)『上海　職業さまざま』勉誠出版

日本上海史研究会編(2000)『上海―重層するネットワーク』汲古書院

日本上海史研究会編(2005)『戦時上海―1937〜1945年』研文出版

林京子(2001)「上海と上海っ子」『上海―未来と過去の交錯する都市』『アジア遊学』第33号　東京:勉誠出版社

春名徹(1988)『にっぽん音吉漂流記』中公文庫

春名徹(2001)「上海からシャングリラへ」『上海―未来と過去の交

錯する都市』『アジア遊学』第 33 号　東京:勉誠出版社

星野博美(2000)『転がる香港に苔は生えない』情報センター出版局

浜田貴英(2012)「海外便り―上海の日本人教育事情について」『北陸経済研究』

ヒュー・ジョーンズ(2003)「太平洋アジアの国際的移住システムにおける人口統計的、経済的基盤」『海外における日本人、日本のなかの外国人―グローバルな移民流動とエスのスケープ』岩崎信彦　ケリ・ピーチ　宮島喬　ロジャー・グッドマン　油井清光編　昭和堂

藤崎康夫(1997)『日本人移民』寫真協力山本耕二　東京:日本圖書

藤田国幸(2008)「マレーシアの日本人団体」『戦後アジアにおける日本人団体―引き揚げから企業進出まで』小林英夫　柴田善雅　吉田千之輔編　ゆまに書房

香港日本人倶楽部(2005)『香港日本人社会の歴史―江戸から平成まで―』香港日本人倶楽部発行

香港日本人商工会議所(1999)『香港日本人商工会議所 30 周年記念』香港日本人商工会議所発行

香港日本人商工会議所(2009)『香港日本人商工会議所 40 周年記念』香港日本人商工会議所発行

香港日本文化協會(1987)『香港日本文化協會二十五年特刊』香港日本文化協會発行

香港日本文化協會(2002)『香港日本文化協會四十年特刊』香港日本文化協會発行

ポール・ホワイト(2003)「ロンドンにおける日本人―コミュニティの形成過程」『海外における日本人、日本のなかの外国人　グ

ローバルな移民流動とエスのスケープ』岩崎信彦　ケリ・ピーチ　宮島喬　ロジャー・グッドマン　油井清光編　昭和堂
町村敬志(2003)「ロスアンジェルスにおける駐在員コミュニティの歴史的経験─遠隔地日本の形成と変容」『海外における日本人、日本のなかの外国人　グローバルな移民流動とエスのスケープ』岩崎信彦　ケリ・ピーチ　宮島喬　ロジャー・グッドマン　油井清光編　昭和堂
水谷竹秀(2011)『日本を捨てた男たち』集英社
宮内由美子「多民族化する大学─東京大学駒場キャンパスにおける留学生事情」『現代日本をめぐる国際移動』『アジア遊学』第104号　東京：勉誠出版社
村上忠政(2007)『トランスナショナル・アイデンティティと多文化共生』明石ライブラリー
茂木敏夫(2009)「第二章　近世東アジアの世界秩序」『大人のための近現代史 19世紀編』三谷博　並木頼寿　月脚達彦編　東京大学出版社
柳原和子(1994)『「在外」日本人』晶文堂
柳田國男(1976)『遠野物語・山の人生』東京：岩波書店　改版
安田峰俊(2012)『和僑』角川書店
山下晋司(2007)「出ようかニッポン、行こうかニッポン」『現代日本をめぐる国際移動』『アジア遊学』第104号　東京：勉誠出版社
山下晋司(2007)「ロングステイ、あるいは暮らすように旅すること」『現代日本をめぐる国際移動』『アジア遊学』第104号　東京：勉誠出版社
山田昌弘(2004)『希望格差社会』筑摩書房
山田昌弘(2007)『格差社會スパイラル：コミュニケーションで二

極化する仕事、家族』山田昌弘，伊藤守　東京：大和書房

吉田千之輔（2008）「タイ国日本人会とバンコク日本人商工会議所」『戦後アジアにおける日本人団体―引き揚げから企業進出まで』小林英夫　柴田善雅　吉田千之輔編　東京：ゆまに書房

吉富志津代（2008）『多文化共生社会と外国人コミュニティの力―ゲットー化しない自助組織は存在するか？』東京：現代人文社

レグランド塚口淑子（2003）「ジェンダーでみる日本型雇用慣行―大卒の場合」『日本の組織―社縁文化とインフォーマル活動』中牧弘充　ミッチェル・セジウィック編　東京：東方出版

渡辺賢一（2007）『和僑』　東京：アスペクト

欧美参考文献

Abegglen, James C., 1958. *The Japanese Factory*. New York: Arno Press.

Adachi, Nobuko, 2006. *Japanese Diasporas: Unsung Pasts, Conflicting Presents and Uncertain Futures*. London: Routledge.

Anderson, Benedict, 1983. *Imagined Communities: Reflections on the Origin and Spread of Nationalism*. London: Verso.

Aoyama, R., 2010. "Japanese Corporate Culture and Japanese Communities in China", in proceedings of International Conference on Japanese Language Education (ICJLE), Taipei.

Aoyama, R., 2010. "Modernity and the Study of 'Japaneseness'", *South China Journal of Japanese Studies*, Vol. 3, pp. 171-175.

Aoyama, R., 2012. "Japanese Community in China — Interviews with Migrants in Shanghai and Hong Kong", *Nihon Gakkan*,

Vol. 15, pp. 123 - 136.

Aoyama, R., 2013. "Nostalgic migration: Factors behind Recent Japanese Migration to Shanghai", *Demography and Migration*, New York: Edwin Mellen Press.

Aoyama, R., Seo, M., & Yonemoto, K., 2011. The Roles of Japanese Native Language Teachers Abroad: Native Teachers' Beliefs Regarding the Localization of Japanese Language Education in Hong Kong in Proceedings of International Conference of Japanese Language Education (ICJLE), Tokyo.

Aoyama, R., Seo, M., & Yonemoto, K., 2011. "Japanese Language Teaching in a Globalized Society", in proceedings of 2011 Spring Conference of the Society for Teaching Japanese as a Foreign Language, Japan.

Appadurai, Arjun, 1996. *Modernity at Large*. Minneapolis: University of Minnesota Press.

Barna, LaRay M., 1976. "How Culture Shock Affects Communication", *Communication* Vol. 5, No. 1, pp. 1 - 18.

Befu Harumi and Sylvie Guichard-Anguis, 2001. *Globalizing Japan: Ethnography of the Japanese presence in Asia, Europe, and America*. London: Routledge.

Befu, Harumi, 2000. "Globalization as Human Dispersal: From the Perspective of Japan", in *Globalization and Social Change in Contemporary Japan*, edited by J. S. Eades, Tom Gill, and Harumi Befu, pp. 17 - 40. Melbourne: Trans Pacific Press.

Benedict, Ruth, 1946. *The Chrysanthemum and the Sword: Patterns of Japanese Culture*, with a foreword by Ezra F. Vogel. Boston, Mass.: Houghton Mifflin.

Ben-Ari, Eyal and Yong, Y. F. V., 2000. "Twice Marginalized: Single Japanese Female Expatriates in Singapore", in *Japan in Singapore: Cultural Occurrences and Cultural Flows*, pp. 82 - 111. London: Routledge.

Ben-Ari, Eyal; Clammer, J. R., eds., 2000. *Japan in Singapore: Cultural Occurrences and Cultural Flows*. London: Routledge.

Ben-Ari, Eyal; Yong, Yin Fong Vanessa, 2000. "Twice Marginalized: Single Japanese Female Expatriates in Singapore", in *Japan in Singapore: Cultural Occurrences and Cultural flows*, pp. 82 - 111. London: Routledge.

Brody, Betsy Teresa, 2002. *Opening the Door: Immigration, Ethnicity, and Globalization in Japan*. New York: Routledge.

Brown, Rupert, 1995. *Prejudice: Its Social Psychology*. Oxford, Cambridge, Mass.: Blackwell.

Clammer, John, 2000. "The Happiness-Making Machine: Soka Gakkai and Japanese Cultural Presence in Singapore", in *Japan in Singapore: Cultural Occurrences and Cultural Flows*, pp. 175 - 193. London: Routledge.

Craig Calhoun, 2007. *Classical Sociological Theory*. Malden, MA: Blackwell Pub.

Cumings, Bruce, 1997. *Korea's Place in the Sun: A Modern History*. New York: W. W. Norton.

Featherstone, Mike, 1990. *Global Culture: Nationalism, Globalization and Modernity: A Theory, Culture and Society Special Issue*. London: Sage.

Fujita, Yuiko, 2009. *Cultural Migrants from Japan: Youth, Media, and Migration in New York and London*. Plymouth: Lexington Books.

Glebe, Gunther, 2003. "Segregation and the Ethnoscape: The Japanese Business Community in Dusseldorf", in *Global Japan*, edited by Roger Goodman, Ceri Peach, Ayumi Takenaka, and Paul White, pp. 98–115. London: Routledge Curzon.

Goodman, Roger, et al., 2003. *Global Japan: The Experience of Japan's New Immigrant and Overseas Communities*. London: RoutledgeCurzon.

Haines, David W., 2012. "Keiko Yamanaka, and Shinji Yamashita", *Wind over Water: Migration in an East Asian Context*. Vol. 2. New York: Berghahn Books.

Halloran, Richard, 1969. Japan: Images and Realities. Tokyo: C. E. Tuttle.

Hamabata, Matthews Masayuki, 1990. *Crested Kimono: Power and Love in the Japanese Business Family*. Ithaca, N. Y.: Cornell University Press.

Hamrin, Tina, 2000. "Tenrikyo in Singapore: Rerepresenting the Japanese presence", in *Japan in Singapore: Cultural Occurrences and Cultural Flows*, pp. 194–215. London: Routledge.

Hendry, Joy; Wong, Heung Wah, 2006. Dismantling the East-West Dichotomy : Essays in Honour of Jan van Bremen. London and New York: Routledge.

Iwabuchi, Koichi, 2014. "12 Cultural Citizenship and Prospects for Japan as a Multicultural Nation", *Transnational Trajectories in East Asia: Nation, Citizenship, and Region*, p. 239. London: Routledge.

Japanese American National Musium, 2000. http://www.janm.org/jpn/main_jp.html (Accessed 20 March 2013).

Judd, Charles M.; Park, Bernadette, 1993. "Definition and Assessment of Accuracy in Social Stereotypes", *Psychological Review*, Vol. 100, No. 1.

Kato, Etsuko, 2009. *Jibun sagashi no imin tachi*. Tokyo: Sairyūsha.

Kelts, Roland, 2007. Japanamerica: How Japanese Pop Culture Has Invaded the U. S.. New York: Palgrave Macmillan.

Koizumi, Junko, 2004. "Kare to Kanojyo No Shanhai Dorīmu", *Newsweek Japan*. 6 October 2004.

Kondo, Dorinne K., 1990. Crafting Selves: Power, Gender, and Discourses of Identity in a Japanese Workplace. Chicago: University of Chicago Press.

Koyama, Shuzo, 1978. "Jomon Subsistence and Population", *Senri Ethnological Studies*, No. 2, pp. 1–65.

Levenson, Michael, 1999. *The Cambridge Companion to Modernism*. Cambridge and New York: Cambridge University Press.

Levi-Strauss, Claude, 1966. *The Savage Mind*. Chicago: University of Chicago Press.

Louie, Kam, 2008. *The Cambridge Companion to Modern Chinese Culture*. Cambridge, and New York: Cambridge University Press.

Machimura, Takashi, 2003. "Living in a Transnational Community within a Multi-Ethnic City", in *Global Japan*, edited by Roger

Goodman, Ceri Peach, Ayumi Takenaka, and Paul White, pp. 147 - 156. London: Routledge Curzon.

Macionis, John; Gerber, Linda, 2010. "Chapter 3-Culture", *Sociology*. 7th edition. Toronto: Pearson Canada Inc.

Mathews, Gordon and Sone, Ayako, 2003. *"The Struggle Between 'Japanese' and 'Non-Japanese' among Japanese in Hong Kong"*, Warsaw, Poland: Japan Anthropology Workshop, European Association for Japanese Studies Conference.

Mathews, Gordon, 2000. *Global Culture/Individual Identity: Searching for Home in the Cultural Supermarket*. New York: Routledge.

Mathews, Gordon, 2001. "A collision of Discourses", in *Globalizing Japan: Ethnography of the Japanese Presence in America, Asia and Europe*. London: Routledge.

McGarty, Craig; Yzerbyt, Vincent Y.; Spears, Russel, 2002. "Social, Cultural and Cognitive Factors in Stereotype Formation", *Stereotypes as Explanations: The Formation of Meaningful Beliefs about Social Groups*. Cambridge: Cambridge University Press.

Miller, G. E., 1937. *Shanghai: The Paradise of Adventurers*. New York: Orsay Publishing House Inc.

Milstein, T., 2005. "Transfomation abroad: Sojourning and the Perceived Ehancement of Self-efficacy", *International Journal of Intercultural Relations*. No. 29, pp. 217 - 238.

Mo, Bangfu, 2005. *Nitchu Wa Naze Wakari Aenai No Ka*. Tokyo: Heibonsha.

Moeran, Brian, 1996. *A Japanese Advertising Agency: An Anthropology of Media and Markets*. Honolulu: University of

Hawai'i Press.

Mortimer, Jeylan and Larson, Reed, ed. 2002. *The Changing Adolescent Experience: Societal Trends and the Transition to Adulthood*. Cambridge: Cambridge University Press.

Mouer, Ross E., 2005. *A Sociology of Work in Japan*. Cambridge and New York: Cambridge University Press.

Mullins, Mark R.; Susumu, Shimazono; Swanson, Paul L., 1993. *Religion and Society in Modern Japan: Selected Readings*. Berkeley, Calif.: Asian Humanities Press.

Muramatsu, Shōfū. 1924. *Mato*. Tokyo: Konishi Shoten.

Nakamaki, Hirochika, 2003. *Japanese Religions at Home and Abroad: Anthropological Perspectives*. London: RoutledgeCurzon.

Nakano, Lynne Y., 2005. *Community Volunteers in Japan: Everyday Stories of Social Change*. London: Routledge.

Narsimha, Sushila, 1999. *Japanese Perceptions of China in the Nineteenth Century: Influence of Fukuzawa Yukichi*. New Delhi: Phoenix Publishing House.

NHK (Nippon Hōsōkyōkai), 2011. "*Chaina Dorīmu Wo Oikakete*", *Japan Broadcasting Corporation*, 17 January 2011. http://www.nhk.or.jp/gendai/kiroku/detail_2986.html (Accessed 31 March 2012).

Okakura, Kakuzo, 1989. *The Book of Tea*. Tokyo: Kodansha International.

Ong, Aihwa, 1999. *Flexible Citizenship: The Cultural Logics of Transnationality*. Durham: Duke University Press.

Pedersen, Paul, 1995. *The Five Stages of Culture Shock: Critical Incidents Around the World*. Westport, Conn:

Greenwood Press.

Pickering, Michael, 2001. *Stereotyping: The Politics of Representation*. Basingstoke, Hampshire: Palgrave.

Robertson, Jennifer, 1997. "Empire of Nostalgia: Rethinking 'Internationalization' in Japan Today", *Theory, Culture and Society*, Vol. 14, No. 4, pp. 97–122.

Robertson, Jennifer, 1998. *Takarazuka: Sexual Politics and Popular Culture in Modern Japan*. Berkeley: University of California Press.

Robertson, Jennifer, 2005. *A Companion to the Anthropology of Japan*. Malden, MA and Oxford: Blackwell Pub.

Robertson, Jennifer, 2005. *Same-sex Cultures and Sexualities: An Anthropological Reader*. Malden, MA: Blackwell Publishing.

Roces, Alfredo R., 2006. *Culture Shock！: A Survival Guide to Customs and Etiquette*. Philippines / Tarrytown, NY : Marshall Cavendish Editions.

Rohlen, Thomas P., 1974. *For Harmony and Strength: Japanese White-collar Organization in Anthropological Perspective*. Berkeley: University of California Press.

Rosaldo, Renato, 1989. "Imperialist Nostalgia", *Representations*, No. 26, pp. 107–122.

Said, Edward W., 2003. *Orientalism*. London: Penguin.

Sakai, Junko, 2000. *Japanese Bankers in the City of London: Language, Culture and Identity in the Japanese Diaspora*. London: Routledge.

Sakai, Junko, 2003. *Makeinu No Tōboe*. Tokyo: Kōdansha.

Sassen, Saskia, 2007. *Sociology of Globalization*. New York: W. W. Norton.

Sato, Machiko, 1993. *Shin Kaigai Teijū Jidai*. Tokyo: Shinchōsha.

Sato, Machiko, 2001. *Farewell to Nippon: Japanese lifestyle migrants in Australia*. Melbourne: Trans Pacific Press

Shimokawa, Yuuji, 2007. *Nihon Wo Oriru Wakamonotachi*. Tokyo: Kōdansha.

Soysal, Yasemin Nuhoglu, 2015. *Transnational Trajectories in East Asia: Nation, Citizenship, and Region*, pp. 106–129. Oxford and New York: Routledge.

Sudo, Mika, 2007. *Shanhai japanīzu*. Tokyo: Kōdansha.

Sugimoto, Yoshio, 2003. *An Introduction to Japanese Society*. Cambridge and New York: Cambridge University Press.

Sugimoto, Yoshio, 2009. *The Cambridge Companion to Modern Japanese Culture*. Cambridge. New York: Cambridge University Press.

Takatsuna, Hirofumi, 2009. *Kokusaitoshi Shanhai No Naka No Nihonjin*. Tokyo: Kenbun Shuppan.

Takeuchi, Yoshimi, 1963. *Gendai Nihon Shisō Taikei*, Vol. 9. Tokyo: Chikuma Shobō.

Tanaka, Stefan, 1993. *Japan's Orient: Rendering Pasts into History*. Berkeley: University of California Press.

Umesao, Tadao, 2003. *An Ecological View of History: Japanese Civilization in the World Context*, edited by Harumi Befu; translated by Beth Cary. Melbourne, Vic.: Trans Pacific.

United States-Japan Foundation, 2007. http://www.us—jf.org/

japanese. html (Accessed 5 May 2012).

Wallerstein, Immanuel, 2004. "World-systems Analysis", In *World System History*, ed. George Modelski, in *Encyclopedia of Life Support Systems* (EOLSS), Developed under the Auspices of the UNESCO. Oxford: Eolss Publishers.

White, Paul, 2003. "The Japanese in London: From Transience to Settlement?", in *Global Japan*, edited by Roger Goodman, Ceri Peach, Ayumi Takenaka, and Paul White, pp. 79–97. London: RoutledgeCurzon.

Whiting, Allen Suess, 1989. *China Eyes Japan*. Berkeley: University of California Press.

Whiting, Allen Suess, 1993. *Chugokujin No Nihonkan*. Tokyo: Iwanami Shoten.

Wong, Dixon Heung Wah, 1999. *Japanese Bosses Chinese Workers: Power and Control in a Hong Kong Megastore*. Surrey: Curzon.

Woo-Gil, Choi., 2001. "The Korean Minority in China: The Change of Its Identity", *Development and Society*, Vol. 30, No. 1, pp. 119–141.

Yasuda, Makoto, 2008. *Sotokomori No Susume*. Tokyo: Gentōsha.

Yatabe, Kazuhiko, 2001. "Objects, City, and Wandering: The Invisibility of the Japanese in France", in *Globalizing Japan*, edited by Befu Harumi and Sylvie Guichard-Anguis, pp. 23–40. London: Routledge.

Yi, O-ryong, 1982. "Chijimi", in *Shiko No Nihonjin*. Tokyo: Gakuseisha.

Yokomitsu, Riichi, 1932. *Shanghai*. Tokyo: Kōdansha Bungei

Bunko.

Yokoyama, Hiroaki, 2005. Hannichi to Hanchu. Tokyo：Shueisha.

统计资料

日本国外務省(1997)領事局政策課　海外在留邦人調査統計平成9年速報版 http://www.mofa.go.jp/mofaj/toko/tokei/hojin/97/index.html（Accessed 21 Feb 2013）

日本国外務省(1998)領事局政策課　海外在留邦人調査統計平成10年速報版 http://www.mofa.go.jp/mofaj/toko/tokei/hojin/98/index.html（Accessed 21 Feb 2013）

日本国外務省(1999)領事局政策課　海外在留邦人調査統計平成11年速報版 http://www.mofa.go.jp/mofaj/toko/tokei/hojin/99/index.html（Accessed 21 Feb 2013）

日本国外務省(2000)領事局政策課　海外在留邦人調査統計平成12年速報版 http://www.mofa.go.jp/mofaj/toko/tokei/hojin/00/index.html（Accessed 21 Feb 2013）

日本国外務省(2001)領事局政策課　海外在留邦人調査統計平成13年速報版 http://www.mofa.go.jp/mofaj/toko/tokei/hojin/01/index.html（Accessed 21 Feb 2013）

日本国外務省(2002)領事局政策課　海外在留邦人調査統計平成14年速報版 http://www.mofa.go.jp/mofaj/toko/tokei/hojin/02/index.html（Accessed 21 Feb 2013）

日本国外務省(2003)領事局政策課　海外在留邦人調査統計平成15年速報版 http://www.mofa.go.jp/mofaj/toko/tokei/hojin/03/index.html（Accessed 21 Feb 2013）

日本国外務省(2004)領事局政策課　海外在留邦人調査統計平成16年速報版 http://www.mofa.go.jp/mofaj/toko/tokei/

hojin/04/index.html（Accessed 21 Feb 2013）

日本国外務省（2005）領事局政策課　海外在留邦人調査統計平成17年速報版 http：//www.mofa.go.jp/mofaj/toko/tokei/hojin/05/index.html（Accessed 21 Feb 2013）

日本国外務省（2006）領事局政策課　海外在留邦人調査統計平成18年速報版 http：//www.mofa.go.jp/mofaj/toko/tokei/hojin/06/index.html（Accessed 21 Feb 2013）

日本貿易振興機構（2006）日本の貿易相手国に関する統計資料 http：//www.jetro.go.jp/world/japan/stats/trade/（Accessed 21 Feb 2013）

日本国外務省（2007）領事局政策課　海外在留邦人調査統計平成19年速報版 http：//www.mofa.go.jp/mofaj/toko/tokei/hojin/07/index.html（Accessed 21 Feb 2013）

日本国外務省（2008）領事局政策課　海外在留邦人調査統計平成20年速報版 http：//www.mofa.go.jp/mofaj/toko/tokei/hojin/08/index.html（Accessed 11 May 2012）

日本国法務省（2009）外国人登録者数 http：//www.immi-moj.go.jp/toukei/index.html（Accessed 11 May 2012）

日本国法務省（2009）外国人入国者数　http：//www.moj.go.jp/PRESS/090326-1/030326-1.html（Accessed 11 May 2012）

中华人民共和国上海市政府（2009）上海统计年鉴2008 http：//sh.gov.cn/shanghai/node2314/node24651/node24652/index.html（Accessed 11 May 2012）

中华人民共和国北京市政府统计局（2009）北京统计年鉴2008http：//www.bjstats.gov.cn/（Accessed 11 May 2012）

日本国外務省（2009）領事局政策課　海外在留邦人調査統計平成21年速報版 http：//www.mofa.go.jp/mofaj/toko/tokei/

hojin/09/index. html（Accessed 11 May 2012）

日本国総務省（2010）『平成 22 年国勢調査』http：//www. stat. go. jp/data/kokusei/2010/index. htm（Accessed 15 April 2012）

日本国外務省（2010）領事局政策課　海外在留邦人調査統計平成 22 年速報版 http：//www. mofa. go. jp/mofaj/toko/tokei/hojin/10/index. html（Accessed 21 Feb 2013）

日本国厚生労働省（2011）社会保障の検証と展望～国民皆保険・皆年金制度実現から半世紀～　日本国厚生労働白書平成 23 年版　http：//www. mhlw. go. jp/wp/hakusyo/kousei/11/dl/01—01. pdf（Accessed 5 March 2012）

日本国外務省（2011）領事局政策課　海外在留邦人調査統計平成 23 年速報版 http：//www. mofa. go. jp/mofaj/toko/tokei/hojin/11/index. html（Accessed 21 Feb 2013）

日本国法務省（2011）外国人の出入国の状況 http：//www. moj. go. jp/content/000081958. pdf（Accessed 21 October 2012）

日本貿易振興機構 JETRO（2012）日本の貿易動向 http：//www. jetro. go. jp/world/japan/stats/trade/（Accessed 25 November 2012）

日本貿易振興機構（2012）日本の貿易相手国に関する統計資料 http：//www. jetro. go. jp/world/japan/stats/trade/（Accessed 21 Feb 2013）

日本国総務省（2012）統計局統計データ http：//www. stat. go. jp/data/index. htm（Accessed 15 April 2012）

国立社会保障・人口問題研究所（2012）『日本の将来人口推計』http：//www. ipss. go. jp/syoushika/tohkei/newest04/sh2401top. html（Accessed 14 August 2012）

日本国厚生労働省（2012）平成 24 年我が国の人口動態 http：//

www. mhlw. go. jp/toukei/list/dl/81―1a2. pdf（Accessed 11 May 2012）

日本国外務省（2012）領事局政策課　海外在留邦人調査統計平成24年速報版 http：//www. mofa. go. jp/mofaj/toko/tokei/hojin/12/index. html（Accessed 21 Feb 2013）

日本国入国管理局（2013）外国人の入国者数に関する統計 http：//www. immi―moj. go. jp/（Accessed 21 Feb 2013）

日本国財務省（2013）国際貿易関係資料 http：//warp. ndl. go. jp/info：ndljp/pid/1022127/www. mof. go. jp/（Accessed 21 Feb 2013）

日本貿易振興機構（2013）日本の貿易相手国に関する統計資料 http：//www. jetro. go. jp/world/japan/stats/trade/（Accessed 21 Feb 2013）

上海日本商工倶楽部（2013）　統計資料 http：//www. jpcic―sh. org/（Accessed 5 Feb 2013）

日本貿易振興機構上海事務所（2013）　上海に関する統計資料 http：//www. jetro. go. jp/jetro/overseas/cn_shanghai/about/（Accessed 15 Feb 2013）

The Government of the Hong Kong Special Administrative Region（2011）Population Census 2011，Summary results by Census and Statistics Department http：//www. census2011. gov. hk/en/publication―feature―articles. html（Accessed 5 Feb 2013）

Japan External Trade Organization（JETRO）. 2011. "Shanhaishi gaikyō." November 2011. http：//www. jetro. go. jp/world/asia/cn/central_east/pdf/shanghai_1111. pdf（Accessed 12 Feb 2013）

Minister of Foreign Affairs of Japan. 2011. Annual Report of Statistics on Japanese Nationals overseas. http://www.mofa.go.jp/mofaj/toko/tokei/hojin/11/pdfs/1.pdf(Accessed 22 Feb 2013)

International Monetary Fund (IMF). 2012. World Economic Outlook (WEO) Coping with High Debt and Sluggish Growth http://www.imf.org/external/pubs/ft/weo/2012/02/weodata/download.aspx (Accessed 22 Feb 2013)

附录　访问调查

访问调查录音文稿示例

访问调查示例作为参考资料添加。笔者于2009年2月至2012年3月访问了居住在上海的52名日本人，2010年3月至2012年3月访问了居住在香港的44名日本人。再加上2009年2月至2012年3月期间在广州和北京进行的访问调查，合计的受访者有112人。访问调查过程中都尽可能对受访者的会话进行了录音，以作为日后分析的依据。笔者与每一名受访者接触的时间平均是3个小时，根据受访者的状况不同，最短的访问时间是1个小时，最长的是5个小时。访问多在受访者家里、受访者住所附近的咖啡厅、工作单位附近的餐厅或公园进行。笔者大都与受访者在车站或某广场汇合，然后再一同去访问的地点。除去交换名片和点餐的时间，访问内容的录音平均是1—2个小时。访问形式包括个人访问和集体访问。个人访问是指笔者与受访者一对一进行访问，内容主要集中在受访者的生平、对未来的展望等有关自我认同的问题。集体访问指笔者同时访问几名受访者，有些受访集体是夫妻，有些是朋友，这是由受访者自主选择的。最多人数的一次集体访问是6个人，大多数情况是2—3个人。集体访问时，因为有家人或朋友在场，受访者有可能难以敞开心扉。因此，通过这种形式得到的数据样本不适合用于分析受访者的自我认同。但是，集体

访问有利于了解受访者之间的关系，所以只要受访者提出这样的要求，笔者都会积极配合。访问结束后，笔者把录音整理成文字，对会话内容进行分析，进而提炼出与研究主题密切相关的部分。然后，通过电子邮件或电话与受访者保持数次、甚至数十次的沟通，对会话内容加以确认。根据结果，如果发现有必要再对有些受访对象进行调查，就会再次向对方要求面谈，对有些受访者，这个过程重复了很多次。本论文中所使用的访问调查合计103件，132人，录音时间总长208小时。在将录音资料文字化的过程中，为了详细地再现访问时的状况，即使是会话内容中反复出现的话语或是随声附和的语言也被忠实地记录下来，作为资料留存。论文中引用的受访者的话语，是从录音文稿中抽取出来的与论文主题密切相关的段落的中文译文。

以下作为参考列举3个访问调查的录音文稿。文稿资料的内容十分多，且有很多内容都与研究的主题没有关系。所以，这里选择了3个录音时间较短的文稿。出于人类学研究者的伦理操守，为了避免泄露受访者的个人信息或工作状况等隐私，笔者对与受访者有关的人名、地名、公司名等固有名词都做了相应的删除或更改。

例1 对受访者U的访问调查

发言者：调查者A（论文执笔者本人）与受访者U（香港，男性，50多岁，派驻人员→私营业主）

地点：U工作附近的餐厅（香港九龙塘区域）

日期：2010年4月5日下午

录音时长：52分41秒

备注：这是第二次访问调查。第一次是在U的工作地点，时间

附录　访问调查

是2010年3月2日，主要内容是询问U为何来香港，及他以前的工作情况。

A　すみません、お忙しいところまたインタビューをお願いします
U　どうぞ、こないだも楽しかったですから、ぜひどんどん聞いてください。自分でもこれまでの人生を振り返るきっかけになったし、そうおもって
A　だいたい前回のインタビューでこれまでの様子などがわかったので有難うございました
U　いやいや
A　それで今回はまたいろいろと教えて頂こうと思います
U　はい
A　で、あの香港のどんなところが好きですか
U　何がって、うーん。そうだなあ
A　何かありますかね
U　そうね生活かな
A　生活ですか
U　生活というより、たとえばこっちの方には私は親戚がいませんから、私の場合は親戚づきあいとかそういうのが無くて済むから、そういうのは助かっているかな。親戚がいると、やっぱりなんか集まったりとか親戚づきあいがあるから、そういう意味では楽かなとおもっているんだけど、たとえば、そういうのが煩わしくない、というのが1つあるね、良い点と言えるね、私の場合は
A　でも奥さんの親戚との付き合いはあるでしょう
U　そうね、わたしの妻は香港の人だから、それはあるね。だか

235

ら大変だよ、でも1つでいいでしょ、奥さんと私と両方の親戚がいたら、両方行かなきゃいけないから、それはたいへんでしょ、でこっちにいると片方で済むでしょ、私は別に親戚はこっちにいませんから、だから助かる

A なんで煩わしいんですか

U え、煩わしい、自分の貴重な時間を取られるのがいやだっていう基本的にはね

A はい

U いや、もちろん、行かなきゃいけない時は行きますよ、もちろん、でも行かなくても良い場合でも行かなくてはいけないってなった場合が煩わしいっていうのがあって、状況としてね、あるでしょ

A ええ、でUさんの場合、駐在員として香港に来てたと思うんですか

U それは以前の話

A え、とどうなんだろう、今は

U 今の話、それとも前の話

A え、と自分で自己定義をするとどうなんでしょう

U 今は自分でここで会社を起こして、自分の生活を、糧を、つまりインカムを得るためにここにいるってことですね、まあ、日本で働くよりこっちの方がずっと働き易いっていうのがあるから、ここにいるっていうことですね

A え、と、どういうことですか、働き易いっていうのは

U あの要は、日本で事業を起こすのは本当に大変なんだよ、それに加えて、香港では企業を起こすのはすごく簡単で、簡単に企業を起こせますよっていう

A 起こすって言うのはその会社を始める手続きみたいなこと

ですか
U いやいや、起こすって言うのはそりゃ登録するとか手続きみたいなこともあるけれど、それに、それから事業をやっていくこともあるし、だから日本と比べると、そうだね両方あるね、香港はビジネスチャンスもあるし、日本よりこっちの方がまだチャンスがあるってそうおもって
A へえ、なんでですか
U まあ日本も前はそうだったんだけど勢いがある、そうまあ私が日本にいた頃の勢いが、もうなつかしいものだけど。こっちではビジネスチャンスがあるからこれからも何かがスピーディに動いている
A なるほど、そうですか
U そりゃ日本と比べるとやっぱり、日本のマーケットと香港のマーケットでは全く違って、香港っていったって、まあまわりにチャイナとかいろんなマーケットがありますよね、たとえば、会社なんかでもそうだけど、なぜヘッドクォーターっていうか、なぜ海外の本拠地を香港やシンガポールにするかっていうかって、これはねやっぱり日本にいるより、香港やシンガポールの方が情報を取り易いし、海外の方が即入ってくるし、日本の方が遅いんですよ、あと決断もしやすいし、特に大きな会社だと、日本だと稟議書っていうのがあって、それをまわして、つまり社内で全て賛成をとっておいて、それがトップまでまわってやっと物事が決まる、でも海外の場合は、たとえばそのトップがやるっていったらやれるし、そのスピーディーなビジネスができる、日本だと下から少しずつ同意をしていって、それでやっていくとすごく
A 遅い

U そう遅いんです、でそれを考えるとやっぱり海外の方がいいよね、相対的に考えると
A なるほど
U そう
A じゃあ、うーん、今は駐在員の人と付き合いますか
U 付き合いは最近ないね
A え、とそれはどうしてですか
U そうね、それは今はけっこう日本語教師という仕事に縛られているんで、あの外に行くチャンスがすくなくなった、以前に比べると、でも前はやっぱりテニスのサークルに入っていて、そこには駐在員がたくさんいて、それでその後に食事をしたりとか、ゴルフに行ったりとか、まそこで情報交換とかしてたんだけど、最近テニスをする時間もなくなったんで、やはり、その付き合いがあった
A あの2004年から会社が無くなったとのことですが、いつからその収入がなくなったのかというのは
U はい
A 電子部品の会社ですよね
U あの、辞めて一年後だね
A はい
U その、一年間は電子部品の会社で保証してくれたんですよ。いちおう仕事はないんだけど、クロージングするのに
A え、辞めたのにお金がもらえるんですか
U もちろん、クロージングするのに時間がかかりますからね
A なるほど
U そのためのお金を、給料というのはもらえる
A はあ、そうですか

U だからその時には日本の会社からも収入をもらっていたから、自分の会社も立ち上げて、それでなんとかやっていこうと
A それって前と同じ給料をもらっていたと
U だいたいそうね
A え、では一年あまりやることもないのに
U いやそれはね、やっぱり保証してくれる、ただ一年だけですよ
A え、でもけっこう良い給料ですよね
U はい
A いくらぐらいですか
U うーんあんまり覚えていないなあ
A だいたいでいいですか
U うん、それなに会社負担も含めてってこと
A はい
U うんじゃあ、一月100万くらいかなあ
A 日本円ですか
U 日本円で100万円くらい
A わあ、そんなにですか
U はい
A それはその日本でもらうんですか、それともこっちでもらうんですか
U うん、香港でもらっていた
A じゃあその香港ドルでもらっていたんですね
U 香港ドル
A へえ、それに家とかも、ハウジングとかも付くんですよね
U だから色んなものが付きますから

A 全部言ってみてください、もう一回
U 家賃でしょ
A 家賃と
U 一番大きいのだけいうと、まず家賃でしょ
A 家賃がどのくらいですか
U 5万香港ドル、うんと4万ドルかな
A それだけでもうすごいですね、住む場所は自分で選べるんですか
U そうだよ
A あ、そうなんですか
U だって社長だから、支店長だから
A 自分で場所を選べる、自由なとこに住んで良い
U 私が決めましたから
A ということはもし1万ドルのところに住んでいたら、3万ドルもらえるんですか
U それはもらえない、やっぱ領収書をもらうから、それはできない
A なるほど、他には
U あとは交通費とか、出張すると出張手当、それと、家族手当もらってたのかなあ、子供のお、例えば子供の教育費だとか、あとメイドの費用、あの時はメイドを雇っていなかったのかなあ
A なるほど
U 大きいのだけ言うとね
A こんなもんですか
U はい
A えっとで、給料自体はどんなもんなんですか、給料は安いん

ですか
U 50万か60万くらいじゃない
A あじゃ、給料は日本でもらうんですか
U いやこっちこっち
A あ給料は60万くらいなんだけど、家賃だとか全部を入れると100万を超えると言うことですね
U そうですね
A なるほど
U はい
A で、この一年はラッキーですね、2004年は。2003年までは大変だったけど、クロージングしなくちゃいけないから、2004年は何もやらないでお金をもらうことができて
U いちおう働きましたけど、やっぱり自分のビジネスを立ち上げないとどうしようもないと思って、一年間お金もらってなんもしなかったら、それはこれからどうなっていくのかというふうに考えるから
A それはやっぱり恐怖感があると
U それはやっぱり大変ですよ、今まではサラリーマンで、黙っててもお金をもらってたけど、今度はそういうわけにはいかない、独立して、ようは自分で会社を起こして、会社を起こすのはいいんだけど、やっぱり簡単じゃないから、そのビジネスですから。でたまたま高校の同級生が日本で家具の社長をやっていたので、海外からその輸入をやっていたんで、でそれでそのお手伝いはできませんかっていう、ことで中国からも家具を彼らはとってたから、輸入していたから、こちらから考えたら輸出になるんだけど、こっちで検品、家具の検品をして、ゆうのをやってサポートするっていう仕事をやり

始めた、だから最初は検品業務。家具の
A 何の関係で家具の
U 私の高校の時のお友達
A 高校の友達の関係で、家具を。なるほど良かったですね
U でもそれだけでは少ないから、それでもっと広げようとして挑戦していたけど、ビジネスを、でもそれで色々失敗もしましたけど
A では2004年から色んなビジネスにチャレンジしてきて、日本語教師もやっているということですか
U そうね、日本語教師もやっていると
A 駐在員の人たちとはいつごろまで付き合っていましたか
U うーん
A 日本語教師になってから
U そうだね2008年ぐらいからかなあ
A 付き合いがなくなったと
U そうねえ
A で、その頃はどうでしたか、やっぱり生活とは違うんじゃないですか
U はい
A たとえば、駐在員の人たちはどうでしたか
U 飲み屋に行ったり、食事をしたりですかね
A やっぱり高いとこですか
U うーんまあ、高いといえば高いとこだねえ
A そうですか、どれぐらいですか
U どれぐらい使うかなあ、まあ200ドルくらいかな
A 2004年まではビジネスをしていたから景気もよかったのですか

U そうね
A ではそれからは
U そう、まああんまり高いとこにはいかなくなったかな、そうね200ドルくらいのところはいいけど、あまり高いとこはそれこそ月一回とか
A でも月一回は行ってたんですね
U それはまあそうね、駐在員の人とも遊びたいから
A そうですね
U まあ駐在員の人たちと会いたいと言うよりは、そのビジネスの可能性があったりすることもあるから
A ビジネスチャンスがあるのですね
U そう、やっぱりそれで取引の可能性とかがあるから、そういうことを知りたいなあと思っていて
A なるほど
U 自分が駐在員だった時は、そんなに色々考えなくてもビジネスがあったけど、今は自分から行かないと
A そうですか
U 駐在員の時はでも日本からお客さんとかが来る、その接待をすることとかがすごく忙しくて、そちらの方がやっぱり忙しかった
A ということはやはり遅くまで仕事をしてということですか
U いや仕事の時間は6時までで、まあやることはいっぱいあるんだけど、仕事の時間はそこで終わって、そのあと接待業務があって、まあこれは私が香港に来る前にマレーシアで働いていたときのことなんだけど、まあお客さんに合わせて、もし中華料理を食べたいっていうんなら、中華料理だし、日本食だったらまあそうなるし、じゃあ他の東南アジアの料理だ

ったらそういうとこに連れて行かなきゃいけない、後は韓国料理とかインド料理とか、まあそういうことが頭の中に入っているから、お客さんの要望どおりに連れて行かなくちゃいけないって事が多くて

A でそれは何時ぐらいに終わるのですか

U あのね、まあ何時になるかっていうのはその場合によるねえ、やっぱりいろんな接待の仕方があるから、すごく遅くなるときは遅くなるしねえ、いくつかの場所に行く時もあるからねえ、その時の状況によって

A そういうお金とかは会社からおりるんですか

U そうもちろん会社がもってくれるよ

A そうなんですね

U まあ、駐在員っていうのはそういう接待が仕事だって部分もあるから、そういう部分はけっこう真剣にやらないといけない

A なるほど

U そう

A じゃあお客さんの飲食費とかも出すんですね

U それはもちろん、誰が出すんですか、会社が出さなくて

A なるほど、会社が全て持つと

U まあでも今はそういうのはすごく厳しくなってきて、ほとんど会社がださなくなっているかもしれない

A あ、そうなんですか

U そりゃそうだよ、不景気なのにそんなことまで全て持っている会社がそんなにあると思う、ないでしょ

A あ、ないんですか

U ないよ

A でも2002年とか2004年とかもう不景気だったんじゃないですか

U 不景気といっても、その頃はそんなに不景気じゃなかったんだよ、まあ業種にもよるとおもうけどね、われわれの業種はまだ、その景気がよかったんじゃないかな、その頃は、そんなもんでした

A じゃあいつごろ変わったんですか

U 私がやめた頃かな

A じゃあ2004年の頃ですね

U うん、そうじゃないかな

A で、それからその後も駐在員の人たちと月に一回は飲みに行くという、そういうのは駐在員の人が払ってくれるのですか

U そりゃ割り勘だよ

A そうなんですか

U だって友達同士で飲みにいって奢ってくれるわけないでしょ

A そうですよね

U そう

A それは昔の仕事の知り合いですか

U いや全然関係ない

A なるほど

U 関係ないほうが深く付き合えるんですよ、同じ業種の関係だと、競争になってしまうから、同じビジネスだと、だから例えば証券会社とかだと、やっぱり関係ないから深く付き合えるから

A そうですか

U うん、あまり同じ業種だと、言えないこととかあるでしょ、教えてしまうと相手が有利になってしまうことだとか、不利に

なってしまったり、だからそれを気にしているとやはりリラックスできないというか、だからあんまり関係ない業種の人と飲みに行ったほうが楽しいことが多い、それを気使って話すといやでしょ、全然関係のない人だとすごくオープンになれるから、自分の困っている話とかどんどん話していけるから、それでアドバイスをもらったりしていくことになる、でも同じ業種の人に困っている話とかしてしまったら、「あいつ困っているんだ」、じゃあ今がチャンスだって話になってしまって、危険でしょ

A ああ、そうなんですか

U そう

A じゃあまあ、少し話題が変わるんですが、自分のどこが日本人らしいと思いますか

U 道徳とか考え方かな、やっぱり日本人らしい道徳とか考え方があると思う、まあけっこうそういうのがあるから、こっちの人みたいに割り込んだりとか、そういうのがやっぱりやっちゃだめっていうのがあるから、そういうとこは日本人らしいのかなと思いますね、その列を作ってちゃんと並んでしまったりというとこかな、まあ、ちゃんと守りますから

A じゃあ日本人らしくないとこはどこですか

U そうねえ、最近見てみないふりするようになってしまったねえ

A えっ

U だから、見てみないふりをする、つまり人が困っていてもまあそのままにするとか、まあ昔だったら人が困っていたら助けるっていうか、まあ助けないにしてもサポートしようと思う気持ちが強かった、でも最近そういうことも特に考えない

ようになってきた
A 具体的には
U だから誰かが物を落としたとか、そういうときに、まあたいしたものでもなかったら、例えばハンカチとか、そういう時にはまあ見てみないふりをする
A そうなんですか、どうしてですか
U うん、まあ面倒くさいから、それが
A へえ
U まあお金とかね、財布とか、そりゃ言うよ、言うと思う、でもたいしたものでもなかったら言わなくなったかなあと思う
A なるほど
U はい
A で香港の人と働いていて、自分がどういう風に見えていると思いますか、香港の人から考えて
U 見えているってどういう意味
A さんUさんが香港の人にどう思われているかっていうことですか
U ああ、良い人だと思われている
A 良い人、なるほどどういう意味で
U どういう意味っていうか、そのままで、悪くない人っていう意味で、香港の人から私は良い人だと思われている
A なるほど
U まあそういう風に振舞っているから
A はい
U まあさっきの逆になるかもしれないけど、たとえば困っている人がいたら、すぐ助ける、全然知らない人が例えば困っていてももしかしたら見てみないふりをするかもしれないけ

ど、やっぱり知っている人が何か助けが必要だったら、そりゃ全力で助けますよ、そうやっていくと、向こうもなにかあったら助けてくれる、っていうそういう意味で、良い人だとおもわれているんだと、あと良いボスとも

A　ボスと

U　そう、会社を閉めた時も従業員に対して、非常に手厚く退職金とかを払って、そうやってきたから、普通はそこまではしなくてもいいよっていうのを、私は就職の斡旋だとか、そういうことをしっかりやってきたから、今でも昔の従業員は年に一回くらい私にコンタクトしてきて、まあご飯を食べましょうだとか、してますよね

A　で、その駐在員の人たちから見てどう見えていますか

U　日本人の

A　そう日本人の駐在員が

U　それはいつ

A　辞めてから

U　そうね

A　どう思われていたんでしょうね

U　うーんまあわかんないよね、しゃべってないから

A　でも2004年以降も付き合いがあったんですよね

U　まあたしかにしゃべていても、まあ相手がどうおもっているかっていうのは私も想像だけでしか言えないけれど、まあ楽しんでるんじゃない、エンジョイしてるねえ、奥さんも香港人だし、香港生活ももう十何年だし、いいねえってかんじで思っていたんじゃないかな、日本に帰らなくてもいいし、他の駐在員の場合は3年とか5年とかたったら帰らなくてはいけないし、それでまた新しい人が来る、それのずっと繰り返

し、私の場合はそれがないから、そうするとやっぱり駐在員から見たら羨ましいと思うんじゃないかな、と同時に可哀相と思う人もいるんじゃないかな、だって日本に戻れないわけでしょ、ずっと戻れないってことは可哀相ってふうに考える、そういう人もいるし、ああいいねえ、ずっといられていいねえと思う人もいるし、だからそれは取り方が違う、ひとそれぞれ、本人に聞いてみないとわかんないことだからねえ、これは

A　それは直接聞いたことはないんですか
U　まあテニスとかやっている仲間で、そりゃ日本に帰るときに、ああ上川さんいいですねえ、まだ香港にいられるんですねえって言われて
A　Uさんは駐在員の人を羨ましいとは全く思わないんですか
U　誰に対して
A　えっと日本人の駐在員の人に対して
U　そりゃ羨ましいよ、月給だって黙っててもらえるでしょ、それを考えると羨ましいよ、そこだけは羨ましいと思うよ
A　お金と
U　そうだってインカムが安定しているでしょ、そりゃいいよ、私の場合は今インカムが安定してないでしょ、こうやって食べていかないといけない、それでやっぱりこれからインカムが安定してくるとそりゃ、まあ考え方も変わってくるかもしれないけれど
A　そこだけが羨ましい
U　そうそこ
A　他に羨ましいことは
U　ない

A　え、まったくないんですか
U　えだって、どんな良いことがあるの
A　ないんですか
U　で私が今考えているのはそれだけ
A　ということは駐在員だった時よりも今の方が良いということですか
U　うんだからインカムが安定しさえすれば、良いと思う
A　つまりお金以外では全てプラスだと
U　そうね
A　では今一番困っているのはお金だと
U　そうだね、いまいちばんこまっているからね
A　なるほど、面白いですね、でもけっこうお金ってどう重要なんですかね
U　まあお金が無かったら行けないとこもあるし
A　はい
U　要はお金がないと遊べないし、会社のお金を使ってレストランとかにもいけないし、そういう面では羨ましいと思うけど
A　なるほど、お金のほかにもありますか
U　うーん、ないんじゃないかな
A　はい、あとは付き合い方とか変わりますか
U　え
A　その日本人と話すときと香港の人と話すときとその付き合い方が違いますか
U　付き合い方っていうのは、どうかなあ、私は同じだと思うけどねえ、まあ言葉の問題がありますよね、例えばマージャンだったら別に話さなくてもいいし、だから香港人であろうと日本人であろうと私は全く一緒ですよ

A 話す内容も同じですか
U 内容、そうねえ
A 何を話すかとか
U それはまあ話す相手によって違うから、まあ香港人であろうと日本人であろうと、まあ相手によって政治が好きな人だったら政治の話をするし、仕事の人だったら仕事の話をするし、だからその人がどんな話、香港人であろうと、アメリカ人であろうか、まあ日本人であろうと、その人が私とどんな話をしたいかによって違う、私から話すこととか、どんな話題を振るかって言うのもまあ、それで決まってくるし、あえて付き合い方を日本人だから香港人だからアメリカ人だから変えているかって言うと、まああんまり変えていない、まあこれにも書いているけど、この質問「香港に来てから仕事の仕方を変えましたか」ていう項目があるんだけど、私は変えない、まったく変えないでいつも全力でやる、だから人であろうと私は一緒だとおもう、全力でぶつかるっていう
A では、香港で自分で仕事を見つけてきた人にはどういうイメージがありますか
U 現地採用ね、まあどういうイメージ
A イメージ
U 可哀相
A 可哀相
U うん、全然待遇が違うから、本社採用されて香港で駐在員をやっている人と、香港で現地採用されてきた日本人、この二つでまったく待遇は違いますからね、たとえば、家、たとえば本社から来た人間は私みたいに全部サポートします、でも現地で採用した人間、まったくそういうことはしないですから

ね、本当にベーシックな給料だけ、しかもそんなに高くない、だから全く違う、全く待遇がちがってくるんです
A なるほど
U そうですね
A じゃあ、駐在員は今Uさんについてそう思っているんですかね
U そうね、まあそう思うかもね、まあここで1人でやっているから
A なるほど、では同じ構図があるんですかね
U まあわたし自分でも可哀相と思うよ、だって安定してないでしょ、本社からもらう給料はないでしょ、自分で稼がないといけないから、香港で現地で採用された人は自分で稼がないといけないから
A なるほど、ではイメージとして可哀相と、では他にイメージは
U 他のイメージ、うーん
A はい
U 可哀相ねえ、イメージ、うーん、一生懸命働いているイメージかな、要はそこまで一生懸命やらないと稼げないし、まあそこまでやらないとだめだから、駐在員はそれに比べて楽しているかんじ、まあ駐在員もいろいろと大変なことはあるんだけど、やや現地採用に比べたら楽なんじゃないかと
A 駐在員が大変なことってなんですか
U たとえば本社からプッシュされることがあるんだよね、たとえば売り上げがね、達成していなかったら、「なんで利益がでないの」「なんで達成できないの」っていう風に言われるんですよ、もし利益を達成できていたら非常に楽です

A 楽って言うのは時間的に余裕があるということですか
U そうね、まあプレッシャーがないわけだから、精神的に楽でしょ、まあそういうのをいつも本社から言われないわけだから、そういう意味で楽でしょ、であとはまあ交際費や接待費にしても、昔だったらまあ利益が上がっていればだけど、接待費だってある程度使っても全く問題なかったわけだし、それが利益が落ちると接待費を削りなさいってことになっちゃうんだけど、接待費っていうのはね、利益に比例してね変わるんですよ、要は固定費じゃない、つまり利益が上がっていれば、流動費として、変わるんですよ。固定費っていうのは人件費あとは光熱費まあこういうのは変わらない、流動費っていうのはセールスを上げるために接待するとか、プロモーションを打つとか、出張をしていくとか、そういうのがあがればあがるほど、大きくなっていくから、たとえばテレビコマーシャルをする、そうするとだいぶ大きく変わってくるから、もしばんばんコマーシャルを打っていくと、固定費じゃないから
A なるほど、では自分は今どのような位置づけなんですか
U アイデンティティっていうこと
A そうですね、まあさっき話したように駐在員と現地採用って分けてしまうと、上川さんの場合難しいと思うんですが、今
U そうね駐在員ではないよね
A でも現地採用でもないと
U そうね、自分でビジネスをやっている、まあ日本語教師にしても、自分でビジネスをクリエイトしてやっているから
A 独立している
U そう独立しているから

253

A そういう人けっこういるんですかね
U そう、和僑会とかね、まあまったく付き合いがないから全然中身がつかめないんだけどね、そういう
A まあUさんよりもう少し若い人が多いのかな
U かえってあなたの方が知っているんじゃないの
A そうですね、まあ最近そういうビジネスマンとかいると思うんですが、どうですかなんかアドバイスとかありますか
U ここに来て14年7ヶ月いるんですが、広東語がまったくしゃべれないんですよ、まあ最初から一生懸命やっていたら、今頃はべらべらになっていたと思う、だいたい14年もなにしてたのと思うでしょ、絶対その土地の言葉は勉強すべきだと思う
A 今からでも遅くないのでは
U ははは、気持ちはありますけどね、昔と比べると全然違う、まあ14年前だったらやっぱり、ハングリーでなんとかやろうと思ったけど、今は年もとっているし、やっぱり全然ちがう、そういう考え方が、まあでもやる気はあるんだけどね、以前と比べたら全然
A なるほど、いろいろと教えていただき、ところでもしUさんが女性だったらどう考えますかね
U うーんあんまり考えられないねえ、女性にはなりたくないから
A どうしてそう考えるんですか
U うーんやっぱりいろんなことがあるでしょ、女性は妊娠するでしょ、それも大変だし、私なんか常に動き回りたいタイプだから、それを考えてしまうとだめになってしまう、あと女性は受身でしょ、だから私は合ってない、まあ女性でもそう

でない人もいるでしょ、いるけどでも、私はやっぱり男性の方が積極的で動きがあると思っているから、そういう動きがあるといいと思っているから、まあ私の概念では男性でしか考えられない、女性に生まれたらっていうのは考えられないし、もしとか考えられない
A　そうなんですか
U　そうだね
A　理由は、受身だからってことですね、他にありますかね
U　まあ他にね、女性って言うのはやっぱりキレイでないとと思っていて、まあこれはセクハラになるかもしれないけど、まあ女性っていうのはね、美しい人が有利ですよね、男性の場合そういうことはないでしょ、ハンサムだからってこともあるけど、そのかわりに頭がいいとか言葉がしゃべれるとかっていう、別の形であれば、それで女性を引き付けられる、それが女性の場合はだいぶレンジが狭まるのかなあと思う、もちろん性格とかでいろいろと変わるとは思うんだけど、それだけではないとは思うけど
A　そうですかねえ、あとは
U　あとは身体能力とか、スポーツとかの、女性はそういう身体能力がおとるよねえ、やっぱりそういう
A　そうですかねえ
U　そうだよ
A　え、と調査紙にもいろいろと書いていただいて、その上前回と今回で様々なことを教えていただいて
U　いやあ、役に立てたらうれしいよ、まあこれでもう大丈夫、内容としては全部きいたんですか
A　はいだいたい大丈夫だと思います

U　はい
A　お忙しいところお時間どうも有難うございました
U　いやそんなでも
A　では有難うございました

例2　对受访者M的访问调查

发言者：调查者A（论文执笔者本人）与受访者M（上海，男性，30多岁，当地录用者）

地点：M朋友家（上海虹桥地区）

日期：2011年3月12日下午

录音时长：57分22秒

A　じゃあインタビューを始めても宜しいでしょうか
M　はい
A　すみません、それでいつ来たんでしたっけ
M　5年前の8月ですね
A　なるほど2006年の8月ということですね
M　そうですね
A　で、さっき来るきっかけをけっこう
M　そうですね、来るきっかけは…まあ、さっきから申し上げたとおり、ヘッドハンティングに来てくれた友達の誘い
A　その人は日本人？
M　いや中国人ですね
A　ということは、銀座のバーに来てくれたという
M　そうですね
A　そうなんですか

M　海外からは何度かお声がかかっていたんですけど
A　そうなんですか
M　オーストラリアの方からとか
A　すごいですね
M　ま、関係の人からお声がけを頂いたんですが。ロンドンとかニューヨークとかあとシドニーとか、あとアムステルダムとか。そういうところにはもうバーの文化がもともと、まあできていて、そこに行くと、また師匠の他の知り合いの下についてまた教えてもらうということで、そうなんです、でも僕はもう師匠以外から何も教えていただくことはないと思っていたので、次は自分から何かを発信したいと思っていたんですね、なので、カクテル文化があまり無いところに行こうと思って、香港、上海、北京、ドバイ、台北からお誘いを頂いていたんで、アジア圏からは
A　え、そんなに、もう一回教えていただいていいですか
M　えつと、香港、上海、北京、台北、あとドバイですね
A　で、あのまた一から弟子をやるっていうのは、たとえばロンドンに行った時は日本人の人の下についてということですか
M　いやいや、もちろんロンドンの人、現地の人で
A　なるほど
M　もちろん、新しい発見はたくさんあると思うんですけど、僕の基礎はやっぱり師匠から教わったことがベースになっているので
A　でなんでこの都市にしたんですか
M　たしかに他に香港や台北などの可能性もあったんですけど、なんか香港や台北っていうのは小さな東京みたいな感じが

してしまって、見にはいったんですけど。せっかく東京でやっていたので、東京みたいな街じゃないところでやりたいって

A　うんうん

M　あとあのせっかく中国に来るんだったらと思って、あとはここに来てオーナーと話して、今のパートナーですね、それで、これだったら自分のやりたいことができるっていうのがわかって、あとはパートナーの意識ですね、バー文化に対する意識とか、お店に対する意識が高かったので、ここでやっていけるだろうって思って

A　このヘッドハンティングの人がパートナーを紹介してくれたっていう

M　そうですね、パートナーは僕の友達なんですけど

A　この人は中国の人なんですか

M　そうですね、中国の出身なんですけど、幼少の頃に香港に移っていて、うん、だからほとんど香港の考え方ですね

A　はい、で今は上海にいる

M　そうですね、今は上海で。父親の仕事が香港にあるので、上海で過ごして、そっちのほうでも並行しながらやっているようです

A　じゃ、生活の方はいまは平日と土日と、土日とかはあまりない

M　いや日曜日は休んでますね

A　日曜日はお店も休みなんですか

M　いや開いてますけど、私がいないってことをもともと言ってあるんで、やっぱりあんまりお客さんは来ないですね

A　平日はどういう勤務形態ですか

M 最近はできるだけ遅く行くようにしているんですが、5時から5時半くらいにお店に入って、夜2時まで営業して、だいたいその後、もう一回味をつめたり、もう一回、なんでしょう、営業のこととかを考えたり、でそういう時間で1時間から1時間半くらいとって店にいるんで、だいたい店を出るのが4時くらいですかね、いつも

A ああ、じゃあ、最後の時間はなんていうか、企画というかんじでお店のことを考えていらっしゃるんですね

M 企画というか、もう一回味に疑問を持ってみる、自分が毎回作っているものの味に疑問を持ってみる。という時間ですね

A それは1人でやるんですか

M スタッフが残る時は残りますけど、一緒に練習したりすることもありますけど、だいたい1人ですね、1人でやりますね

A 今お店に何人くらいいますか

M 私を含めて7人ですね、バーテンダーの見習いの子が6人います

A え、そんなにいるんですか

M ええ、中国の人が6人います、見習いのバーテンダーですが。まあ基本は3人がバーテンダーとして入るんですが、ま流動的にやめたりするので、まいま一年近くつづけていてくれているのが2人くらい。あと1人の人がいて。あとは流動的なかんじですね

A では午前中は何をしているんですか

M 朝のうちはできるだけジムにいって汗を流して、昼からはフリーですね、街をぶらぶらしてみたり

A じゃあんまりマーケティングみたいなことはしないんで

すね
M マーケティングはしないですね
A なんでですか
M やっぱり交友関係をしっかり持っていることがマーケティングだと思うので、そんなに必要が
A なるほど、ちなみにお客さんは中国の方が
M 中国の型が7割くらいで、残りは欧米のかたや日本、あんまりいないですが、その他の方は
A あ、中国の方が多いんですね
M そうですね、最近中国の人が多いんじゃないかな、欧米の人は少なくなっている、減っていますね
A そうなんですか。場所は
M 場所は新天地です
A じゃ、だんだんたぶん中国の比率が高くなっていくと言うか
M もともと私は中国に来た主旨って言うのが、中国の人にバー文化を広めたいっというのがあって、それでとてもよくなっていたというか
A なるほど、私はあまりよく知らないんですが、お店でお話をする時などはやっぱり中国語で
M そうですね、中国語。拙い中国語で、大変ですね。半分くらいわかんなかったりするんで、大変ですね。そこはやっぱりスタッフにフォローしてもらったり
A 結構大変ですよね、今はとても評判が良いようですが、どうやって初めは
M パートナーの香港の人間がやっぱり
A 香港の人が
M そのマーケティングがやっぱりしっかりしていたっていうの

と、あとは口こみですね、やっぱり良い評判をつけるっていうか、つけようという努力というよりも、当たり前の事を当たり前にする、毎日変わらずに当たり前のことをするっていうのを意識的にするっていう

A　毎日

M　そうですね、それを意識的にするっていう

A　さっき言ってましたよね、街がリラックスしたところだから

M　はい

A　お客さんが求めているものは

M　うちのお客さんが求めているものは。うん、うちのお客さんはやっぱりレベルが高いっていうか、やはりお金持ちの人なので

A　でしょう

M　ですので9割くらいのかたは英語をしゃべる。ほとんどの人が留学経験があって、英語が上手な人たちなので。日本人が思っているほど、中国のお客さんは質が悪くないですね、ま知らない人はたくさんいますけど、マナーとか。でも日本人が思っているほど、高いからだめっていうのは少ないっていうか。ちゃんと自分が欲しい味を求めていると言うか。やっぱり着てみないと分かりませんよ。僕も初めは中国だから、どんどん高いものばっかり頼んでくるのかと思っていたら

A　違いがわかるわけですね

M　違いがわかりますよ。日本人がグローバルだっとか、国際的だって自分達のことを評価しますけど、日本人ほどグローバルじゃない民族はいないって僕は思っていて

A　なるほど

M 島国だと
A 島国
M あの島国のなかで英語もしゃべれないで、何をグローバルだと言っているのかと
A 英語だけじゃなくて他にどういう
M 外に出て行こうっていうか、外に向いていこうっていう意識が高いですね、中国の人のほうが、誰かと言ってたんだけど、中国の人たちって外に出ない限り成功できないわけじゃないですか、半分くらい制度に縛られていたりするんで、で外に出て行って、外で成功して戻ってきてまた評価されるっていう、っていうのが彼らの態度なんだから、外に対しての意識が高いって言うか、言語に対しての意識も高いですね
A うん、なるほど
M ローカルの子でも英語けっこうしゃべる人が多いですから
A それはやっぱりバーというところにいるから、お客さんもやっぱり意識がたかいっていうか
M そうですね、意識が高いですね、留学している子も多いですし、日本でMBA取得したっている人にあまり会ったことないですよね、大阪のバーにいても、でもうちのバーのお客さんのなかMBAとっている人が30人くらいいるんですよ。中国のMBAにしても、欧米のMBAにしても、普通にとっていらっしゃる方がいて、まそれがどうだってかんじはするんですけど、まあ絶対数が多いですね。日本人は中国だからっていうんですけど、ま食べ物とかはたしかにまだですが、まあ中国だからって言っていたら、今数字的にみたら、日本は中国に完敗しているわけですから、だから日本は意識を変えていかないと、お山の大将っていうか、お山の大将どころか、裸の

王様みたいになっていくのではないか。日本は意識を変えていかないといけないなあ、日本自体の売り方を考えていかないといけないなあと、日本は大きな市場ではやっぱりやっていけないと思うんですよ、ビッグカンパニーの10や20の中に入っていけるかって言うと、トヨタですらビック20の中に入っていない状況ですから、だから日本のやるべきことっていうのを考えるとこれからはもっと、なんでしょうね、うんと、日本の文化というか、1つのことに対して一途になれるっていう、職人プラスアルファおたくっていう。だからなにかひとつの事を追求していく、追いかけていくって言うことを、もっと外でやる必要があるんじゃないかなって

A うん、なるほど

M 日本は技術を伝えていくのが、なんていうのかな、だから日本でどれだけ腕を磨いても、それを日本で使おうという人が多い、でもそれを海外で使えばもっともっと伝わっていくかもしれない。まあそれができないのは言葉の壁があったり、いろんなしがらみがあったりするんですけど、バーテンダーにもありますからね、銀座から出たら負け犬みたいな、でも何に対して負けるんだとか、何に対して勝つのか

A そうねそうね

M 僕が思うのは、バーテンダーとしても自分の生活が良くなったり、もっともっと自分の生活が良い方向に向かっていくのであればそれでいいんじゃないかと。銀座にいてなんかどんどん状況が悪くなっていく

A そうなんですか今

M そうですね、やっぱり自粛とかあって、あんまり良い状態ではないですよね、どんなに素晴らしいバーテンダーって言わ

れている人でも難しいっていう状況があって、そこで今頑張っている人がすごいっていう、でもそのまま銀座に残って苦しむんなら、銀座を出て負け犬になってもいいから他のところでしっかりとしたものを残したいって思っているんですよね、いんですよね負け犬でも、別に周りの人に何を言われたっていいんですよ

A 今はもうだいぶたっているので
M そうですね
A うん
M 僕はいろいろ見たから
A やっぱり
M まあ根拠あっていえるっていうか
A ではその前はやっぱり銀座を出たら負け犬って言うかんじが
M ぼくあのう、自分自身あんまり銀座っぽいバーテンダーではないっていうか、まあ確かに銀座でのど真ん中の中心のようなお店で修行していたのでそれは捨てきれなかったですけど、銀座に対しての意識っていうのはそんなに、もちろんプライドがあって、銀座の仕事に対してプライドがあって真剣な仕事をしていたけど、それでももとから銀座でなきゃいけないとかっていうのは持っていなかった
A もとは宮城出身ですよね
M 宮城出身だからっていうのよりも、自分自身がそんなにきっちりしたバーテンダーじゃないっていう、やっぱりでも外に出てから思ったのは、銀座のバーテンダーにしかなれないんですよ。意識的には。変えられないんですよ。もう少しくだけてもいいのかなって思っている自分がいるんですけど

A　なるほど

M　やっぱり銀座が

A　なるほど、では銀座にいたときは銀座らしくないっていうのが売りだったんだけど

M　やっぱり出てみたら、銀座の人間そのものなんですね

A　まあ銀座がアイデンティティという

M　そうですね、やっぱりトラウマになるくらいその街にいて仕事をやっていれば、トラウマになるだけではなく、その街が染み込むんですよ。その街の特色が

A　実際いま、お客さんはそういうところが気に入って来てくれている

M　そうですね、そういうところが好きな人が多いですね、

A　この先の展望みたいなものは

M　この先は、できるだけローカルの店員を育てて行きたいって言うか、ローカルのカクテル文化っていうものを育てていけたらって、まあ僕がなにができるかわからないんですけど、ローカルのカクテル文化に僕が持っているものをできるだけ、新しいバーテンダーっていうのを、うちのスタッフに伝えていけたらなって言うのを思っているので、まもちろん自分の店っていうのをしっかりまわしていきながらも、しっかり伝えて行きたいなと思っているので

A　先ほどのインタビュー前の話はどういう状況だったんですか

M　あの、初めの方は言葉もあんまり通じなかったりするんです、それで怒っているていうことを示さないといけない、それで怒っているというので、で手っ取り早いし、急いでいるので、手っ取り早くやってしまうっていうか

A　それはミスをするっていう
M　ミスをするのはいいんですけど、言い訳したり
A　言い訳してくると
M　言い訳したり、なんやかんやと
A　なんやかんや
B　その理由をつけて
A　たとえばミスってどんなことですか
M　ミスなんて簡単なことですよ
A　こぼしたり
M　いやだから、こぼしたりして、真っ先に言わないといけないのはお客さんに対して、すみませんでしたって、なにかいろいろとフォローしないといけないのに、なにか手が滑ってとか、自分の責任ではないっていう言い逃れをするっていうのが、今でもそういう言い訳をするとやってしまうというか
A　うーん
M　そうですね
A　でも辞めてしまうかと
M　そうですね、辞めますね。次の日から来なくなる事も多い
A　なるほど
M　最近はそういうことも少なくなってきたかと、
A　少なくなってきた
M　やっぱり少なくなって来ている
A　最近はスタッフも分かりつつあると
M　そうですね、あとはまあ雰囲気ですね、雰囲気を察してくれるスタッフが3人くらいいるので、僕の思っていることだとか、僕が今怒っているだとか、ここはしっかり、なんだろ、ここはしっかり自分の動きを読んでいかないといけない、とか

っていうのがあって
A うん
M やっぱりわかってくれているスタッフが2,3人いると、楽なんですよね
A じゃその子たちを育てるのに興味があるっていう
M 興味がありますね
A あとは
M あとはその、これゆってれば冗談っぽくいつも言ってるんですけど、ぼくメディアに対しての取材とか、まあ雑誌の取材とかあんまり好きじゃないんですけど、それが写ってしまっているんだと思ってしまうんだけど、できるだけエンターテイメント番組にも出させてもらっていってみたんですけど、それもローカルスタッフの人たちに、バーテンダーとしてしっかりやっていけば、こういう風な番組にも出れて、こういう風に取材もしてもらえてって、モチベーションにもなるので、自分からしっかり動いていかないといけないなって思っていて
A なるほど
M あとこっち来てからは冗談で言っているのは、中国に来れば、日本のテレビ番組とかあるじゃないですか、情熱大陸とかドキュメンタリーちょうのあるじゃないですか、ガイアの夜明けとか、そういう番組に出られるかもしれない。もしかして中国に来ればそういう番組に取り上げられるかもしれないって言う
A うんうん
M こっちにはもしかして何かあるかもしれないっていうのがあって、あとは中国でわかり易くバーテンダーっていうのを

紹介するっていう、僕はカクテルブックっていうのには全く興味がないんですね、似たり寄ったりのカクテルの写真があって、そういうのはどうでもいいんです、だからバーテンダーとしての自分とかバーテンダーの生活とかに興味をもってもらえるようなものを作りたいんです
A　面白そうですよね、自伝って言うか
M　自伝って言うか、エッセイですよね
A　エッセイ
M　そうですね、そういう本もあるんですよ。でもっと分かり易いものがいいかと。こっちの人ってビジュアルブックみたいなの好きなんですよ。写真が入っていて、そういう分かり易いものをできたらっていう、興味をもっていただけたらって
A　なるほど
M　分かり易い本を作りたいって思っているんです
A　うん
M　自分のバーテンダーとしての意識であったり、日常だったりを知ってもらえればと思っているんですよ、それで本を出したいんです
A　中国で出したいと
M　中国で出したいんです
A　中国語で出したいんですか
M　中国語で出したいんです、はい
A　それは中国にさっきいったカクテル文化を
M　広めたいんです。カクテル文化って欧米にもあるし、日本にもあるんですが、僕は日本のスタイルを広めたいんです。日本のスタイルって意外と臨機応変にいろんな国のバー文化を取り入れているんでいがいとオールマイティなんですね、

あとはどの国にも負けないバーテンダーとしての心っていうのがあるんで
A なるほど
M 海外っていうのはバーテンダーっていうのはやっぱり仕事なんですよね。でも僕らはバーテンダーっていうのは人生だと思っているから
A うん
M そこの違いですね
A なるほど
M そう違いですね
A うん
M だから楽しめるんですし、心が病むくらい悩んだり出来るんですよ
A ある意味うまくいったら、銀座に戻れるって言うか、さっきの情熱大陸ではないですけど、戻ろうって気持ちがあるんですか
M 僕、戻ろうって気持ちはまったくないですね
A ない
M ないです
A ないんですね
M なんていうんでしょう、なにかを残したいんですよ。中国で、中国にいる日本人にではなくて、中国にいる中国の人たちに何かを伝えて行きたいって
A それはいつ思いましたか
M ま来てすぐ思いましたね、ま初めたしかに2年くらいで戻るのかなって意識はありましたけど
A なるほど

M 初めは来たばっかりはそういう意識がありましたね
A でも来てすぐに
M 来てすぐにどんどん意識が変わっていきましたね
A それはどうしてですか
M うーん、やっぱりお客さんと接してみて、可能性をすごく感じたのと、自分がなにかをできるっていう可能性をすごく感じたのと、やっぱり現場を見てですね
A 現場
M やっぱり来る前は中国って知らないので、すごく先入観がいっぱいあって
A どんな先入観が
M やっぱり日本人の人が、中国人だからっていうのがあって。中国人だから細かいサービスができないとかって、中国人だからこれはできないっていう人がいて、でもそれはそうじゃないと思って、中国人だからじゃなくって、今の日本の若い子だって同じですよね、だから個人のパーソナル的なものと同じですよね、だから個人的なもので。言えば分かる、中国人だから、中国だからっていうのを変えたかったんですよ。僕は中国だからできる。中国人だからできるっていう風に変えていきたかったんですよ
A なるほど
M 中国だからビジネスチャンスがある、だからもっといい作業ができるっていう可能性があるんじゃないかって
A なるほど
M 能力すごく高いんです、ポテンシャル高いですよ
A ポテンシャル
M そう日本も昔はあったんだろうけど、今の日本人のこりかた

まった考え方にないような、、だからまあ日本人から見るとなつかしいかもしれない、でも今はそういう自由な発想とかがなくなっている、中国ではでもこりかたまった考え方じゃなくて、そんな考え方じゃないことができるので、そのかわりまだ外の世界を見ていなんで、そこをどうやって見せていくか。見ていない人たちに外の世界を説明していかなければならない、僕らは外の世界を見ているんで、僕らと一緒にいることで彼らが外に出て行けるチャンスができれば、っておもって

A　うん

M　やっぱり外に出るチャンスを

A　うん

M　いつか僕のところで修行してくれた子がいいホテルからいい金額でヘッドハンティングされるんなら、それは僕自身が評価されたことになるし、ここでローカルで修行した人が月何万元でひとつき何万元でヘッドハンティングされていったら、それはいいですね。となるとそれはそこでやってきたことが優秀だって言うことなんで、評価にもつながると言うか

A　なるほど

M　そうですね、うれしいですね。

A　じゃあ、いま中国のローカルスタッフを育てることをっていう、じゃもしいつかローカルスタッフが日本に行くチャンスがあったら

M　うれしいですね、まあ日本でも欧米に行くチャンスがあったとしてもうれしいですね、やっぱり

A　ちょっとバー文化って面白いですね。基本は欧米から、欧米からオリジナルが来ているということで

M そうですね
A で、それを日本はすごく発展させて、でそれが中国に合うと考えていらっしゃるんですか、その欧米のではなくて
M うーん、中国にうんと、どうなんだろう。中国のバーテンダーの人たちはたぶん欧米のものを見ていると思うんですが、欧米のものをみているとただのフェイクになってしまうんですよ、ただのものまねになってしまうと、ものまねをしているだけだと
A えっと
M それはですね
A はい
M だからバーテンダーとただの仕事だと考えている欧米のものを真似していると、中国の人はよりいっそうただの仕事としか思えないんじゃないかな
A はい
M でも日本のバーテンダーって全員が全員ではないですよ、9割以上の人はただの仕事だってかんがえているかもしれないけど、でも残りの1割の人って、なんていうんでしょうね。技術よりも心ですかね、精神的なものを学んでいる、だから練習の時も、技術なんかは後回しで、まずは精神的なものをやっている。精神論で。精神が出来ていれば技術もついてくるんだって考えて
A それはたぶん少なくとも何年か、10年か、かなり長い時間っていうか大変な時間を過ごさないと難しいと
M 難しいでよね
A はい
M 難しい

A　はい
M　ですから、やっぱり長く続けてもらうこと、まずは。いやでも長く続けないと意味がない、長く続けることが大切、初めは伸びないんですけど、どっかで伸びることがあるので、長く続けることが大切、最低でも3年続けていかないと、だから中国の子たちもあれでしょ、長く続けてないでしょ。だからまずは長く続けていかないと
A　けっこう、あのイギリスとかもまわったんですか
M　バーとかたくさんありますよね、いいバーもたくさんあります
A　いいバー
M　いいバーテンダーもたくさんいます、でもその一握りなんでよね。日本でもそうですけど、やっぱり意識を高くもって自分を律することができる、やっぱりそうなんですよね。いいバーテンダーは自分を律しているんですよね、欧米の人たちは目立ってやろうっていうバーテンダーの人が多いんですけど
A　うん
M　目立ってやろうっていう中でも自分を律しているからいいバーテンダーなんですよ
A　なるほど
M　すごいですよ、意識が高い
A　はい
M　だからバーテンダーとして優秀と言われる人たちってみんなどこか共通点があるんですよ
A　えっと、今友達とかは日本人があんまりいない
M　日本人、たくさんいるわけではないんですよ

A　はい
M　でも基本的には休みのときはリラックスしたいんで、日本の人といる時が多いですけど、やっぱり
A　それはどこで知り合った
M　うーんと
A　こっちきてから
M　こっちきてからお客さんつてで知り合ったりとか、こっちきてから紹介されたりとか、ていう人ですよね、もちろん欧米の人間も多いんですけどね
A　はい
M　でも欧米の人間だと、頭が疲れてくるっていうか。英語になるので、英語になるとぼくどっぷりつかれてくるっていうか、休んでない気がする。
A　そうですね
M　そうでしょ
A　はい
M　だからほんとに休みたい時には日本人の人と一緒に
A　なるほど
M　そう
A　じゃ一緒に日本食食べに行ったりとか
M　僕、日本食はあんまり食べに行かないんですよ
A　好きじゃない
M　好きじゃないわけじゃないんですけど、あんまり日本食に飢えないっていうか
A　飢えていない
M　だからせっかくだから中華とか、知り合いのレストランに行ったりとか、言うことが多いですかね

A 中華にする
M そうですね、日本人と一緒でも
A これはどういう人が多いですか
M うん、やっぱり基本的にあんまり駐在の人とかは少ないですね、なんかこっちで頑張っている
A 起業している
M そう、起業している人だったり、バーテンダーであったり、主婦であったり、何かしている人が多い
A 主婦の人はどういう
M 主婦の人は多いですね、欧米人はほとんどそうだし、ホテル関係のひととか
A 日本人でも寿司作っているひととか
M いますね
A いますね、それで
M そうそういう人たちと
A ああ、バーテンダーってけっこういるんですね
M いますよ、でも日本で修行したって言う人はあんまり
A ああ、こっちでやり始めて
M そうなんですよ
A そういう人がいるんですね
M いますよ
A どうなんですか
M ええ、こっちでやりはじめて、でもそれはそれでみんな必死でやっているんで、すごいなあと思うんですけど
A やっぱり、そういう人たちとバーテンダーの話はよくするんですか
M しますね、しますけど、やっぱりその価値観が違うってい

うか
A うん
M 僕らみたいなものすごくドメスティックな世界でやってきた人とはやっぱり違うんじゃないですか
A あああ、そりゃ日本人でも
M 日本人でも、なにその若いときからこっちきて、こっちでやり始めた人は、そうですね、中国には長くいるんですけど、そういう人たちは中国人のポテンシャルはあんまり信じていないというか
A ああ
M うーんとどうしてかな
A 面白いですね
M そうやっぱり経験が
A なるほど
M 中国人はすぐ辞めるとか
A へえ
M そういうことがいろいろあって
A そうですか…
M 長くいるのに中国人のポテンシャルを信じていないんで
A へえそうなんですか
M まいろいろあったんでしょうね、長くいるとどんどん辞められていったり、それでもう育たなくてもいいから、どんどん頭数だけそろえて、それでやっていけばっていう話があったりもするし
A へえ
M これからは変わっていくはずですね
A 変わっていく

M　そうですね、必ず
A　僕もマーケティングとかわからないんですけど、やっぱりちょっと上等な方向に店として目指しているかんじですか
M　そうですね、他にいろいろあるバーとは同じではいけないと思っているわけで
A　はい
M　上か下かってわけではないんですけれども、他の店とは一線をかくすサービスだとか、味を目指していかなければって思っていますね
A　それで中国人のお客さんが欧米の人がやっているバーに行かないで、日本人がやっているバーにくるっていうのは、やっぱりそれなりに理由があるんでしょうか
M　やっぱりなんて言うんでしょうか、クオリティとサービスだと思いますよ、最終的にはねやっぱり
A　気持ちがいい
M　気持ちがいいっていうのもありますし、やっぱり味に対するものもありますし、やっぱりサービスが。やっぱり雰囲気が違いますよね、バーとしての雰囲気が。やっぱり欧米の方はルーズなかんじがありますね
A　日本の方はリラックスはできるけど
M　リラックスはできるけど、基本のところは一つ一つ押さえているっていう
A　基本を押さえている
M　そう大切なところはしっかりと
A　いま日本にいる友達と連絡とかは
M　連絡はとりますけどね、まあまり頻繁にはとらないけど、こっちの友人とも連絡とるし

A じゃ、自分を比べる相手っていうのはどっちかというとこっちの人というか、こっちでやっている
M そうですね
A 日本でバーテンダーやっている人と比べたりしない
M ああ、そうですね、意識としてはやっぱり日本にありますので、バーテンダーとしては。でも自分をバーテンダーとして比べるとしたらこっちの人は比べる基準にはない。偉そうなことを言うようですけど比べる基準にはない。こっちのバーテンダーの人とは。人間として比べることがあったとしても、バーテンダーのスキルとかバーテンダーのサービスというものをこっちの人と比べる基準にはない、まあ比べるとしたらやっぱり日本の人と
A すみません、いろいろと
M いやあ
A 全然知らない世界だったので
M はい
A 教えてくださり有難うございました

例3 对受访者N的访问调查

发言者：调查者A（论文执笔者本人）与受访者N（北京，女性，30多岁，派驻人员）
地点：N家附近的餐厅（北京燕莎地区）
日期：2010年3月27日下午
录音时长：24分20秒

A いつごろ北京に来ましたか

N　1年半前です
A　1年半前。冬に来たんですか
N　10月に来ました。10月に来た時はこういう感じで緑もきれいで、すごく過ごしやすかったんですが、10月に初めに来て、次の月の11月には大雪が降って積もっていました
A　中国に来る前のイメージとかはどうでしたか
N　あんまり悪くなくて、私はずっと彼には行け行けと言っていて、チャンスもあるだろうし、私も中国に住んでみたかったんで
A　中国に旅行で来たことはあったんですか
N　ないです。香港しかないです
A　じゃあ、本当に初めて北京に来て。旦那さんは来たことはあったんですか？
N　ないです。赴任すると決まって、事前出張という形で来て、それが初めてでしたね
A　そうなんだ。これから、3年から4年くらいいるの
N　多分
A　じゃあ、あと1年半くらいいるんだ
N　多分、多分です。会社が突然言うものなので
A　じゃあ、会社が突然言わない限り
N　じゃあ、あの、なんか押していたというのは、旦那さんは会社何年目くらいなんですか。S社（日系大手電器メーカー）で
A　何年目なんだろう。10年目とかだと思います
N　10年目くらい。なるほど
A　あ、間違えました。8年目です
N　8年目ですね
A　じゃあ、6年目くらいに海外出張になったんですね

N　はい
A　今の生活は、さっきも言っていたけど、子どもは育てやすいですか
N　育てやすいですけど。そうですね、育てやすいですけど、外国は外国なので、というのと、私は最初、子育てに悩んで、こっちに来てからすぐ精神的に崩れてしまいました
A　あ、本当に。どうして
N　どうして、子どもを育てるのが初めてだったというのと、あと来たばかりの時は中国語ができなかったので、ヘルパーを頼むにしても、細かい中国語が全て分からないので、何か気になっても言えなかったりとか、そういう小さなストレスがどんどん大きなストレスになって。あと私も外国に住むのが初めてで、日本式の子育ての考え方が頭にあって、全て自分で子育てをしないと考えていて、最初は手伝ってくれる人がいても、特に子どもに関しては誰にも触らせもしなかったです。でも、自分がどうしてももうダメだ。どうしても寝たいと寝た時には、お手伝いさんが子どもを見てくれていて、自分が目を覚ました時に子どもが笑っていたので、私でなくてもいいんだ。他人に任せてもいいんだ。と思いましたね
A　いつ頃ですか
N　それは、子どもが5ヶ月くらいなので、来て2ヶ月くらいですね
A　最初の1ヶ月目がやっぱり辛かったですか
N　最初の1ヶ月目も辛かったですけど、まあ正直、1年半くらいは辛かったです
A　え、じゃあ、最近くらい
N　そうです。私が来る前は仕事もしていて、夫とも結婚してい

ましたけど別々に暮らしていたので。うーんと、国も変わって、いきなり専業主婦になって、いきなり子どもができて、環境ががらっと変わってしまったので、すごくネガティブになっていたと思うんですよね。それで苦しかったですね

A なんの仕事をしていたんですか
N えっと、ファッションブランドのPRをしていて
A いいですね
N まあ、辛いこともありつつも、好きでやっていた仕事なので
A やりがいがあった
N はい。でも、辞める時は、大義名分というか、「子どもができて、夫が赴任ですから」と、言い訳ができる、やっと仕事から解放されるって思ったんですけど、いざ解放されてみると、私はあの仕事好きだったのに、とネガティブになってしまって。特に、北京は冬寒いですよね
A そうですね
N 11月に大雪が降って積もって、半年くらい本当に外に出れない状況だったので、家の中にずっと子どもといて、おっぱいをあげて、寝かせて、泣くのをなだめて、私は1日何をやっているんだろう？そういう思いに駆られて、実は鬱になったんですね
A うんうん
N 今も治療中なんですけど。結構ひどい精神状態になりました
A その時は、旦那さんのサポートみたいなのは
N はい。すごくサポーティングな人なんです。が、なんせ私が精神状態が普通ではないので、彼が手伝ってくれる時も、もうものすごく罵ったりとか

A それは仕方ないですよね。そういう時は。じゃあ、さっきはとてもポジティブだったから。最近は
N はい。ポジティブな時はとてもポジティブなので。あと、意識して、ポジティブに楽しもうとしています
A なるほど。じゃあ、さっき言っていたのは、勉強とかも、そういう状況の時も勉強はしていたのですね
N 勉強はちょろちょろしていて。実は、何してるの？と聞かれると、鬱病だと体がきつくて、お昼とかでも体がきつくてやっていけないんですよね
A はい。分かります。分かります
N ずっと寝てました
A うん。基本的にね。なるほど。もうテレビとかも見る気にならない
N 見ないですね
A それじゃあ、基本的に部屋の中で寝てるって感じですね？
N 寝てるか勉強してるかです。あと、人とも会える、会える自信がなかったですね。なので人とも会ってなかったですね
A 近所の人とも付き合わない
N ここ、マンションに公園があって、子どもが歩けるようになってから、公園に行って人と話すので、それは最近やるようになりました。まだ、子どもが歩けるようになる前は、公園にも出ていかなかったので、部屋の中でずっといました。唯一、中国語の先生とちょろっと話すくらいでした
A 大学にも通っていた
N あ、大学に通っていたのは去年で
A それは、状態が悪いにもかかわらず頑張って通っていたんですね？偉いですね

N　状態が悪かったので、それは、その状況を変えようと思って、変えないとダメだなと思って行きました。去年。やっぱり、お手伝いさんに子どもを見てもらえると言っても、子どもとの心の距離が離れてしまったように、その時感じてしまったので。過ごす時間が減りすぎちゃって。本当に100％お手伝いさんに任せるような状態になって、子どもも中国語しか話さないような状態になって、大学の先生に家に来てくれと言ったら、来てくれるようになったので、家で子どもを見ながら、自分の好きなことをやって。あとは人と会う時は外に出て、その時は子どもも連れて行ったりとか、そういう感じですね。もう、自分のバランスのいいところを探りながら、今やっています

A　そうですね。例えば、大学はどこに

N　例えば、経貿大学っていう

A　えっと、どこにあるんでしたっけ

N　ちょっと遠いですね。北の方にある。バスで15分くらいのところですね

A　そこの同級生たちとは仲良くなりましたか

N　仲良くなりましたけど、みんな若くて

A　みんな20歳くらいですか

N　20歳前後くらいでしたし、私はやっぱり子どもがいるので、授業が終わった後に「遊ぼうよ」とか、「ランチしようよ」とか言われても、私は早く帰って子どもと一緒に過ごしたかったので。あの、今でももちろんメールのやり取りとかはしてますけど、そんなにしょっちゅうは。やっぱり、仲の良い人は、大人っていうか、学生じゃない人が

A　仕事があったり

N 子どもがいたりですね
A その人たちとは、今でもつながっているの
N 学校はなくて、友達ですね。つながってます
A たまにコーヒー飲んだり
N ランチしたりとか
A なるほど。さっき言っていたマンションの公園で話をするというのは、日本人ですか、それとも
N 日本人もいれば、色々な国の人ですね。今はある程度、中国語もできるようになったし、英語も少しできるので
A お上手ですもんね
N まあ。実は、一番多いのは、そのヘルパーさんと。ヘルパーさんたちも子どもを連れて来ているので
A あー。そのヘルパーさんたちと中国語で話して
N はい。半分くらいヘルパーさんたちかな
A 楽しそうですね
N 楽しいです。あとは本当の、本当のと言うか、その子のママたちと話したり
A どんな話するんですか
N どんな話
A 大して
N 大した話ではないですね。だいたい、そのお手伝いさんたちと話す時は、「いつ働いているの?」「いくらぐらいもらっているの?」とか、相場を確認して
A それはすごい興味があるのね
N はい。それは、すごく興味があって。あと、ママと話す時は、不満を漏らしたりとか
A どんな不満ですか

N 「寝ないのよ〜」とか。「あの子はこんなに大きくなってこんなこともできるようになったのね」と褒め合ったりとか、「私の子どもはわんぱくなのよ〜」と言って、大丈夫よ〜と慰めてもらったりとか。どうでもいい話ですね。どうせ、子どもが遊んでいるのをきちんと見ながら話していることなので

A 結構若い方なんじゃないですか？ お母さんの中で

N 私は今31なんですけど。北京でママ友達になる人は、日本人も外国人も30代後半以上の人が多いですね

A でしょうね

N なので、若い扱いしてもらってます。日本だったら違うと思うんですけど

A ハハハ。あんまり同じ会社の人はいないんですか。S社の人たちは

N ソニーの人たちはあんまりここらへんに住んでませんし、S社ってあんまり奥様会とかもないので

A よかったですね

N はい。あと、上司の奥様もさっぱりした人が多いので、あんまり集まらないですね

A いいですね

N はい。たまに「どうですか？」と言われて、お互いに会いたいから集まるって感じで、気を遣って集まるっていうのはなくて

A よかったですね

N はい。よかったです

A なんか、結構大変な人もいるって聞きますけどね

N そうですね。商社とか

A なんか聞きましたか

N なんか、婦人会というものがそもそもあって。そういうグループというのがあって、赴任に来た奥様たちが加入しなくちゃいけなくて。自然に加入する婦人会みたいなのがあって。みんなを定期的にお茶に集まらないといけなくて。赴任が終わって、帰国する時とか、他の国に行くってなった時に、送迎会をするって聞いたことがあります。幹事になったら大変みたいですね

A それは、毎月1回くらい集まっているの

N 毎月1回、もしくはそれ以上。あと、ここのマンションはいろんな外人が住んでるので。私、今度コミュニティを作るつもりなんですけど、派閥だとか制約とかは全然なくて、集まりたい人が集まるみたいな感じにしようと思っているんですけど

A はい

N 日本人だけのマンションは、1番日本人率100％というマンションがあって、あそこは、ほぼ毎日歓送迎会があって、守らなくちゃいけないルールもあって

A どんなルールとかですか

N 私、そういう話苦手で

A 僕も苦手です

N なので、そういう話を聞いても深入りしないようにしています

A なるほど。この間、祭りがあったんですが

N 行きました

A そういう情報はどうやって

N 日本人向けの雑誌に載っていたりとか。あとは、主人が会社の上司からメールをもらったりとか

A お子さんも一緒に？ どうでした
N はい。もっとジャパニーズな感じだと思って行ったんですが
A 意外に普通でした
N はい。
A コミュニティを作るというのは、自分で作るんですか
N はい。それはママ友達と一緒に。それは、「北京を楽しみたいよね」という話をしてて
A はい
N ここ面白い人が多いので。お互いあんまり知り合ってないので
A そうですよね
N 軽く知り合える場があったらなと思って
A その人は日本人ですか
N みんなです。外人の
A あ、いや、その友達は
N 日本人です。旦那様はドイツ人で
A じゃあ、色々な人を集めて
N はい。ポスティングして
A ポスティング?! すごいね
N はい。なんで始めたかというと、私、今のお手伝いさんをとても気に入ってるんですけど。彼女を1日雇う金銭的な余裕がなくて、他の家庭と彼女をシェアしようと思ってて
A そうなんですか
N で、ここのマンション内だと便利だと思って。マンション内でポスティングしたら、すごい反応がよくて。周りの情報が不足している人って多いんだなと思って
A うんうん

N なんか、そういうプラットフォームが欲しいなと
A あったほうがいいよね
N それで、そういう話をしてて、たまたま仲の良い友達と、「したいと思ったいた!」と、すごくポジティブな方なので
A その方は、北京は長いんですか
N いや。北京は、前回もいたみたなので、前回を含めても1,2年だと思います。これから、まだ3,4年はいるみたいですけどね
A そういう、なんかインターネットみたいなのはないんですか
N えーと、あるにはあるんですけど。でも、まずヘルパーさんのやり取りをするところとかはなくて、小さいアクティビティとかをやるところ。プラットフォームをやるところはあるんですけど。例えば、雑誌とかに載っている、県人会とか。でも、インターナショナルにやるところはないと、私は思えて
A ないのか。確かに
N もしかしたら、私が見つけられてないのかもしれないんですけど。しかも、同じマンション内でできたら、すごく心地良いんじゃないのかなと思って
A そうですよね。面白いアイデアですね
N ですよね
A 素晴らしいアイデアですね
N 楽しそうですよね。もう楽しいことしかしないと決めたので
A そのとおり。それが1番ですよ。じゃあ、最近は中国語の勉強も続けてらっしゃる
N そうですね。中国語も続けていて。あと、コーチングのコー

ス。私自身も精神的な問題を抱えていて、精神科医にとっても助けられたので、精神科医にはこれから到底なれないですけど、似たようなことができるくらいに。コーチングに興味がありますね

A　PRの経験があるから

N　そうですね。ちょっと通じてるかもしれませんね。気付かなかったですけど。それで、真剣に勉強しようと思っていて。これから、どこの国に行っても、子どもが何人できようとも、多分できるので。それを今真剣に勉強しようと思っているので

A　で、今は帰りたいですか

N　どっちでもいいです

A　あ、どっちでもいい感じなんだ

N　はい。もうちょっと北京にいてもいいです

A　3年じゃなくても、5年でも

N　はい。5年でもいいです。5年でも6年でも、どうでもいいです

A　どうでもいい感じなんですね

N　はい。まあ、たまには日本の夏祭りとかを経験したいので、日本に帰りたいですけど。親とも会いたいですし

A　どのくらい帰ってるの

N　1年に2回くらいですね

A　1週間くらい

N　もっとですね。帰る時は1ヶ月くらい帰ります

A　じゃあ、別にもう帰らなくてもいいって感じなんだ

N　帰りたくないです。正直、帰りたくないです

A　どうして

N こんなに安くお手伝いさんにお願いできますし、本当に何でもやってくれるので、洗濯、アイロン、ご飯を作るの、子どもを面倒みるので。自分で洗濯したいと思えば洗濯して、ご飯を作ろうと思えば作れますし、でも頼もうと思えば安くしてもらえるので。仕事しようと思ったらできますし、しなくてもいいと思ったらしなくてもいいですし。そういった選べる環境は日本にはないですし。あと、子どもの教育のことを考えても、こっちの方が選択肢が多いので、スタイルにあったインターナショナルを選べますけど、日本だと難しいと思う

A じゃあ、その日本と比べているのは、日本の友達とかと電話したり？

N そうですね。日本のママ友達もいますし。あとは、もともと働いていた時の上の世代を見たりして、大変だなと思ったり、とても幸せそうじゃなかったり、本当に大変そうだったので

A なるほど。で、旦那さんは何と言ってますか？帰りたいとか

N 主人は帰りたいかどうかということですか

A はい

N 主人は帰りたくないみたいですね。この間、「帰れ」と言われたのを、何とか根回しして

A なんとか

N はい。なんとか、帰らない方向にもっていったらしいです。なので、本当だったら私帰ってるはずなんですけど

A それは、初めから長くいたいと思っていた

N はい。2つ理由があって、1つは、腰を据えてビジネスをやりたい。1,2年だとまだまだ準備期間なので、これからちゃん

とやって結果を残したいと。2つ目は、私が精神的に乱れたというのがあって、カルチャーに馴染むのは時間もかかるし、子どももまだ小さくて大変だし、やっと慣れてきたころに帰るのはやだと

A　そりゃそうですよね。じゃあ、今は全体的にうまくいっているんだ

N　うまくいけるよう努力している感じ。彼も私も

A　じゃあ、土日はどうしてるんですか

N　土日は、土曜日は家族デーで家族で出かけて、日曜日はお手伝いさんに来てもらって、娘を預けて、私と彼はそれぞれ好きなことをする

A　あ、それは1人ずつ

N　はい。1人ずつです

A　それは、本読んだり

N　本読んだり、マッサージしたり。彼は、溜まった仕事をしたり

A　あ、家で仕事を

N　はい。彼はよく家で仕事をします

A　Nさんは外に行ったり

N　はい。私は外に行ったり、寝たりして過ごします

A　あ〜、なるほど。いいですね

N　はい。いいです。私の夫は、平日は早く帰ってくるようにお願いしているので、早く帰ってくるんですけど。8時くらいに。その後、家で仕事をしています。やっぱり、仕事が多いので

A　8時に帰って来て、また仕事をする

N　はい。夜中まで

A 夜ご飯は？誰が作るの
N 基本、私が作るんですけど。あの、夕方用事があって出かける時とか、疲れている時は、お手伝いさんに昼ごはんを作る時に、一緒に晩ごはんも多めに作ってもらっていますね
A いいですね
N はい。本当。作ったものは冷蔵庫に入れて、食べる時にチンして食べます
A じゃあ、その、でも旦那さん、そんな忙しいんだ
N はい。まあ、でも普通だと思います。日本人の話を聞いたら、中国、北京勤務だと、中国国内への出張の方が多いので
A どこ行くんですか
N 西の方や南の方や、しょっちゅう国内出張を。中国管轄だったりするので。1週間の半分以上いないとか。しょっちゅう聞きます。ちっちゃい赤ちゃんがいても
A そうですか。でも、Nさんの旦那さんは
N ないですね
A よかったですね
N はい。あ、でも、そう言えば、今日は上海出張だった気がします
A 上海くらいならね。そっか、じゃあ、あの、土曜日は出かけるというのはどこにでかけるんですか
N 公園とか
A 子どもと一緒に
N はい。たまに買い物にも行きますけど。でも、あまり買い物に行くと疲れちゃうので。公園とか、あとは中国の素敵な、歴史的なとこに
A いいね

N　はい。博物館とか美術系も充実してるので、アートを見に行ったり。基本的にリラックスできるところに
A　それは素晴らしい。じゃあ、土曜日は家族の時間で、3人でずっと一緒にいる
N　そうですね。土曜日は、午前中は家族ででかけて、外でランチして、午後に帰って来て、家でだらだらしたり。ここにジムがあるので、プールに入ったり。そんなの東京じゃ、無理ですよね
A　そうですよね。素晴らしいですね
N　はい
A　ちなみに、どちらの出身
N　私は鹿児島出身で、大学から東京に10年くらい
A　10年くらいいて
N　そうですね
A　そっか。じゃあ、だいたいそんな感じで。ありがとうございました
N　ありがとうございました

后　记

首先,我想感谢我的妻子姚安娜。我妻子是波兰人,我与她相识于上海某大学开办的对外汉语教室里,相识以来,她一直给我提供着更为客观的视野。在研究驻华日本人方面,正是由于我妻子的屡次提醒,我才免于陷入将中国和日本两者对立的思维模式中。我自出生至大学毕业,除旅游外,几乎未离开过东京,这样的我之所以开始思考跨国个人认同的问题,完全得益于妻子与我反复多日的探讨和交流。其次,我想感谢我的父母,是他们促使我与中国结缘。1990年的夏天,我第一次来到中国。跟父母一起游历了北京、上海、西安、桂林和香港。那时的我,还是名中学生,从没想过将来有机会在复旦大学、清华大学任教。

我要感谢引领我了解中国的北京大学的金勋教授。博士论文撰写过程中,金勋教授一直用鼓励的话语激励我前进。同时要感谢北京大学的刘金才教授、滕军教授、刘琳琳副教授、中国社会科学院的崔世广研究员和赵刚研究员对我的研究所给予的指导。借此机会,我还想向本科期间给予我指导和帮助的早稻田大学的上野和昭教授、硕士期间教给我人类学研究方法的香港中文大学Gordon Mathew教授表示诚挚的谢意。此外,能够有幸跟山田昌弘教授、Tsai Tsan-Huang教授、Gonçalo Santos教授、Jun Zhang教授、村井寬志教授、Paloma Robles、George Sabo和Law On-Pik

交流，得到他们在学术上的激励，我的内心也十分感激。

1990年以来，我通过各种各样的方式跟中国保持着联系，时常得到中国老师和朋友的帮助，这些都让我受益终身。在今后的学术生涯中，我希望能尽自己的绵薄之力回馈中国的老师和朋友们。

青山玲二郎

2019年7月14日

于香港理工大学

图书在版编目(CIP)数据

东亚跨国自我认同:当代在华日本人社会的人类学研究/(日)青山玲二郎著.
—上海:复旦大学出版社,2019.7
ISBN 978-7-309-14230-3

Ⅰ.①东… Ⅱ.①青… Ⅲ.①日本人-社会生活-研究-中国-现代 Ⅳ.①D731.38

中国版本图书馆 CIP 数据核字(2019)第 043709 号

东亚跨国自我认同:当代在华日本人社会的人类学研究
[日]青山玲二郎 著
责任编辑/宋启立

复旦大学出版社有限公司出版发行
上海市国权路 579 号 邮编:200433
网址:fupnet@fudanpress.com http://www.fudanpress.com
门市零售:86-21-65642857 团体订购:86-21-65118853
外埠邮购:86-21-65109143 出版部电话:86-21-65642845
崇明裕安印刷厂

开本 890×1240 1/32 印张 9.625 字数 221 千
2019 年 7 月第 1 版第 1 次印刷

ISBN 978-7-309-14230-3/D·979
定价:58.00 元

如有印装质量问题,请向复旦大学出版社有限公司出版部调换。
版权所有　　侵权必究